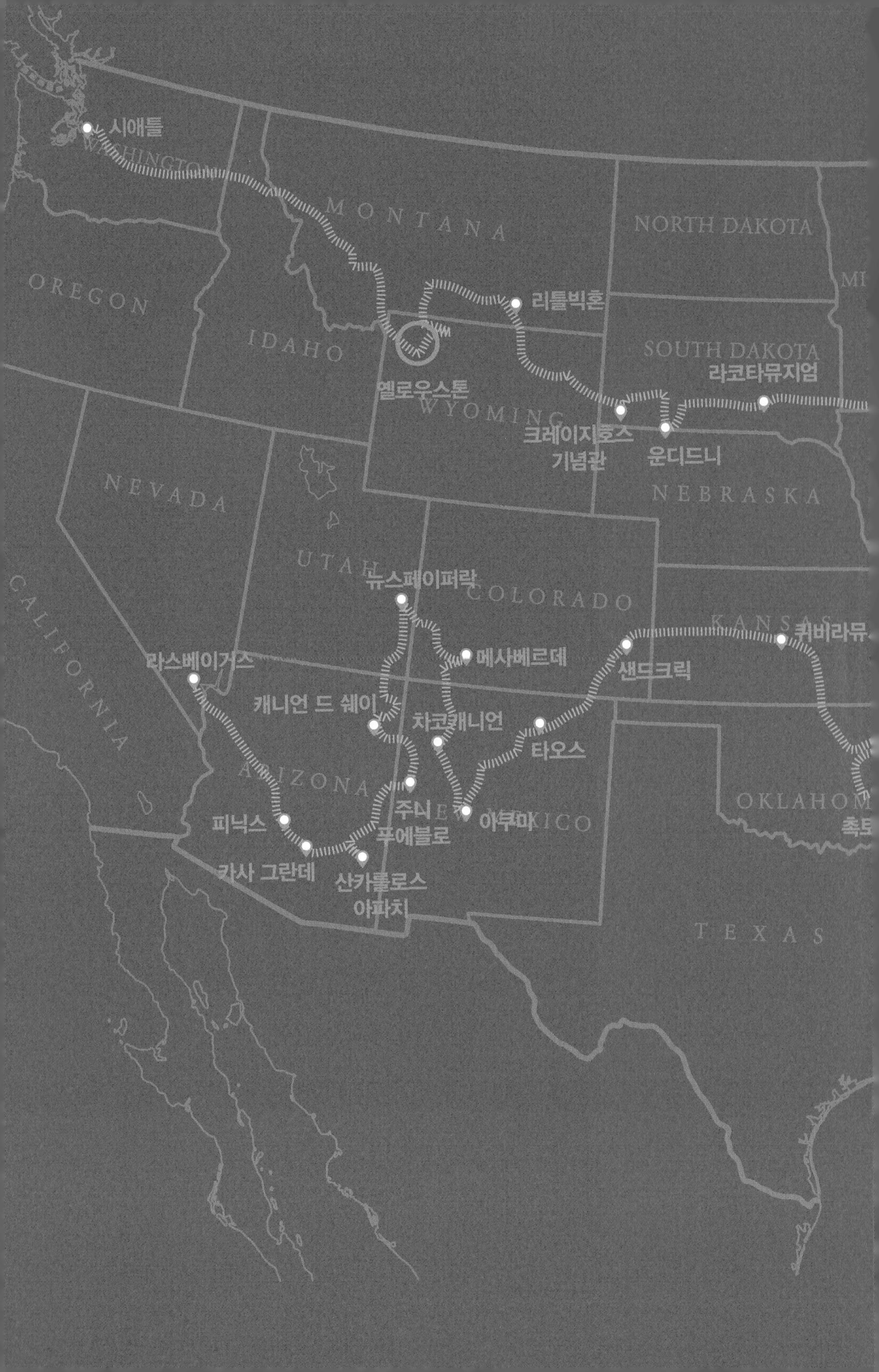

시애틀
WASHINGTON
MONTANA
NORTH DAKOTA
OREGON
IDAHO
리틀빅혼
SOUTH DAKOTA
라코타뮤지엄
옐로우스톤
WYOMING
크레이지호스
기념관
운디드니
NEVADA
NEBRASKA
UTAH
뉴스페이퍼락
COLORADO
KANSAS
CALIFORNIA
메사베르데
라스베이거스
샌드크릭
키비라뮤
캐니언 드 쉐이
차코캐니언
타오스
ARIZONA
주니
푸에블로
아쿠마
NEW MEXICO
피닉스
OKLAHOMA
카사 그란데
산카를로스
아파치
TEXAS

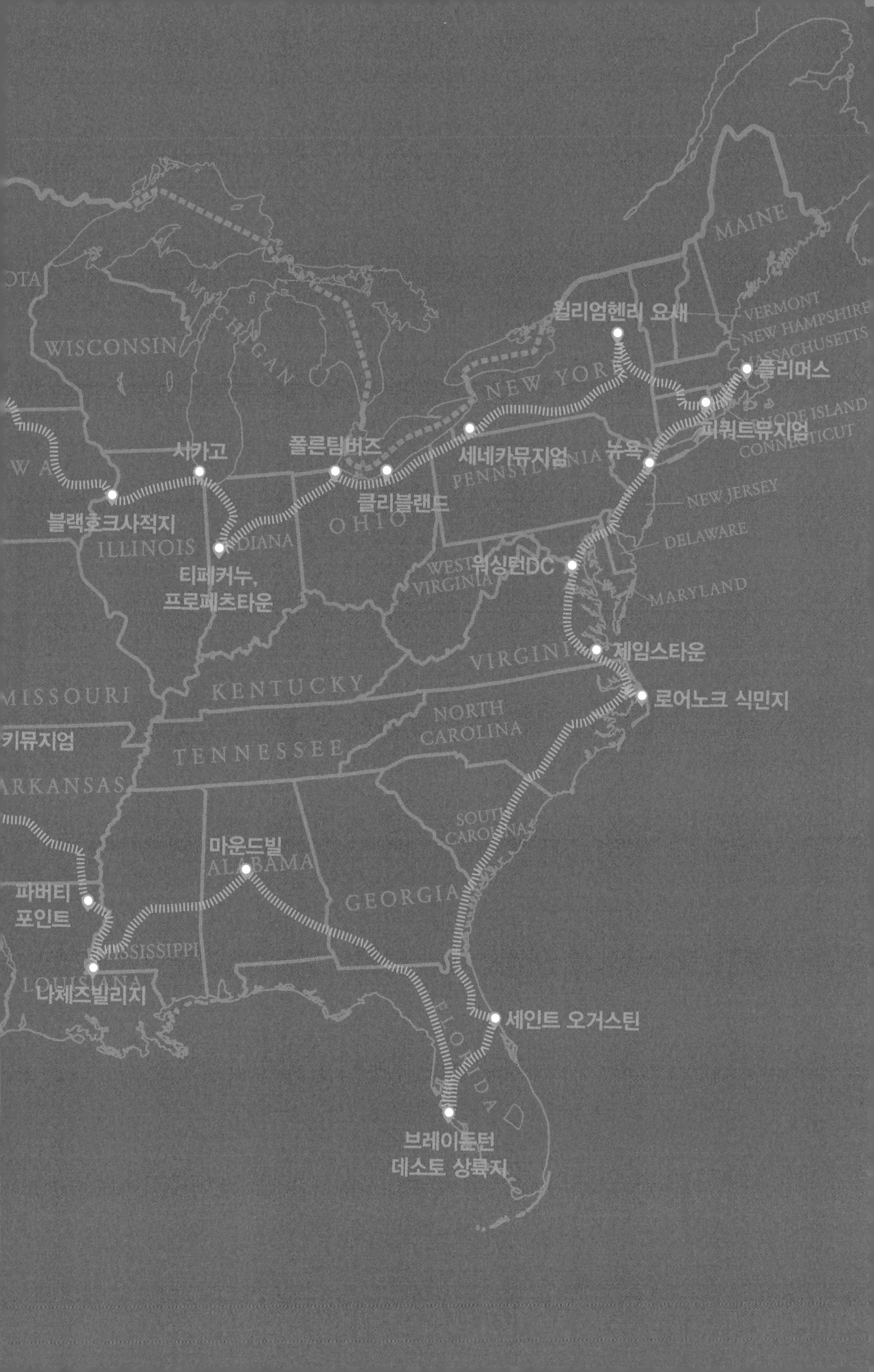

MAINE
VERMONT
NEW HAMPSHIRE
MASSACHUSETTS
윌리엄헨리 요새
OTA
WISCONSIN
MICHIGAN
NEW YORK
플리머스
RHODE ISLAND
CONNECTICUT
피쿼트뮤지엄
W A
시카고
폴른팀버즈
세네카뮤지엄
뉴욕
PENNSYLVANIA
클리블랜드
NEW JERSEY
블랙호크사적지
ILLINOIS
INDIANA
OHIO
DELAWARE
WEST VIRGINIA
워싱턴DC
티페커누,
프로페츠타운
MARYLAND
제임스타운
VIRGINIA
KENTUCKY
MISSOURI
로어노크 식민지
NORTH CAROLINA
키뮤지엄
TENNESSEE
ARKANSAS
SOUTH CAROLINA
마운드빌
ALABAMA
파버티
포인트
GEORGIA
MISSISSIPPI
LOUISIANA
나체즈빌리지
세인트 오거스틴
FLORIDA
브레이든턴
데소토 상륙지

조금 색다른 42일간의 미국 횡단기

조금 색다른

**42일간의 미국 횡단기**

초판 1쇄 인쇄일 2020년 4월 27일
초판 1쇄 발행일 2020년 5월 8일

**지은이** 이재호
**펴낸이** 양옥매
**디자인** 임흥순
**교 정** 조준경

**펴낸곳** 도서출판 책과나무
**출판등록** 제2012-000376
**주소** 서울특별시 마포구 방울내로 79 이노빌딩 302호
**대표전화** 02.372.1537 **팩스** 02.372.1538
**이메일** booknamu2007@naver.com
**홈페이지** www.booknamu.com
ISBN 979-11-5776-876-9(03940)

이 도서의 국립중앙도서관 출판시도서목록(CIP)은 서지정보유통지원 시스템
홈페이지(http://seoji.nl.go.kr)와 국가자료공동목록시스템
(http://www.nl.go.kr/kolisnet)에서 이용하실 수 있습니다.
(CIP제어번호 : CIP2020015435)

# 조금 색다른
# 42일간의
# 미국 횡단기

• 이재호 지음 •

# 왜 인디언인가?

; 인디언을 찾아가는
오래고 먼 특별한 미국 여행

'나의 특별한 미국 여행' 계획에 모든 사람들이 빠짐없이 하는 질문이 있다. 도대체 왜 인디언인지, 그리고 언제부터 관심을 갖게 되었는지.

사람들은 각자만의 독특한 경험 속에서 무언가에 꽂히고 관심을 갖게 된다. 그리고 그 관심이 깊어지면 열정이 싹튼다. 내가 인디언 이야기를 접한 건 언제였을까? 가장 오래된 기억은 초등학교 시절이었던 것 같다. 당시 TV에서는 〈주말의 명화〉라는 프로그램을 통해 존 웨인 같은 배우가 등장하는 서부영화들을 자주 방영하곤 했다. TV속에서 펼쳐지는 총잡이 카우보이들의 세계, 그리고 역마차 행렬을 공격하는 인디언들과 이들을 추격하는 기병대의 모습은 나에게 강렬한 인상과 호기심을 심어 주었다(요즘은 이런 서부영화를 찾아보기가 참 힘들다).

나의 눈에, 머리에 깃털 장식을 꽂고 얼굴에 물감을 칠한 인디언들은 선량한 백인들을 괴롭히고 학살하는 악의 세력이었고, 푸른 제복의 기병대들은 정의의 사도였다. 영화가 끝나면 나와 친구들은 인디언과 기병대로 나뉘어 역할 놀이를 하곤 했는데, 인디언 역할을 맡은 친구들은 손에 입을 대고 '이요오오~' 하면서 기병대를 공격했었다. 또한 『제7기병대』라는 책에 등장하는 커스터 장군과 용맹한 기병대들의 활약은 내 어릴 적 기억 속 최고의 영웅담 중 하나로 남아 있었다.

주말의 명화가 TV에서 보기 힘들어질 때쯤 서부영화들도 TV나 영화관에서 사라지기 시작했고, 그러던 중 케빈 코스트너 주연의 〈늑대와 춤을〉이라는 영화가 등장한다. 이 영화 속 인디언들은 잔인한 폭도가 아니라 자연과 어울려 살아가는 순수한 영혼의 사람들, 때론 신비로운 사람들로 그려졌다. 자연과 조화를 이루며 살아가는 지혜를 가지고 있었지만 이들은 소위 '선진 문명'을 이루지 못했고, 이로 인해 약육강식의 논리가 지배하던 세상에서 소외되고 미개한 민족으로 묘사되었다. 티피라는 간이 천막에 살며 정착지도 건설하지 못했고, 그저 백인들에 쫓기며 들소 떼를 찾아 이리저리 떠돌아다니는 처지였다.

이것이 꽤 오랫동안 내가 알고 있던 인디언 세계의 모습이었다. 하지만 인디언들에게 이와 다른 역사가 있었음을 생각하게 만든 첫 계기는 아마도 뉴멕시코주에 있는 차코캐니언(Chaco Canyon)을 방문했을 때였던 것 같다. 그들은 그곳에서 큰 마을(가장 큰 푸에블로 보니토(Pueblo Bonito)에서는 1,200명을 수용하는 집터가 발굴됨)들을 이루고 살았고, 관개농업을 영위했었다. 그리고 125개의 마을들은 직선 도로망과 수로로 연결되었다. 인디언들도 마을과 도시를 형성했던 것이다. 그렇게 나는 내가 몰랐던 인디언들의 역사와 세계를 한 풀 한 풀 벗겨 나가는 즐거움을 알게 되었다.

15세기경, 당시 유럽 대도시들의 인구를 능가하는 미시시피강 유역의 인디언 도시 카호키아(Cahokia), 유럽인들과 인디언들의 최초 접촉(백인을 구해 준 포카혼타스의 등장!), 영국 프랑스 식민지 전쟁의 소용돌이에 휩쓸린 인디언들(다니엘 데이 루이스가 출연했던 영화 〈라스트 모히칸(Last Mohican)〉은 이를 배경으로 한 것이다), 미국의 독립과 그 이후의 서부 개척 과정에서 척박한 보호구역으로 쫓겨난 인디언들, 영국인들이 인디언들에게 했던 약속, 인디언들이 바라본 미국의 독립전쟁, 그 결과 미국의 독립이 인디언들에게 미친 영향, 그리고 그 이후 인디언 땅을 빼앗기 위한 미국인들의 수많은 권모술수. 일부 인디언들은 살기 위해 어쩔 수 없이 백인과의 전쟁에 나설 수밖에 없었고, 그 결과 이들이 마주해야만 했던 더 가혹한 운명.

유럽인들이 미 대륙에 상륙한 날로부터 인디언들에게 정의로운 심판은 존재하지 않았다. 체로키 같은 부족은 적극적으로 백인의 문물을 받아들여 대규모 농업을 영위하고(이들은 심지어 수천 명의 흑인 노예까지 부렸다), 헌법과 법원과 의회 시스템을 갖춘 국가를 건설했으며, 위대한 학자 세쿼이아는 우리의 훈민정음과 같은 체로키 문자까지 만들어 사용했지만, 순식간에 자신들의 영토를 빼앗기고 수천 킬로 떨어진 오클라호마의 인디언 구역으로 쫓겨나야 했다(한겨울에 진행된 이 눈물의 이동 과정에서 전 부족의 4분의 1이 추위, 질병, 굶주림으로 사라지고 말았다).

인디언 이야기는 세계 최강국이 된 지금의 미국이 만들어지는 과정의 이야기 뒷면이다. 인디언 역사를 찾아가는 과정은 내게는 마치 까도 까도 끝없이 나오는 양파 껍질과 같았다(현존하는 500여 부족의 수만큼이나 그 이야기도 많고 길다). 오랜 시간 책으로 접하고 이해한 내용을 기회가 되면 한 번쯤 직접 찾아가 눈으로 몸으로 보고 느끼고 싶었다. 수천 년의 흔적을, 그들이 빼앗긴 터전을, 그리고 그들의 지금 모습을.

수년간 기다려 오던 삶의 여유가 생긴 지금, 참으로 오래된 인디언들의 이야기를 찾아 길고 먼 미국 여행을 시작해 보려 한다.

2020년 4월

이재호

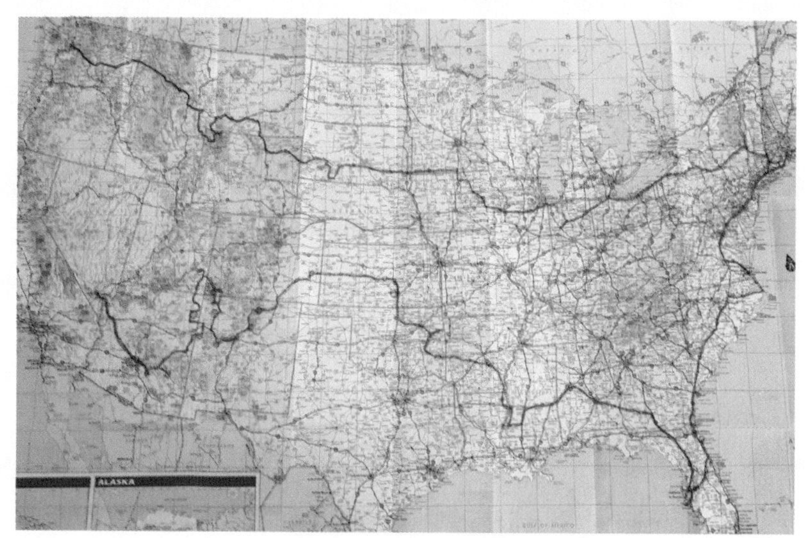


42일간의 여정

A long and unique journey: tracing stories of American Indians

어릴 적부터 세상에 대한 호기심을 불러일으켜 주셨던
부모님께 감사드리며

목차

# 그렇게나 황당한 표정을 지을 줄이야

; 미국
피닉스 도착

2019년 7월 12일, 11시간 30분을 날아 미국에 도착했다.

라스베이거스 공항 입국 심사대 직원이 미국에 얼마나 있을 거냐고 묻는다. 2달이라 하니 2달 동안 무엇을 할 거냐고 또 묻는다. 인디언 관련 장소를 찾아 대륙을 횡단할 거라 하니 조금은 미심쩍은 표정으로, 돌아가는 항공편은 있는지, 숙소는 정해진 건지 등을 묻는다. 너무 솔직하게 얘기해서 일이 복잡해지고 있다. 난, 이렇게 얘기하면 '와우'가 나올 줄 알았는데. 피닉스 2박, 아파치 리조트 1박만 현재 예약했고, 나머지 일정은 유동적이라 대륙을 횡단하며 정할 거라 했더니, 아직도 충분히 납득이 가지 않는다는 표정. 동쪽으로 대서양까지 갔다가 다시 서쪽으로 태평양까지 도달해 시애틀에서 떠날 거라는 얘기에는 황당해 하며 정말로 이해가 되지 않는다는 표정을 짓는다. 하여간 그렇게 입국

심사는 좀 길어졌다. 나의 이번 여행 계획은 한국에서도 다들 의아해했던 만큼 이곳 미국인들에게도 그러한가 보다. 난 이 땅의 이전 주인들을 찾아가는 여행을 시작하는 거라고!

애리조나주 피닉스가 이 특별한 미국 여행의 출발지로 결정된 이유는 미 대륙에서 가장 오래된 농경 기록을 가진 호호캄 문명이 이곳 남부 애리조나에 자리 잡고 있기 때문이다. 최근 고대인 유골의 게놈 해독을 통해 밝혀진 바로는, 시베리아 및 동아시아 지역의 고대인들이 빙하기 시절인 약 2만 년 전 베링육교(지금은 해협이 되었음)를 거쳐 아메리카 대륙으로 이주하였단다. 농사는 기원전 수천 년 전부터 멕시코 지역에서 시작되었는데, 기원전 1500년경에 미 대륙으로도 농경문화가 전파된 것으로 알려져 있다. 그 시작점이 바로 남부 애리조나이고, 이곳으로부터 동부로 확산되어 갔다.

여행은 피닉스가 있는 애리조나주에서 시작해서 유타, 콜로라도, 뉴멕시코주를 훑어본 뒤, 캔자스, 오클라호마, 미주리, 앨라배마주를 횡단하여 플로리다로 향할 것이다. 이 길은 고대 인디언 농경문화의 전파 경로이기도 하거니와, 미 대륙 인디언들을 최초로 목격하고 기록했던 스페인 탐사대들이 거쳐 다녔던 곳이기도 하다.

플로리다로부터는 대서양 연안과 애팔래치아 산맥을 따라 북으로 향할 예정인데(조지아, 노스캐롤라이나, 버지니아 등을 거쳐 뉴잉글랜드 지방), 대서양 연안을 따라 건설된 유럽인들의 식민지 및 이에 맞섰던 인디언 부족들을 찾아보는 경로이다.

청교도들의 메이플라워호가 상륙했던 매사추세츠부터는 다시 서쪽으로 미 대륙을 횡단하여 시애틀까지 진행할 계획인데, 이 경로는 식민지가 번성하면서 발생한 유럽인들과 주변 인디언 부족과의 갈등, 아메리카 식민지를 둘러싸고 벌어진 유럽 열강들의 전쟁터 및 영국과 미국 식민지간의 독립 전쟁터, 그리고 미국 독립 이후 본격적으로 착수된 서부 개척(인디언 정복)의 경로이다. 이 경로를 따라 태평양에 도달하게 되면, 미국인들의 인디언 땅 탈취가 완성되는 셈이다.

인디언 세계에서의 문명 전파, 유럽인들의 미 대륙 탐사, 그리고 미국의 서부 개척이라는 역사적 시간을 따라가는 방향으로 여정을 잡아 보았는데, 그러다 보니 이 큰 대륙을 두 번이나 횡단해야 하는 일정이 되고 말았다. 물론 이 여정은 대략적인 방향성이고, 실제 구체적 일정은 여정을 진행해 가며 잡아 가려고 한다. 7월 12일에 시작해서 8월 21일 시애틀 도착까지 41일간 예정인 이 여정을 통해 과연 어떤 발견을 할 수 있을지 나 스스로도 자못 궁금하기만 하다.

첫날 일정은 라스베이거스 공항에 도착, 차를 렌트해서 피닉스까지 4시간 30분 운전한 것이 전부. 피닉스까지 바로 비행기로 올 수도 있었지만, 마일리지로 항공권을 사용하려다 보니 대한항공 직항이 있는 라스베이거스로 오게 되었다. 애초 계획은 라스베이거스의 황홀경 속에서 1박을 하며 장시간 비행의 여독을 풀며 시작하는 것이었으나, 신속하게 피닉스로 이동하여 한 호텔에서 2박하는 것이 좋겠다는 아내의 조언에 따르기로 했다. 앞으로 매일같이 호텔 옮겨 다니며 짐을 싸고 풀어야 할 터인데, 첫 시작이라도 한 호텔에서 이틀 머무는 호사를 부리는 편이 나을 듯하다.

# 미개한 문화를 버려라, 인디언 동화정책

; 피닉스 허드(Heard) 뮤지엄과
인디언 학교(Indian Schools)

피닉스 허드뮤지엄

아침 식사 후 우리는 허드 뮤시엄(Heard Museum)으로 향했다. 원래 여행 계획의 첫 목적지는 피닉스에 인접한 호호캄 문명 유적지였다. 그런데 인터넷을 검색하던 중 스네이크타운(Snaketown)에 있는 이 대규모 유적지를 해당 지역 인디언 부족이 일반인에게 개방하지 않기로 결정했으며, 대신 허드 뮤지엄에 원형 복원 모델을 전시하고 있다는 설명을 보게 되었다. 그래서 피닉스 시내에 있는 허드 뮤지엄이 첫 방문지가 된 것이다.

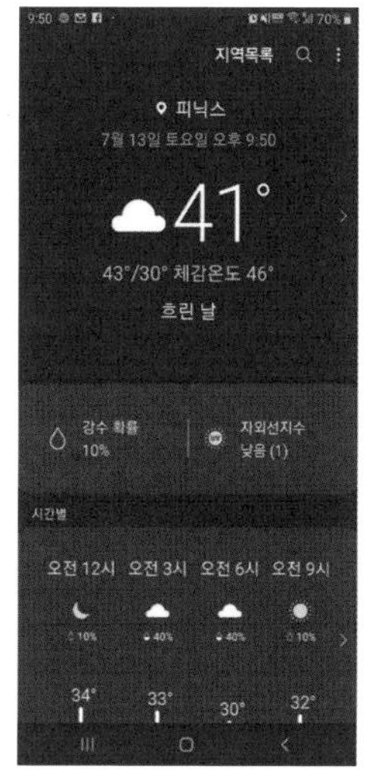

밤 10시인데 41도…

호텔을 나서니 열기가 후끈하다. 일기예보를 체크하니 오전 10시에 이미 38도, 오후 6시 최고 43도. 거리에는 차만 다닐 뿐 보행자의 모습은 거의 보이지 않는다. 어떻게 이런 곳에서 사람들은 살아왔던 것일까?

애리조나주는 전체의 28%나 되는 면적이 인디언 보호구역으로 설정되어 있다. 다른 주에 비해 상당히 많은 비중이다. 왜일까? 가장 큰 이유는 전반적인 환경이 척박한 탓일 것이다. 그리고 또 하나의 이유가 있다면, 이곳에서는 금이 발견되지 않았기 때문일 것이다. 미국인들이 인디언들에게 보호구역으로 내준 곳은 대부분 농사가 어려운 지역이었는데, 만약 해당 지역에서 금과 같은 귀한 자원이 발견되면 약속은 금방 뒤집어졌다. 추후 방문할 사우스다코타 지역의 블랙힐즈 등이 그러하다.

허드 뮤지엄은 남서부 지역 인디언들의 예술품에 초점을 맞추어 운영되는 곳으로, 입장료가 18불로 적지 않은 금액이다. 이 지역 인디언들을 부족별로 나누어 이들의 역사와 문화 그리고 예술품이 체계적으로 정리되어 있다. 11시부터 진행된 가이드 투어에 참여했는데 각 부족의 특징과 문화적 특성이 한 번에 쏙 들어온다. 건조한 기후에도 고유한 농법을 이용해 기존의 터전을 지키고 살았던 호피족, 큰 강물 인근으로 이동해 마을을 이루고 살았으며 도자기와 보석공예로 유명한 주니족, 사냥 위주의 유목 생활을 했던 아파치족, 미국에서 가장 큰 보호구역을 가지고 있고 농사 외에도 양 목축과 직물제품의 예술성으로 유명한 나바호족.

그런데 박물관을 둘러보고 가이드 투어를 해도 호호캄 유적지 모형에 대한 언급이 없다. 가이드도 안내 데스크 담당자도 처음 들어 본단다. 위키피디아에 나와 있는 내용을 보여 주니 잘 모르는 내용이긴 한데 아마도 수장고에 있을 수 있겠으나 지금은 볼 수 없단다. 내가 원형 복원 모델에 관심이 갔던 이유는 유적지를 보는 것만으로는 그 원래의 모습을 그려 내기가 어렵기에 상상력에 도움을 받고자 했던 것인데 수포로 돌아갔다. 첫 번째 방문지부터 심상치 않다. 갑자기 위키피디아에 대한 신뢰성에 의문이 생기기 시작한다. 일단 내일 유적지를 찾아가 보자.

뮤지엄 2층 인디언 스쿨 관련 전시는 예상외로 볼만했다. 인디언들을 보호구역에 몰아넣고 난 뒤, 미국 정부는 인디언들의 먹고사는 문제를 해결해야 했다. 농사나 사냥으로 의식주를 해결해 왔던 인디언들을 사냥감도 없고 농사에도 적합하지 않는 곳으로 쫓아내면서 이들을 미국 정부가 책임져야 했는데 그 비용이 만만치 않았다. 미국이 선택한 해결책은, 인디언들이 미국인들의 생활 방식에 동화되어 자연스럽게 미국 사회체제로 흡수되도록 만드는 것이었다. 그리고 이를 위해서는 공동체 생활을 하는 인디언들로부터 아이들을 떼어 내 인디언 전통과 그들의 언어로부터 격리시켜야 한다고 생각했다. 이러한 이유로 남북전쟁에 참전했던 장교 프랫(Pratt)은 군대 병영으로 쓰이다 버려진 장소를 활용하여 1879년에 칼라일 인디언 기숙학교를 세우고, 이후 전국 곳곳에 인디언 기숙학교가 설립된다.

처음에는 인디언 부족 추장들을 찾아가 선진 교육의 필요성을 설득하는 방식으로 추진하였으나 뜻대로 되지 않자 반강제적으로 아이들을 징집하기 시작했다. 기숙학교에 들어오면 아이들은 긴 머리를 자르고 백인의 옷을 입어야 했으며, 인디언 말은 사용 금지되고 영어만이 허용되었다. 인디언의 모든 풍습은 미개한 것으로 교육받고 선진 기술의 중요성이 강조되었다. 기존 인디언 문화를 배척함으로써 인디언 아이들을 새로운 미국 시민으로 탈바꿈시키려 했던 것이다. 자료들을 둘러보면서 머릿속에 백 년 전 한반도의 모습이 오버랩된다.

호피부족의 경우, 아이들을 기숙학교로 보내라는 미국 정부의 권고에 추장과 리더들이 따르지 않자, 정부는 이들을 체포해서 악명 높은 샌프란시스코의 알카트라즈 감옥에 수감시키기도 했다. 하지만 대부분 지역에서 인디언 학교들의 운영 실태는 부실했고, 많은 아이들이 비위

인디언 학교 관련 전시물

생적인 환경과 가족과 격리된 낯선 환경에서의 정신적 고통 속에 죽어 갔다. 그리고 일부 지역에서는 실업교육이라는 명목하에 기숙학교 학생들은 값싼 노동력을 제공하는 수단으로 전락하기도 했다.

전시물을 보던 아내가 숙연해진다. "정말 슬픈 일들이 많이 있었네." 한 명의 독실한 인디언 교도가 탄생하고 있는 중이다.

내가 묵던 호텔에서 허드 뮤지엄으로 가는 길에 인디언스쿨로드(Indian School Road)를 지나간다. 피닉스 시내에서는 제법 큰 대로이다. 피닉스 인디언 스쿨도 당시 학생 노동력 착취로 악명 높던 곳 중 하나였다. 이 길을 다니는 사람들은 그 학교의 의미를 얼마나 알고 있을까?

'어떻게 이렇게 더운 곳에서 사람들이 살 수 있을까?'에 대한 답은 피닉스에서 20년 가까이 거주한 친구에게서 힌트를 얻을 수 있었다. "너희가 제일 더울 때 온 거야. 지난주까지만 해도 이 정도는 아니었어. 어쨌건 여름 몇 달만 견디면 나머지 계절은 아주 괜찮아. 지금 같은 한여름은 이곳 주민들도 다른 곳으로 피서를 떠나는 때이지." 제때를 잘 맞춰 왔다고 해야 할까?

하여간 우리는 낮 최고 46도라는 이곳에서 내일 만나 골프를 치기로 약속을 잡았다.

# 어떻게 농사는 척박한 곳에서 시작되었는가?

; 카사 그란데(Casa Grande)
호호캄 문명 유적지

열풍 속에서 골프를 마치고 우리는 호호캄 피마 국립 유적지(Hohokam Pima National Monument)를 찾아갔다. 스네이크타운(Snaketown)에 위치한 이 유적지는 호호캄 문명 유적으로는 최대 규모인데, 1930년대와 1960년대 두 차례 발굴 작업 후, 유적을 다시 흙으로 덮고 추후 재조사하기로 결정했다고 한다. 그 원형 모형이 허드 뮤지엄에 전시되어 있다는 위키피디아 자료를 믿고 갔다가 허탕친 얘기는 어제 한 바 있다.

이 유적지는 힐라강(Gila River) 인디언 보호구역 내에 위치하고 있는데, 해당 부족이 일반인의 유적지 접근을 불허한다고 한다. 그럼에도 구글맵을 검색해서 굳이 찾아간 것은 현 상황을 내 눈으로 확인해 보고 싶어서였다. 물론 다음 행선지인 카사 그란데 유적(Casa Grande Ruin)과 그리 멀지 않은 곳에 위치한 이유도 있다.

피닉스 남쪽의 챈들러라는 마을을 벗어나면서 구글맵이 인내하는 길은 오가는 차량 한 대 없는 비포장 도로로 바뀐다. 그렇게 10여 킬로를 더 달리니 화면에 목적지 도착이 뜬다. 주위를 둘러보니 황무지 외에는 아무것도 없다.

다만 지금까지 경치와 달리 이곳저곳 나즈막한 둔덕 같은 것들이 보인다. 아마도 발굴되었던 유적들을 재조사 결정 후 다시 덮어 둔 곳이리라. 이쯤에서 스네이크타운 유적지 방문은 마무리하는 것이 좋을 듯하다. 가까운 둔덕은 걸어가면 수분 내에 도달할 수 있을 듯 보였지만 (구글맵도 '여기서부터 도보로 이동'이라는 메시지를 보여 준다), 굳이 무리할 필요까지는 없을 듯했다. 지역 이름이 스네이크타운이라는데….

스네이크타운 유적지의 황량한 모습

다음 행선지인 카사 그란데 유적으로 향하는 길도 온통 황량하다. 미국이란 나라를 놓고 보면, 중부와 동부의 비옥한 지역을 제쳐 두고 이곳 애리조나의 황량한 땅에서 처음 농사가 시작되었다는 사실이 처음에는 의아했다. 이 과정을 이해하기 위해서는 제러드 다이아몬드의 명저 『총, 균, 쇠』의 이론이 도움이 될 듯하다. '어떻게 해서 문명이 특정 지역에서 다른 지역보다 앞서 발달하고, 다른 지역을 지배하게 되었는가?'라는 질문을 파고들어 가는 그의 연구 결과는, '문명이 앞서 발달한 지역의 경우, 경작 가능한 야생 작물과 가축화 가능한 야생 동물이 인근에 존재했다.'는 것이었다. 이를 아메리카 대륙에 적용시켜 보면, 원주민들의 3대 작물이었던 옥수수, 호박, 콩의 야생종이 멕시코 인근에 자생하고 있었고, 그 지역의 원주민들이 이를 작물화한 이후 소노란(Sonoran) 사막 건너편의 인디언들에게 전달된 것으로 이해할 수 있다.

소노란 사막에 호호캄 문명을 만든 이들은 대단한 집념과 기술력을 가지고 있었다. 이 지역은 일 년에 비가 몇 차례 오지 않는 건조기후 지대이지만, 이들은 인근에 흐르는 힐라강과 솔트강 주위로 관개수로를 만들어 농사를 영위하고 마을을 이루고 살았다. 연장이라고는 나무 막대기와 돌멩이밖에 없던 사람들이 수백 년에 걸쳐 만들어 낸 수로는 평균적으로 폭 9미터, 깊이 3미터에 총 길이는 16킬로에 이른다고 한다.

카사 그란데 유적은 국립공원관리국(NPS)에서 관리하고 있었는데, 그 규모가 생각보다 커서 놀랐다. 당시 원주민은 컬리체(caliche)라는 점토를 층층이 쌓아 5층 건물을 지었고, 이 유적이 지금까지 보존되고 있는 것이다. 1694년 이곳을 지나던 스페인 수도사의 기록이 이 건물에 대한 첫 번째 기록인데, 그가 붙인 이름이 지금까지 그대로 사용되고 있다(Casa Grande는 스페인어로 큰 집이라는 뜻). 이후 여행객들이 건물 벽에 글자를 새기는 등 훼손되자 1892년 미국 최초의 고고학 유적지로 지정되어 국가의 보호를 받고 있다. 17세기 스페인 수도사가 발견했을 당시 이 건물은 버려진 상황이었는데, 연대기 조사에 따르면, 이 건물과 인근 마을은 1200-1300년경에 건축되고 사용되다가 1450년경 버려진 것으로 추정되고 있다.

유적지 안내센터에는 이곳 주민들이 왜 주거지를 떠났는가에 대한 여러 가설들(대홍수로 인한 수로시스템 파괴, 대가뭄, 지배층에 대한 피지배층의 반란, 타부족의 침입 등)이 소개되어 있는데, 진짜 이유는 그 어느 것도 아닐 수도, 또는 여러 이유가 복합적으로 작용했을 수도 있다고 설명하고 있다.

카사 그란데 유적

흙벽돌 건축임에도 건조한 기후 환경 덕에 보존 상태가 양호하다

오늘의 마지막 행선지는 산카를로스(San Carlos) 아파치 보호구역이다. 인디언들을 제대로 이해하기 위해서는 보호구역에 들어가 보는 것이 우선이라고 생각했다. 이곳에서는 아파치 인디언들이 아파치 골드 카지노와 골프장 그리고 호텔을 운영하고 있다. 다수의 인디언 보호구역에서 카지노가 운영되고 있고, 이는 많은 미국인들에게 인디언 보호구역의 상징처럼 여겨지기도 한다. 어째서 그 많은 인디언들이 카지노를 운영하게 되었는지는 다음 기회에 따로 다룰 필요가 있을 것 같다.

카사 그란데 유적지에서 산카를로스 보호구역을 향해 가면서 지형은 엄청난 크기의 선인장이 곳곳에 자라고 있는 평탄한 건조지형을 벗어나 높은 산지로 바뀐다. 울창한 숲은 아니지만 그래도 제법 녹색 식물들이 눈에 띈다. 도로 이정표는 우리가 틴토(Tinto) 국유림으로 들어섰음을 알려 준다. 그렇게 높은 산지를 굽이굽이 돌아 내려가면서 눈앞에 다시 광활한 황야가 펼쳐진다. '혹시나' 하며 가다 보니 '역시나'였다. 국유림의 녹색 식물들이 사라지기 시작하는 바로 그 지점에 산카를로스 인디언 보호구역으로 들어섬을 알리는 표지판이 서 있었다. 이 나쁜 놈들….

미국이 서부를 침탈하는 과정에서 겪게 되는 인디언과의 전쟁은 공식적으로 1886년에 종료되는데, 그 사건이 바로 아파치족 전투 추장이었던 제로니모의 투항이었다. 제로니모와 그가 이끄는 아파치족은 바로 이 산카를로스 보호구역으로의 이주를 거부하며 쫓기는 과정에서 총을 들었던 인디언들이었다. 그들의 심정이 이해된다. 광활하지만 황량하기 그지없는, 도저히 사람이 살 수 있는 환경이 아니다. 보호구역 내의 호텔로 가는 내내 내가 얼마나 분노했던지 아내가 이제 그만 흥분하라고 한마디 한다. 이게 직접 찾아가는 여행의 의미가 아닐까. 책으로 읽으면서도 그랬지만, 직접 눈으로 보니 흥분 게이지는 더 오르는 듯하다.

산카를로스 인디언 보호구역으로 가는 길

카지노를 지나 호텔로 향하는데, 아내가 "여긴 인디언밖에 없다."고 얘기한다. 난 인디언들이 운영하는 사업체니까 여기서 일하는 사람들일 거라 했다. 그런데, 그게 아니었다. 투숙객도 대부분이 인디언들이었다. 호텔 풀장은 인디언 아이들로 만원이었고, 카지노를 둘러보니 그곳 손님들도 대부분이 인디언. 저녁 먹은 식당 손님도 그러했다. 인디언들이 보호구역에 카지노와 리조트를 만드는 건, 외부 손님을 유치해서 수익을 창출하는 목적일 것으로 생각했는데, 이곳의 모습은 인디언들이 운영하는 인디언들을 위한 리조트의 느낌이 더 강하다. 결국은 보호구역 인근에 대도시가 있는가에 따라 그 성격이 결정되는 것이 아닐까 싶다. 이곳만 해도 피닉스에서 두 시간 가까이 떨어져 있다 보니….

아내는 인디언 보호구역 안에 위치한, 투숙객이 거의 인디언들인 호텔에 묵고, 손님이 거의 인디언들인 식당에서 식사를 하는 환경을 불편

산카를로스 보호구역에 위치한 아파치 골드 카지노

해하고 불안해한다. 이유를 물으니, 이런 환경에서는 우리가 다른 사람들의 주목을 받을 수밖에 없고, 그런 분위기가 싫단다. 이를 어쩐다? 내일은 주니족 보호구역 내에 있는 숙소에 묵을 예정인데…. 이곳은 그래도 카지노도 있고, 수영장을 갖춘 제법 규모 있는 호텔과 스테이크하우스가 있어 외부인들도 간혹 눈에 띄지만, 주니족 보호구역에는 몇 개 안 되는 객실을 보유한 숙소와 마을회관 분위기의 식당이 전부인 것으로 알고 있다. 어쩌면 내일 그곳에서는 인디언 외의 외부인은 정말 우리가 유일할지도 모른다.

참, 40도를 넘나드는 골프 라운딩은 무사히 마쳤다. 내 평생 몇 시간 내에 1리터가 넘는 물을 마셔 본 건 처음인 것 같다. 지금도 온몸이 화끈거린다. 그리고 그 강렬한 추억은 이곳 아파치 부족 골프장에서의 라운딩 계획을 취소하기에 충분했다. 이곳의 내일 최고 기온도 46도란다.

# 마지막 인디언 무장투쟁, 아파치족과 제로니모

; 산카를로스 아파치 보호구역,
주니(Zuni) 보호구역

오늘은 일정에 넣어 두었던 아파치 보호구역에서의 골프를 취소했기에 충분히 늦잠을 잤다. 매일 저녁 잠자리에 드는 시간이 늦어지고 있다. 블로그에 글을 올리는 데 생각보다 시간이 오래 걸린다. 방문한 지역에 대한 글을 쓰려다 보면 추가로 확인할 것들이 많이 생겨나기 때문이다. 그리고 대충 만들었던 다음 날 일정도 구체화해야 하고, 이틀 뒤 숙소도 찾아 예약해야 한다(일정이 유동적이라 숙소 예약은 이틀씩만 하고 있다).

오늘 방문지는 산카를로스 아파치 보호구역의 중심인 페리도트(Peridot)에 위치한 산카를로스 아파치 문화 센터(San Carlos Apache Culture Center)이다. 예전에 페리도트 인디언 교역소였던 허름한 건물에는 아파치 부족의 건국설화, 풍속, 부족역사 및 보호구역 수용에 관한 간략한 설명과 사진, 모형물 등이 전시되어 있다. 아파치 부족이 500년 전쯤 북쪽에서 이주해 왔다는 학계의 정설과 지금의 미국 남서부 지역에서 수천 년간 살았다는 부족의 전설을 모두 소개하고 있는 점이 흥미로웠다.

아파치족은 아마도 미국에서 가장 유명세를 탄 인디언 부족일 것이다. 마지막까지 미군과 싸운 부족이기 때문이기도 하고, 실제로 매우 용맹한 부족이었기 때문이다. 아파치족은 나바호족과 함께 아타바스칸(Athabaskan) 계통의 언어를 사용하는데, 이는 알래스카와 캐나다 서해안, 미국 북서부 해안에 거주하는 인디언들과 같은 계통이다. 이러한 언어 및 풍습 등의 유사성에 근거하여 학계에서는 아파치족과 나바호족이 1200-1400년대에 북서부에서 남서부로 이주해 온 것으로 판단하고 있다.

허름한 모습의 산카를로스 아파치 뮤지엄

당시 남서부에서 마을을 이루며 농사를 짓고 살았던 푸에블로 인디언들과 달리 아파치족은 산지에 거주하며 사냥 위주의 생활을 영위했다. 그리고 인근 푸에블로 인디언 마을을 습격하여 필요한 물품을 조달하기도 했다. 아파치 부족의 푸에블로 인디언 습격은 당시 남서부를 지배하고 있던 스페인에게도 골칫거리였는데, 푸에블로 인디언들은 스페인이 자신들에게 세금까지 걷어 가면서도 보호를 해 주지 않는다며 이들의 통치에 불만을 갖게 되었다.

스페인으로부터 독립한 멕시코와의 전쟁 승리로 남서부 지역을 차지한 미국에게도 이러한 아파치족의 호전성은 이슈가 되었고, 미국 정착민들과의 갈등 방지를 명분으로 몇 개의 보호구역을 만들어 아파치 부족들을 수용(대부분의 갈등은 좋은 땅에서 인디언들을 쫓아내려는 과정에서 발생했지만)하려 한다. 이 중 대표적인 보호구역이 지금 내가 방문한 산카를로스 보호구역이었고, 이곳의 열악한 환경으로 인해 일부 아파치 추장들이 부족민들을 이끌고 보호구역을 탈출하는 사건이 벌어지게 된다.

이들 중 마지막까지 붙잡히지 않고 산속에서 게릴라전을 전개한 아파치 전투 추장의 이름이 바로 제로니모(Geronimo)였고, 이러한 이야기를 토대로 아파치족은 가장 용맹한 인디언 부족의 상징이 되었고(미군 최정예 공격 헬기의 이름이 아파치임), 제로니모는 미국인들을 공포에 떨게 하는 인물의 상징이 되었다(911 테러 이후 체포 작전을 벌인 오사마 빈 라덴의 암호명이 제로니모였음).

박물관을 나오며 직원에게 '이곳 주민들은 주로 어떤 일을 하며 사는지' 물어보았다. 이곳에는 부족에서 운영하는 사업체나 기관들로 인해 일자리가 좀 있는 편이란다. 그리고 마침 오늘이 부족민들에게 부족 정부가 분배금을 지급하는 날인데, 나이 불문하고 모든 주민들이 인당 500불씩 받는다고 한다. 지급되는 날은 매달이나 매분기와 같이 일정하지는 않고 부족 정부에서 사전에 고지하는 스케줄에 따른다고 했다. 본인 생각으로는 미국 정부로부터 수령한 합의금(settlement)이 재원이 아닐까 한다고. 물론 여기에 부족 정부에서 운영하는 사업체로부터의 수익금이 더해진 것이리라.

오늘 주민들에게 인당 500불씩 지급되었다면 이들은 이를 어떻게 활용할까? 혹시나 하는 마음에 산카를로스 보호구역을 떠나기 전에 아파치 카지노를 다시 들러 보았다. 예상했던 대로, 주말이었던 어제 저녁보다 더 문전성시를 이루고 있다. 이렇게 분배금의 일부는 부족 카지노로 돌아가고, 다시 부족사업체 배당금으로 주민들에게 나눠진다. 나름의 자체적인 생태계가 흘러가고 있는 셈이다.

다음 행선지는 200마일(320km) 떨어져 있는 주니족(Zuni) 보호구역이다. 보호구역 내의 주니 부족 박물관이 오후 5시까지 개관이라 오후 4시경 도착 예정으로 출발했는데, 내비게이션이 오후 5시 도착을 알린다. 예상보다 한 시간가량 더 걸리는 것으로 나와 의아해하던 중에 해답을 찾았다. 주니 보호구역이 있는 뉴멕시코주는 이곳 애리조나주보다 한 시간 시간대가 빠른 것이었다. 어쩔 수 없이 뮤지엄 방문은 내일로 미루고 숙소 체크인만 하는 것으로 계획을 수정한다.

산카를로스 보호구역을 떠나서 북쪽으로 이동하면서 점점 숲이 많아지더니 매우 험준한 산악지대로 들어선다. 화이트 마운틴 산지였다. 깊은 계곡으로는 솔트강이 힘차게 흐르고 있었다. 산카를로스와는 사뭇 다른 환경이다. 도로 표지판은 우리가 화이트 마운틴 아파치 보호구역(Fort Apache 보호구역이라고도 함)으로 들어섬을 알린다.

인접해 있는 두 개의 아파치 보호구역의 자연환경이 무척 달라 찾아보니 재미있는 사연이 있었다. 미군들이 아파치 부족들을 붙잡아 보호구역에 수용시키려고 이곳을 찾아왔을 때, 화이트 마운틴 아파치 추장은 이들을 극진히 대접하고, 이들의 활동을 적극적으로 지원해서 궁극적으로 자신들이 원래 살던 지역에 눌러앉을 수 있게 되었다는 것이다. 화이트 마운틴 부족의 미군 지원 내용에는, 다른 아파치 부족과의 전투를 위한 요새를 자신들의 마을에 만들고, 심지어는 아파치 전쟁에 미군 측의 용병(정찰병)으로 자신들의 부족민을 차출하는 것이 포함되어 있었다. 그 결과 이들의 보호구역은 다른 아파치 부족과 달리 천혜의 자연

화이트 마운틴과 그 사이를 굽이쳐 흐르는 솔트강

환경을 통한 관광사업(스키장도 포함) 및 목재업까지도 영위하게 되었다. 역사란 참….

화이트 마운틴을 벗어나면서 건조한 초원지대가 끝없이 펼쳐진다. 이 장면에서 1540년 멕시코를 출발해서 미국 남서부로 진출했던 코로나도 원정대가 떠오른다. 1528년 플로리다에 상륙했던 스페인 탐사대의 생존자 몇 명이 미국 남부를 가로질러 8년 만에(1536년) 멕시코로 귀환한다. 이들은 미 대륙 어느 지역엔가 스페인 사람들이 그토록 갈망하던 황금의 도시(Chibola)가 있다는 말을 들었다고 전한다. 이들의 말을 믿고 멕시코 총독이 파견한 것이 바로 코로나도(Coronado) 원정대이다.

그의 부대도 우리가 보았던 소노란 사막을 건너고, 험준한 높은 산맥을 넘고, 초원을 지나 주니(Zuni)마을에 도달하게 된다. 우리는 시원한 에어컨 바람 속에 시속 100킬로 이상 달리는 차를 타고 지나지만, 당시 코로나도 부대는 대부분 도보로, 그리고 완전 군장을 한 채로 이 길을 지났을 것이다. 그 고생이 어떠했을지는 솔직히 가늠이 잘 안 된다. 코로나도의 이야기는 내일 좀 더 다루기로 한다.

화이트 산지를 지나면서부터 핸드폰 로밍 신호가 끊어졌다. 산을 내려가서 도시가 나오면 곧 잡히겠지 했는데, 주니 보호구역으로 들어설 때까지도 잡히지 않는다. 점심을 먹었던 'Show Low'라는 곳은 스타벅스도 있던 나름 큰 도시였는데, 로밍 신호가 잡히지 않는다니…. 이로 인해 구글맵 내비게이션을 통한 목적지 검색도 먹통이 되었다. 그래도 주니마을에 들어가면 숙소를 찾는 것은 그리 어렵지 않을 것이라 생각하며 마을로 들어섰다.

주니 인디언 보호구역으로 들어서다

마을의 분위기는 허름하다. 아내는 어제와 같은 불편한 기색을 내비친다. 허름한 분위기는 슬럼을 연상시키고, 범죄에 대한 우려로 이어진다. 더구나 우리는 모두의 주목을 끌 수 있는 낯선 이방인. 마을의 이색적인 풍경을 사진에 담으려는 찰나에 도로의 경고판이 눈에 들어온다. '허가받지 않은 사진 촬영 금지. 허가에 관한 사항은 방문객 센터(Visitor Center)에 문의.' 이미 Visitor Center의 문은 굳게 닫혀 있다.

마을의 끝에서 끝까지 왕복을 해도 주니마을의 유일한 숙소라는 'Halona Inn'의 간판을 찾을 수가 없다. 길가 상점에 물어보고 나서야 골목으로 들어가서 겨우 찾아냈다. 이 숙소는 1층에 4개, 2층에 1개의 방을 보유한 Bed & Breakfast(일반 집을 활용하여 민박객실과 아침 식사를 제공하는 숙소)이다. 겉은 허름했는데, 내부는 나름 깔끔하고 아기자기하다.

주니마을의 유일한 숙박시설인 The Inn at Hanola

이곳에 외지인이라곤 우리밖에 없다는 점이 아내의 불안 요소였는데, 숙소에 우리와 같이 체크인하는 다른 '외지인'을 만나게 되었다. 일본계 미국인 카즈와 이브라는 금발 여인 커플이었는데, LA에서 산타페로 여행하는 도중에 들렀단다. 이곳에서 2박을 할 예정이라고. 지난봄에 이곳을 방문한 친구에게서 소개받았다고 한다. 여기 오기 전에 들른 캐니언 드 셰이(Canyon de Chelly)에서 알게 된 슬픈 사연으로 가슴이 아팠다고 한다. 나도 그곳을 방문할 예정(Day 6)이며, 인디언 관련 지역을 찾아다니고 있다고 하니 꽤 놀란 눈치이다. '어떻게 인디언에게 관심을 가지게 되었느냐'고 묻는다. 이 대답은 도대체 언제까지 계속 해야만 하는 것일까? 나보고 운디드니(Wounded Knee)에는 꼭 가 보라고 한다. 정말 슬픈 곳이라고. 물론 가 볼 예정이다. 시간은 지금으로부터 한 달여 후(Day 36)가 되겠지만.

저녁을 먹으러 가면서 이곳 주니 인디언들과 아파치 인디언들의 차이에 대해 아내와 얘기를 나누었다. 이곳 사람들이 좀 더 체구가 작고, 순박한 모습이란다. 주니족은 농사를 짓던 사람들이고 아파치족은 사냥과 습격을 하던 사람들이다. 그러다 보니 체격 조건이 그렇게 변한 것인지, 아니면 체격 조건이 그렇다 보니 그에 적합한 생활 습관을 갖게 된 것인지 궁금해진다. 아니면, 우리가 해당 부족의 차이점을 인지한 채로 보다 보니 그들이 그렇게 보이는 것인지도 모른다.

내일은 안내센터에 들러 사진 찍는 것에 대한 문의부터 해 봐야겠다. 주니 부족 박물관 방문 후에는 나바호 부족 보호구역으로 이동하게 된다.

그나저나 핸드폰 로밍은 어디쯤 가야 가능할 것인가. 우리 일정상 대도시(앨버커키)는 5일 후에나 지나게 되는데, 그때까지 로밍이 잡히지 않으면 어려움이 예상된다. 특히 내비게이션을 구글맵에 의존하고 있기에. 딸아이의 조언대로 당분간은 아침 숙소 체크아웃 전에 목적지 맵을 오프라인으로 저장해 두고 활용해야 할 것 같다.

# 흙집 마을이 황금의 도시로 불린 사연

; 주니족 보호구역, 나바호족,
그리고 유럽인과 원주민의 첫 만남

숙소 현관에 붙어 있는 한글 포스터를 발견했다. '아메리칸 인디언 예술인단 최초의 아시아 순회공연'이 부산문화회관 중강당에서 5월 15일에 열린다는 내용이다(연도는 나와 있지 않다). 숙소 직원에게 이 포스터의 의미를 아는지 물어보니 모른단다. 아마도 공연 예술인단에 주니족 누군가가 참여했던 것 같고 기념품으로 챙겨 온 것을 붙여 둔 듯하다.

숙소에 붙어 있는 한국어 포스터

주니 방문객 센터로 가서 가이드 투어를 신청했다. 우리의 투어 가이드 션이 주니족 탄생 설화와 역사에 대해 설명해 준다. 아빠하늘(Sky Father)과 엄마땅(Earth Mother)의 연결로 인간의 원형이 탄생하고, 그 원형이 아침별(morning star)과 저녁별(evening star)의 도움으로 땅의 갈라진 틈(그랜드 캐니언)을 통해 지하에서 지상으로 올라와 허물을 벗고 인간이 되는 이야기. 각각의 알에서 태어난 새의 인도에 따라 여러 부족이 각자의 길을 가게 된 이야기(앵무새를 따라간 부족은 남미의 아즈텍과 잉카가 되었고, 까마귀를 따라간 부족은 아직도 방황하고 있다고). 결국은 현재의 주니마을에 위치한 중간계(Middle place)가 세상의 중심으로 결정되어 이곳을 중심으로 살게 되었단다. 궁극적으로 차코캐니언, 메사베르데 등지에서 살던 친척 부족들도 모두 이곳 주니 땅으로 모여 함께 살기로 해서 그들의 마을들은 비워

주니마을 도심 전경

지게 되었다고.

이 마지막 부분의 이야기는 실상 역사학자들의 견해와도 일치한다. 한때 차코캐니언, 메사베르데 등에서 번성했던 아나사지(Anasazi) 문명의 후손들이 15세기경에 어떤 이유에서인지 살던 곳을 등지고 주니를 비롯한 리오그란데 인근의 푸에블로 마을로 이주한 것으로 추정되고 있다. 이 부분은 향후 해당 지역을 방문하면서 좀 더 다룰 예정이다.

주니 부족은 단 한 번의 강제 이주 경험 없이 조상 대대로 살던 땅에서 그대로 보호구역을 인정받고 살고 있는 몇 안 되는 운 좋은 인디언 부족이다. 이는 이들 거주 지역이 미국인들 입장에서 그다지 매력적이지 않았고, 부족의 성향 또한 온순해서 인근 백인 정착민들에게 위협적이지 않았기 때문일 것이다.

주니마을은 '최초 접촉(First Contact)'의 소재이기도 하다. 얘기가 나온 김에 좀 더 들어가 보자. 유럽인들과 아메리카 원주민 간의 최초의 만남을 어떤 사건으로 보느냐에 따라 최초 접촉의 정의가 달라지는데, 문서상으로만 보면 서기 1000년경 바이킹과 아메리카 원주민의 만남이 최초의 기록이다.

바이킹들 사이에 구전되어 오다가 중세 수도사들이 기록한 바이킹 전설에 의하면, 985년 노르웨이에서 살인 사건을 저지르고 아이슬랜드로 도망친 에이릭(Eirik)이라는 사람이 그린랜드를 개척하고, 그 아들들이 서쪽으로 이동해서 포도가 자라는 땅(Vinland)을 발견하고 정착해서 지내다가 원주민과의 지속적인 충돌 끝에 철수했다고 한다.

이 같은 바이킹 전설에는 트롤 같은 괴물도 등장하는 등 신빙성에 의

문이 있던 중, 1961년 노르웨이 학자 부부가 고대 바이킹들의 항해 경로를 따라 캐나다 북동쪽 뉴펀들랜드 끝 지역인 랑즈 오 메도우즈(L'Anse aux Meadows)라는 곳에서 고대 유적지를 발견하게 된다. 그리고 8년간의 발굴 작업 끝에 이것이 서기 1000년경에 건설된 바이킹 유적임이 확인된다. 인류가 5만 년 전에 아프리카를 떠나서 일부는 유럽 북쪽으로 흘러갔고, 또 다른 일부는 아시아 동북쪽으로 이동해서 알래스카를 통해 아메리카 대륙으로 퍼져 갔는데 이들이 뉴펀들랜드에서 수만 년 만의 재회를 한 셈이 된다.

이 바이킹 전설을 논외로 하면, 유럽인과 아메리카 원주민의 최초 접촉은 1492년 콜럼버스의 서인도 제도 항해에서 발생한다. 콜럼버스의 발견 이후, 스페인은 매우 적극적으로 신세계 식민지 개척에 나서서 멕시코와 페루 등지를 정복한다. 현재 미국 영토까지의 진출은 1540년에서야 진행되는데, 코로나도(Coronado) 원정대가 멕시코에서 북상하고, 데소토(De Soto)의 원정대는 플로리다로 상륙한다.

코로나도 원정대의 출발에 앞서 당시 멕시코 총독은 1538년 정찰대를 파견하는데, 이들이 전설상의 황금도시 치볼라(Cibola)를 찾아 도착한 곳이 바로 주니 부족 거주지이다. 당시 주니 부족은 진흙으로 다층 주택을 지어 살고 있었는데, 정찰대가 도착한 시간이 마침 해 질 무렵이라 멀리서 본 마을은 황금빛으로 반짝였다고 한다. 그런데 선발대로 마을을 향해 갔던 일행 중에 원주민들의 공격으로 사상자가 생기자 정찰대 리더 니자(Niza)는 서둘러 멕시코로 귀환하여 금의 도시 치볼라를 눈으로 확인하였음을 총독에게 보고한다.

16세기에 진행된 스페인인들의 미대륙 탐사

이러한 배경으로 거의 2천 명 규모에 달하는 당시 아메리카 대륙 최대 규모의 코로나도 원정대가 치볼라 정복길에 나서게 된 것이다. 주니족은 대규모 침입자들의 접근에 노인과 아녀자들을 우선 피신시키고 전사들이 맞서 싸우지만, 말과 철갑 무장, 그리고 석궁과 화승총을 지닌 스페인군의 상대가 되지 못했다. 결국 원주민들은 퇴각하고 코로나도는 주니마을로 입성하지만, 소문과 달리 황금은커녕 금속 조각 하나 제대로 없는 그저 가난한 마을이라는 것을 발견하고 실망하고 만다.

주니 마을들을 돌며 휴식을 취하고 부족했던 식량을 탈취한 코로나도는, 주니 지역 원주민에게 포로로 잡혀 있던 다른 부족 원주민으로부터 자신이 살고 있는 마을에는 황금이 가득하다는 얘기를 접한다. 그리고 그를 앞세워 또 다른 황금도시인 퀴비라(Quivira)를 찾아 머나먼 캔자스까지 정복 여정을 시작한다. 우리는 동쪽으로 이동하면서 이 퀴비라와 관련된 지역을 방문할 예정이다. 코로나도 원정대 얘기는 to be continued….

마을 중앙으로 이동하면서 가이드 션이 멀리 보이는 메사(Mesa: 정상 부분이 테이블처럼 평평하게 만들어진 산)를 가리킨다. '옥수수산(Dowa Yalanne)'이라 불리는데 마을이 위기에 처할 때마다 도망치는 곳이란다. 코로나도 부대가 접근했을 때 노인과 아녀자가 그곳으로 피했었고, 1680년 푸에블로 반란 이후에 스페인군의 보복을 우려해서 대피해 지냈던 곳이란다. 정상에 오르기 위해서는 긴 사다리가 필요한데, 주민들이 모두 정상으로 대피한 이후 사다리를 걷어 올리면 침입자들의 공격을 막아 내기 쉽고, 정상 부근에서는 식수도 구할 수 있어서 천혜의 요새라고 한다.

마을의 중앙에는 '올드주니미션(Old Zuni Mission)'이라고 하는 스페인 사

주니 부족의 피난처였던 옥수수산(Dowa Yalanne)

람들이 주니 부족을 정복하고 세운 교회가 있는데(사실 노동력은 주니 부족민이 제공했으니 주니족이 세운 교회라고 해야 할 듯), 푸에블로 반란 시에 파괴되었다가 스페인인들이 다시 들어오면서 재건되었다. 하지만, 그들의 강압에도 주니 부족민들은 전통신앙을 바꾸지 않았고, 이후 교회는 거의 버려져 있는 상황이었다. 주니족 내부에서 이 교회를 어떻게 할 것인가에 대해 재건파와 제거파 간에 논란이 많았는데, 현재 부족 리더십은 재건 쪽으로 방향을 잡고 재건에 필요한 자금을 모으고 있는 중이라고 한다.

교회가 버려지게 된 사연에 대해 션이 재미있는 얘기를 들려준다. 교회 관리를 주니 부족이 맡고 있던 기간에 이들이 교회 내부에 자신 부족들의 전통적인 문양과 의식 모습을 그려 놓았고, 이로 인해 가톨릭에서 이것은 더 이상 교회가 아니라고 관리를 거부했단다. 따라서 교회를 복구하더라도 기독교적 용도는 아닐 것으로 보인다.

올드주니미션 교회

마을 중앙에는 건물들로 둘러싸인 조그마한 광장이 있는데, 이곳을 하놀라 이디와나(Hanola Idiwan'a: 중간계)라고 부른다. 주니족 탄생 설화에 의하면 지상으로 올라온 인간들이 초대형 물방개(water bug)의 안내에 따라 세상의 중심을 찾아다니다가 마침내 발견한 지점이 바로 이곳이란다. 부족의 모든 중요한 세리머니는 항상 이곳에서 펼쳐진다고. 그런데 그 광장의 규모가 예상보다 꽤 작은 편이다.

마을 곳곳에는 버려진 집이나 공터가 보이는데, 빈 땅은 아니고 다 주인들이 있단다. 이 마을의 중심은 사실 땅값이 비싼 곳이란다. 그럼에도 비워져 있는 것은 주인이 집 지을 돈이 없거나 여자들 간에 분쟁이 있는 상황일 것이라고. 다른 많은 인디언 부족들과 마찬가지로 주니족도 모계 혈통을 따른다. 즉 결혼을 하게 되면, 남자들이 처가에 들어가 살게 되고, 모든 재산과 혈통은 여자 쪽으로 승계되는 것이다.

주니 부족 세계의 중심인 하놀라 이디와나

주니마을 풍경

주니족은 아파치족과 달리 정부로부터 지원받는 돈이 따로 없단다. 많은 주민들의 주 소득은 도자기와 보석 공예품을 만들어 파는 것이고, 그 밖에 부족 정부 내의 일자리 혹은 보호구역 밖의 일자리를 통해 소득을 올리고 있단다. 주니 마을 기념품 가게를 들러 보았는데, 우리는 딱히 살 것이 마땅치 않았지만, 다른 고객층이 존재하는 듯하다. 실력 있는 장인들 작품은 상인들이 대놓고 물건을 받아 간단다. 어쨌건 전반적인 마을 분위기는 돈 냄새가 전혀 나지 않는다. 카지노도 없고.

션은 가이드를 하는 또 다른 친구와 함께 주니족 고고학자이기도 하다. 이들은 연방정부의 지원하에 2004년 주니마을의 발굴 작업을 직접 진행한 바 있다. 현재 주니마을 중심부를 보면 언덕처럼 솟아 있는 곳들이 보이는데, 이는 기존 주택이 부실해지면 이를 허물고 새로 짓는 대신 그 위에 흙을 덮고 새로 집을 올리는 방식으로 건축이 진행되었기 때문이다. 따라서 현재 있는 집을 허물고 그 밑을 파 보면 층층이 기존 집들의 구조가 발견된다고 한다. 자신이 발굴했던 집의 경우, 그 밑으로 5층까지 발굴되었단다. 그 밑으로도 두 개 층 정도가 더 있는 것으로 확인되었는데, 기술상의 이유로 추가 발굴은 할 수 없었다고. 로마 개발을 위해 고대 로마 유적을 덮어 버리고 그 위에 대로와 광장을 건설했던 무솔리니의 이야기가 떠오른다.

션이 모든 질문을 친절하게 다 받아 주니 그동안 궁금했던 것들을 계속 묻게 된다. 다소 민감할 수 있으니 눈치를 봐 가면서. 첫 번째 질문. "주니족에게 아파치나 나바호는 어떤 존재인가?" 오래도록 자신들을 습격하고 괴롭혔던 부족들이라 역사적으로 적(enemy)들이란다. 하지만 오늘날 와서야 굳이 적대시할 필요는 없지 않겠냐며 그냥 잘 어울려 지낸단다. 어제 아파치 보호구역에서 아파치 부족 티셔츠를 샀는데 그 옷을 입고 오지 않아 다행이다 싶었다. 이들에게 아파치는 우리 민족에게 왜구와 같은 느낌일까?

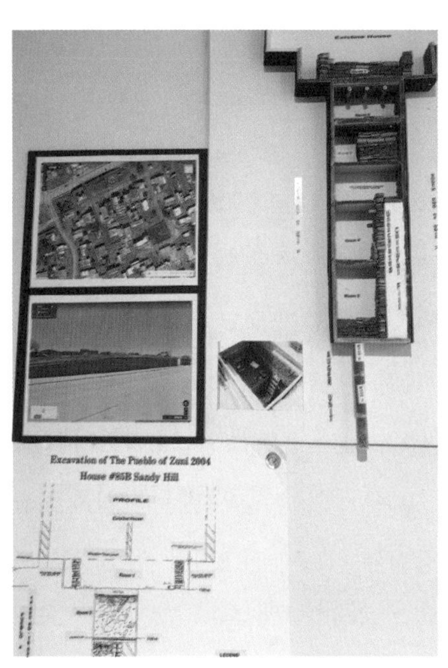

주니마을 가옥 발굴도

주니 부족 투어 가이드 션

두 번째 질문. "학자들의 견해는 아메리카 대륙 원주민들이 시베리아 쪽에서 1-2만 년 전에 알래스카를 거쳐 이동해 왔다는 것인데, 이에 대해 어떻게 생각하는가?" 션은 자신들은 절대 그렇게 생각하지 않는단다. 부족의 탄생 설화에서 알 수 있듯이 자신들은 그랜드 캐니언에서 나온 민족으로 생각한다는 것. 그러면서, 아시아에서 건너온 자들은 아마도 나바호와 아파치일 것이라고 한다. 외견상 주니족과 아파치, 나바호가 구분되느냐는 질문에 션은 당연히 구분된단다. 이들이 체격적으로 좀 더 크고, 좀 더 검은 피부색이라고. 인디언과 한국인이 오래전에 시베리아에서 같이 살던 친척일 수도 있겠다는 얘기를 건네서 친근감을 가져보려 했는데 안 꺼내길 천만다행이다 싶었다.

주니 보호구역을 떠나 이웃해 있는 나바호 보호구역으로 이동한다. 첫 번째 행선지는 윈도우락(Window Rock)에 위치한 나바호 네이션 뮤지엄이다.

나바호 네이션 뮤지엄

나바호족은 미국에서 가장 큰 면적의 보호구역을 가지고 있는데, 그 면적은 71,000평방 킬로미터로 남한 면적의 70%에 달한다. 부족 인구는 2016년 기준 35만 명이다. 나바호 박물관은 초라한 느낌을 주었던 산 칼로스 아파치 박물관이나 주니 박물관과는 달리 외관부터 근사하다.

건물 내부에는 도서관과 컨퍼런스 시설까지 갖추고 있다. 그런데 박물관은 예상과 달리, 나바호 탄생 설화 등을 설명하는 전시관과 1868년에 체결된 조약에 관련한 전시관만 마련되어 있다. 나바호 역사에 대한 전시가 따로 없는지 직원에게 물어보니, 나바호족 역사관련 내용은 너무 많아서 박물관에 다 수용할 수가 없고 그런 건 자료를 찾아보는 편이 좋단다. 글쎄, 난 기획력과 정성의 문제라고 생각하는데…. 나바호 보호구역 반대편 쪽 튜바시티(Tuba City)에 익스플로러 나바호 뮤지엄이 있는데 그곳은 어떤 방식으로 운영되고 있는지 궁금해졌다. 다만, 현재 계획한 루트에서 너무 많이 벗어나 있어 방문 계획에서 제외한 곳이라

아십다.

미국은 1862년에 나바호족을 이들의 거주지에서 480킬로나 떨어져 있는 뉴멕시코주 보스크 리돈도(Bosque Redondo)라는 보호구역으로 이주시키기로 결정하고, 이에 저항하는 나바호족을 황폐화 전술로 굴복시켜 가며 1864년부터 강제 이주를 시킨다. 긴 행군(Long Walk)으로 알려진 이 강제 이주 과정과 보스크 리돈도 보호구역의 열악한 환경으로 인해 수많은 나바호족이 생명을 잃게 된다. 그리고 이 참상이 알려지게 되면서 1868년에 미국 정부는 나바호족에게 원래 거주 지역으로의 귀환을 허용한다.

오늘 주니마을에서 션과 많은 시간을 보내다 보니 얘기가 너무 길어

왼쪽 위가 원래 나바호 부족 거주지, 오른쪽 아래가 강제로 이주당한 지역

진 듯하다. 블로그는 책을 쓰는 게 아니니 짧은 게 핵심이라고 아내가 주의를 준다. 욕심이 과하면 안 되는데 하고 싶은 얘기가 많다. 내일 캐니언 드 셰이(Canyon de Chelly)를 방문할 계획이니 나바호 얘기는 내일로 미루자. 어제 숙소에서 만났던 이브가 방문 후 가슴이 너무 아팠다고 얘기했던 바로 그곳이다.

여행 팁

**주니 보호구역(Zuni Reservation)**

주니마을에는 카지노나 골프장, 리조트와 같은 오락시설이 없기에 상업시설에 오염되지 않은 인디언 마을을 볼 수 있다. 대신 여행객을 위한 시설은 부족한 편인데, 마을 내에 한 개의 민박숙소(Inn at Hanola)와 몇 개의 작은 식당이 있다. 비지터센터에서는 다양한 가이드 투어 프로그램을 운영하는데, 주니마을을 둘러보는 1시간짜리 투어(인당$20)부터 인근 마을과 유적지를 둘러보는 종일 투어(인당$100)까지 다양하다. 가이드 투어를 이용하지 않고 마을 중심부를 둘러보는 것이나 사진을 찍는 것은 금지되어 있다. 주니 부족은 정교하고도 다양한 도자기와 수공예 물품들로 유명하며 마을 내에도 다수의 공예품 상점이 자리 잡고 있다.

주니마을은 뉴멕시코 주도인 앨버커키(Alburquerque)에서 2시간 30분, 애리조나 주도인 피닉스에서는 5시간 거리에 위치해 있으며, 산꼭대기 주거지로 유명한 아쿠마(Acoma)푸에블로가 2시간 거리에 있다. 다양한 숙소와 편의시설이 있는 인근 도시로는 북쪽으로 갤럽(Gallup, 뉴멕시코주)이 45분 거리, 남서쪽으로 세인트존(St. John, 애리조나주)이 50분 거리에 있다.

# 미군의 초토화 작전,
# 나바호족의 고난의 길

; 캐니언 드 셰이(Canyon de Chelly),
디네(Dine) 대학

오늘 행선지는 캐니언 드 셰이(Canyon de Chelly)이다. 수백만 년에 걸쳐 흐르는 물에 사암이 깎여 깊은 계곡이 만들어졌고, 수십 킬로나 이어진 이 계곡에는 풍부한 물과 각종 동식물들이 존재하였기에 대략 5천 년 전부터 사람들이 거주하여 왔다. 기원전 200년경부터는 농사가 시작되었고 사람들은 절벽의 틈을 이용하여 주거지를 만들기 시작했다. 또한 절벽 면에 벽화를 그리기도 했다. 하지만 1400년경부터 이들은 계곡을 떠나 다른 곳으로 이동했고, 북쪽에서 이주해 온 나바호족이 계곡을 차지하게 된다.

캐니언 드 셰이는 나바호족에게 비극의 상징이다. 무슨 일이 있었던 것일까. 나바호족은 당시 애리조나, 뉴멕시코 지역을 지배하던 멕시코인들과 상호 거래를 하면서 한편으로는 공격과 약탈을 주고받는 긴장

전망대에서 내려다보이는 캐니언 드 셰이 모습

된 관계를 유지해 왔다. 멕시코와 전쟁에서의 승리로 해당 지역을 1848년에 영토로 편입한 미국은, 이제 자국민이 된 거주민과 나바호족 간의 갈등을 해결해야 했고, 나바호족을 견제하기 위해 나바호 영토에 요새를 세워 감시하게 된다.

이후, 요새에 배치된 군인들과 인근에 거주하는 나바호족 간에 목초지를 둘러싸고 분쟁이 벌어진다. 미군은 요새 인근 초지는 군마를 위해 사용하겠다고 선언하고 나바호족 말의 출입을 금지시킨다. 당시 나바호족은 스페인 사람들을 통해 보급된 양들을 활발히 목축하고 있었는데, 방목되고 있던 양 떼가 울타리도 딱히 없던 미군 요새 인근 초지로 넘어가자 미군들이 이 양 떼를 모두 사살해 버리는 사건이 일어난다. 이에 대한 나바호족의 보복은 1860년 미군과 나바호족 간의 전쟁으로 이어지고, 화력에서 열세에 있던 나바호족은 미군의 추격에 게릴라전으로 맞서면서 1년간의 소모전 끝에 양측은 휴전에 합의한다.

남북전쟁이 발발하자 미국 정부(북군)는 캘리포니아와의 안정적인 연결로 확보를 위해 애리조나와 뉴멕시코 지역의 안정화를 추진하게 되고, 뉴멕시코 사령관으로 부임한 칼턴은 1862년 해당 지역의 아파치와 나바호족을 뉴멕시코 남동부에 위치한 보스크 레돈도(Bosque Redondo) 보호구역으로 몰아내기로 결정한다(이러한 과격한 정책의 배경에는 칼턴이 이들 부족의 땅을 탐낸 이유도 있다고 알려져 있다). 많은 나바호족은 미군에 쫓기고 붙잡혀 머나먼(480킬로) 신설 보호구역까지 고난의 행진(Long Walk)을 시작하게 된다.

하지만 보스크 레돈도 보호구역의 환경은 너무나 열악하여 도저히 사람이 살 수 없는 곳이라는 정보를 접한 대추장 마뉴엘리토를 비롯한 일부 나바호족은 캐니언 드 셰이로 대피하여 항전에 들어간다. 이곳은 수십 킬로의 계곡이 여러 갈래로 굽이치고 있어 숨어서 게릴라전을 펼치기에 더할 나위 없는 입지였다.

한때 인디언들과의 대화를 우선시했던 현장 사령관 킷 칼슨은 칼턴 장군의 강경 진압 명령에 반대하며 사표를 내기도 했지만, 결국은 그의 지시에 따라 초토화 작전을 진행한다. 계곡 입구부터 시작하여 계곡 내에 있던 나바호족의 모든 마을을 불태우고, 가축들을 도살하고 작물들을 태워 버리고 과실나무들을 베어 내는 방식이었다. 이 과정에서 발견되는 모든 나바호족은 사살됐다. 나바호족이 매우 자부심을 느끼고 아껴 온 복숭아나무 수천 그루도 모두 베어졌다. 나바호족은 조상 대대로 소중히 내려온 복숭아 나무들이 베어지는 것에 너무나 슬퍼했고, 애꿎은 나무에까지 보복을 하는 미군을 전혀 이해할 수 없었다고 한다.

이러한 초토화 작전으로 먹을 것마저 떨어진 나바호족은 마지막까지 버티던 대추장 마뉴엘리토마저 항복함으로써 결국 1866년 미군과의 전쟁을 종료하게 된다.

4년간에 걸쳐 1만 명이 넘는 부족원들이 눈물의 행진을 하게 되는데, 이들 중 상당수가 행군 도중에, 그리고 보호구역에서의 열악한 환경으로 사망한다. 이후 나바호족의 열악한 처지에 대한 탄원이 받아들여져서, 1868년 나바호족에게 원래 살던 곳으로의 귀환이 허락된다. 수많은 부족민이 희생되었지만 자신들의 땅으로 돌아오게 되고 넓은 지역이 보호구역으로 인정된 점을 감안하면, 나바호족은 다른 부족들에 비해 상대적으로 혜택받은 부족이라고도 볼 수 있다.

노스림 드라이브(North Rim Drive)를 따라가다 보면 계곡을 내려다볼 수 있는 전망대들이 나온다. 대부분의 전망대에서 계곡의 모습이 한눈에 들어오고 계곡 중턱이나 하단 바위틈에 위치한 고대인들의 주거지 유적들을 바라볼 수 있다. 어떤 전망대의 이름은 대학살 동굴 전망대(Massacre Cave Overlook)이다. 오래전, 나바호를 쫓던 스페인인들이 동굴에 은신해 있던 나바호족을 발견하고 학살한 데에서 유래한 이름이다.

계곡에 위치한 인디언 주거 유적

나바호 부족이 학살당했던 계곡의 동굴 은신처

직접 계곡 아래까지 내려가 보려면 몇 가지 옵션이 있다. 이 지역은 나바호 부족 영토인 관계로, 계곡 아래로의 진입은 나바호 부족의 승인을 받은 가이드가 동반해야만 가능하며, 제대로 된 도로가 없어 하이킹을 하거나 승마 혹은 사륜구동차를 이용한 방문만 가능하다. 다만, 화이트하우스 전망대(White House Overlook)라는 곳에서 화이트하우스 유적지까지의 트레일 구간만 유일하게 아무런 제약 없이 방문할 수 있다. 이 트레일은 왕복 두 시간이 소요된다고 한다. 다리 상태가 좋지 않은 아내를 고려하면 계곡 밑바닥까지 오르내려야 하는 트래킹은 무리일 듯하다.

비지터 센터를 방문했는데, 가이드 투어에 대한 설명은 따로 없고 다만 투어 제공자들의 전화번호 리스트만 건네준다. 문제는 핸드폰을 사용할 수 없다는 점이다. 이틀 전 주니족 보호구역에 들어선 이후로 애리조나주와 뉴멕시코주의 접경 지역을 오가는 3일 내내 로밍 신호가 거의 잡히지 않는다. SK텔레콤에서는 T모바일과 AT&T 두 개 회사의 망을 로밍으로 연결해 준다는데, 아무래도 이해가 가지 않는다. 어쨌거나 전화를 사용할 수 없으니 직접 부딪혀 볼 수밖에.

South Rim Drive를 들어서자마자 예상했던 대로 투어 간판들이 나타난다. 말과 사륜구동 사이에서 잠시 고민하다가 사륜구동을 선택했다. 시간이 많지 않은 우리는 4시간 기본 투어 프로그램 대신 1시간 투어를 부탁하고 가격도 조정하려는데, 가이드는 요 며칠 손님도 없었다며 내가 오케이도 하기 전에 신이 나서 차 키를 들고 나선다.

나바호 가이드 빅토리아와 그의 지프는 모래길을 거침없이 나아간다

계곡 입구에서부터 바닥은 미세한 흙이 모래처럼 쌓여 있다. 사륜구동이 필요한 이유이다. 차는 부드러운 흙모래 위를 마치 배가 물 위를 달리듯 미끄러지며 나아간다. 계곡 바닥은 생각보다 더 넓다. 그리고 곳곳에서 고대 주거 유적지들을 좀 더 가까이서 볼 수 있을 뿐만 아니라 고대인들이 남긴 벽화들도 관찰이 가능했다. 일부 벽화는 도대체 어떻게 그곳에 접근했을지 의아할 정도로 높은 곳에 위치해 있다.

우리의 나바호 가이드 이름은 빅토리아이다. 차를 엄청 터프하게 몬다. "I'm crazy woman!"이라고 소리친다. 도저히 갈 수 없을 것 같은 곳도 마구 몰고 들어간다. 한 벽화를 가리키더니 나바호족이 그린 것이라 한다. 어떻게 고대인 벽화와 구별해서 알아보는지 물으니 말을 그렸기 때문이라고. 미국 인디언들이 말을 처음으로 목격한 것은 1500년대 스페인인들의 진출 때였고, 그 즈음에는 나바호족이 기존 원주민을 대신

나바호 가이드 빅토리아와 함께하는 계곡 탐사

캐니언 드 셰이의 사암벽화에 등장하는 말 그림

해 이 지역을 차지하고 있었으니, 이 지역에서 말을 그릴 수 있었던 자들은 나바호일 수밖에 없을 것이다.

계곡 바닥에는 물이 전혀 없다. 지금이 가장 건조한 시기란다. 9월부터는 비도 좀 오고해서 가을에는 물도 흐르고 겨울에는 얼음 위로 운전해 간단다. 이곳은 고원지대라 여름에는 이리 뜨거워도 겨울에는 얼음이 얼 정도로 추운 곳이다. 이런 날씨에 미군에 쫓기던 나바호족은 연기로 위치가 탄로날까 봐 불도 지피지 못하며 겨울을 나다가 얼어 죽어갔다. 빅토리아의 거친 운전 솜씨와 계곡 경치에 반해서 반환점까지 왔을 때 우리는 '한 시간 더!'를 외쳤다. 더욱 신이 난 빅토리아는 트레일 지역인 화이트하우스 유적지를 지나 더 깊은 계곡까지 들어갔다.

화이트 하우스 인디언 주거유적지

캐니언 드 셰이를 떠나 디네대학(Dine College)으로 향했다. 이 학교는 1968년에 나바호족이 자체적으로 설립한 미국 내 최초의 인디언 부족 대학이다. 디네대학이 모델이 되어 이후 37개의 인디언부족 대학이 설립되었다. 'Dine'는 나바호말로 '사람들'이라는 뜻이고 나바호족이 자신들을 지칭하는 말이기도 하다. 우리로 따지면 '한국대학' 혹은 '국민대학'에 해당할 것이다.

사일리(Tsaile)라는 마을에 위치한 아담한 대학 캠퍼스에는 나바호 전통 가옥인 호간(Hogan)의 형태를 본떠 팔각형으로 만들어진 강의동들이 들어서 있다. 학교에 대한 설명을 듣고 싶어 지나가는 학생에게 안내센터 위치를 물으니 5시에 문을 닫는다 한다. 시계를 보니 4시 57분. 전속력으로 달렸다.

나바호 부족 대학인 디네대학 캠퍼스 모습

대학 소개를 받고자 들렀다고 하니 담당 직원 데이블린이 친절하게 맞아 준다. 원래 2년제 대학으로 설립되었는데 최근에 4년제로 바뀌었으며 현재 재학생 수 1,500명, 교수는 68명이라고 한다. 미국 인디언만 입학하는지 물으니 그건 아니란다. 아프리카와 일본에서 온 경우도 있었단다. 깜짝 놀라 "정말? 혹시, 한국은?" 하고 물으니 아직 없었다고. 90% 이상이 미국 인디언부족 출신이고, 또 90% 이상이 나바호 부족 출신이라 하니 아직은 나바호족 대학이라 보는 것이 타당할 듯하다.

한국 얘기를 꺼내니까 옆에서 퇴근 준비를 하던 남성이 "안녕하세요, 반갑습니다." 하며 인사를 한다. 해군에서 복무했을 때 진해에 근무한 적이 있었는데 10년 전 일이라 한국말은 많이 잊었다고. 이름을 물으니 켄이라며 종이에 무언가를 적는다. '나니니'…. 그러고는 자신 없어 한다. 자신의 성을 적은 것이었다. 쓰고자 했던 말은 '나타니'. 그래도 이 정도면 대단하다.

학교에서는 일반 대학의 커리큘럼을 제공하는데, 나바호족 대학이다 보니 나바호 역사, 문화, 언어에 대한 과목들이 추가로 개설되어 있다. 한 가지 특이한 점은 공중 보건(Public Health) 프로그램으로, 여기에는 우라늄 노출로 인한 건강 영향 과정이 포함되어 있다. 1940년대에 나바호 보호구역에서 우라늄 광산이 발견되고 미국은 나바호 부족과 별도의 협의나 승인 없이 이곳에서 대규모로 우라늄 채굴을 벌였다. 안전 조치 없이 진행된 채굴로 인해 많은 나바호족이 방사능 노출 피해를 입었다. 이후 부족의 항의로 광산은 폐지되었지만 나바호족에게는 아직까지도 남아 있는 상처이다.

마지막으로 나바호족 관련 한 가지 더. 2차 세계 대전에서 나바호족은 코드 토커(code talker)라고 부르는 암호병으로 큰 활약을 펼친다. 약 400명 정도가 해병대에서 암호병으로 활약했다고 전해지는데, 나바호 언어를 조합해서 만든 이들의 암호는 일본군이 결코 해독해 낼 수 없었고, 특히 이오지마 전투에서 큰 역할을 한 것으로 알려져 있다. 이들을 배경으로 만들어진 영화가 〈윈드 토커(Wind Talker)〉이다.

아, 그리고 유명한 골프선수 리키파울러 외할머니도 나바호 부족인 이다.

오늘은 유타주로 진입했다. 몬티첼로(Monticello)라는 곳에서 1박을 한 뒤 내일은 뉴스페이퍼락(Newspaper Rock)과 메사베르데(Mesa Verde)를 방문할 예정이다. 오늘 캐니언 드 셰이에서 볼 수 있었던 인디언 암벽화와 절벽 주거지의 끝판왕들을 만나 보는 일정이다.

몬티첼로에서 우리가 묵었던 농가 주택을 개조한 숙소

## 캐니언 드 셰이(Canyon de Chelly)

캐니언 드 셰이는 계곡 능선을 따라 북쪽과 남쪽으로 포장도로(Rim Drive)가 닦여 있고 중간중간에 마련된 전망대(Overlook)에서 멋진 계곡 경치와 인디언 주거유적지를 감상할 수 있다. North Rim Drive가 왕복 34마일, South Rim Drive가 왕복 37마일인데, 각 도로에서 보이는 경치가 다르므로 시간이 충분하면 두 도로를 모두 다녀 보는 것이 좋다. 계곡 아래를 가이드 없이 내려갈 수 있는 곳은 South Rim Drive에 있는 White House Trail이 유일한데, 왕복 2.5마일의 길지 않은 거리이지만 계곡을 내려갔다가 올라와야 하므로 왕복 2시간을 예상하는 것이 좋다. 국립공원서비스(NPS)에서 운영하지만, 공원 입장료는 따로 없다.

다른 방법으로 계곡을 둘러보려면 나바호 부족민들이 운영하는 가이드 투어를 이용해야 하는데, 승마투어, 사륜자동차투어, 하이킹투어 등 여러 업체가 다양한 서비스를 제공하고 있다. 국립공원서비스(NPS)에서 제공하는 캐니언 드 셰이 사이트나 기타 사이트에서 관련 업체들 정보를 입수하여 직접 연락해 보거나, South Rim 초입에 있는 투어업체들을 직접 방문해서 알아봐야 한다. 투어 코스, 시간 등을 가지고 가격 흥정도 가능하다.

North와 South Rim Drive를 따라 전망대만 방문할 경우에도 반나절은 필요하고, 트레일이나 가이드 투어를 함께할 경우에는 하루가 필요하다.

10분 거리에 있는 친리(Chinle)에 다수의 숙박시설과 레스토랑이 있고, 비지터센터 인근에는 나바호족이 운영하는 숙박시설인 Thunderbird Lodge와 캐주얼한 레스토랑이 있다.

애리조나주 동북쪽에 위치한 캐니언 드 셰이는 대도시에서 멀리 떨어져 있는데, 뉴멕시코주 앨버커키에서 3시간 30분, 애리조나주 피닉스에서 5시간이 걸린다. 인근의 주요 관광지인 모뉴먼트 밸리(2시간), 메사베르데(3시간), 그랜드 캐니언(3시간 30분), 산타페(4시간 30분) 등을 묶어서 여행 계획을 세우는 것이 좋다.

## 인디언과 말

서부영화를 보면, 인디언들이 말을 타고 황야를 달려 기습을 하는 모습이 등장하곤 하는데, 사실 미국 땅에 말이 처음 등장한 것은 불과 4백여 년 전인 1540년 스페인인들의 탐사대에 의해서이다. 그 이전까지 인디언들은 도보로 이동했고, 가벼운 짐은 개를 이용했다. 스페인의 미국 남서부 진출과 함께 도입된 말들은 점진적으로 인디언 사회에 퍼져 나갔고 1700년대에 평원 인디언들에게도 도달한다. 말의 도입으로 인한 이동 속도의 증가로 사냥 효율이 높아지면서 농사를 짓던 일부 부족은 사냥경제로 전환하게 되었고, 이웃 부족들을 대상으로 한 습격도 빈번히 발생하게 되었다. 아파치족, 나바호족, 코만치족 등이 대표적이다.

# 그림과 건축물로 전해지는 인디언들의 이야기

; 뉴스페이퍼락(Newspaper Rock),
메사베르데(Mesa Verde)

뉴스페이퍼락은 유타주 캐니언랜즈 국립공원으로 들어가는 211번 도로변에 위치해 있는데, 어제 숙소였던 몬티첼로에서 약 40분 거리이다. 마치 검은 코팅이 입혀진 것 같은 암벽 한 면에 수많은 그림들이 새겨져 있다. 약 2천 년 전부터 원주민들이 이곳에 그림을 그려 온 것으로 추정되는데, 나바호족은 이 바위를 세하네(Tse Hane)라고 불렀다. '이야기하는 바위'라는 뜻이라고 한다.

그림 내용은 사람과 동물, 그리고 기하학적 문양 등 다양한데, 어떤 문양은 사람인지 짐승인지 애매하기도 하고, 손발 그림은 손가락, 발가락 개수가 4개 혹은 6개인 경우가 많아 그 의미를 이해하기도 힘들다. 말을 탄 사람의 그림도 등장하는데, 이 그림은 16세기 이후의 것으로 보인다(어제 배운 걸 바로 써먹는다!).

뉴스페이퍼락

암벽면의 검은 코팅은 빗물을 머금은 사암(sand stone) 표면에 박테리아가 서식하면서 남겨진 망간철 성분이라고 하는데, 뉴스페이퍼락은 위에 지붕 역할을 하는 큰 바위가 튀어나와 있어 암벽 그림들을 2천 년이라는 세월 동안 보존해 올 수 있었던 것으로 보인다. 고대인들은 무슨 의도를 가지고 여기에 이런 그림들을 그려 넣었던 것일까?

벽면에 다양한 그림과 문양이 새겨져 있다

그 동기와 그림의 의미는 모두 수수께끼로 남아 있다.

뉴스페이퍼락을 보며 국내에서 논란이 되고 있는 울주군의 암각화가 떠올랐다. 댐 건설로 인해 물에 잠겼다 빠졌다를 반복하고 있어 훼손이 우려된다는데, 조속히 해결책이 나왔으면 한다.

다음 목적지인 메사베르데를 향해 우리는 유타주에서 콜로라도주로 넘어간다. 지난 금요일(12일) 네바다주 라스베이거스에 도착한 이후 다섯 번째 주(네바다, 애리조나, 뉴멕시코, 유타, 콜로라도)이다. 애리조나와 뉴멕시코의 황량한 풍경과 달리 유타와 콜로라도의 풍경은 초록빛이다. 숲과 초원이 많아서다. 황량한 애리조나와 뉴멕시코에는 많은 인디언 보호구역이 있고, 초록빛 유타와 콜로라도는 그렇지 않다. 그래서 씁쓸하다.

콜로라도에 들어서니 코르테즈(Cortez)라는 제법 큰 규모의 도시가 나온다. 마침 점심시간이라 Yelp를 검색해 타이식당을 찾아냈다. 14일에 피닉스를 떠난 이후 나흘 만에 만나는 동양 음식이다. 한식은 아니지만 동양식만으로도 그간 음식의 허전함을 달래기에 충분하다.

메사베르데(Mesa Verde)는 콜로라도 고원지대에서도 우뚝 솟아 있는 바위산으로 높이가 2,600미터에 이른다. 메사베르데는 스페인어로 초록 테이블이라는 의미인데, 바위산의 정상 부분이 평평하고 측면 부분이 수직으로 깎여 있어 테이블 모양을 이루고 있는 데에서 기인한다. 평평한 산 정상에는 초록 숲과 수풀이 우거져 있다.

메사베르데에는 기원후 약 550년경부터 사람들이 거주하기 시작하였다. 세 자매(three sisters)라고 불리는 남서부 지역의 3대 농작물인 옥수수, 콩, 호박 재배도 이루어졌던 것으로 보인다. 거의 700년간을 산 정상

메사베르데산의 전경

부에서 지내던 이들은 어떤 이유에서인가 1100년대 후반부터 절벽 틈(alcove)에 주거지를 짓고 거주하기 시작하는데, 현재 메사베르데 국립공원 지역에만 600개의 절벽 주거지(Cliff dwelling)가 산재해 있다고 한다. 비와 더위, 추위를 피하기에 좋은 환경을 찾아서일 수도 있고, 외적으로부터의 방어에 유리하기 때문일 수도 있다.

아나사지 문명의 중심부였던 차코캐니언(Chaco Canyon)(Day 8)이 12세기에 버려지게 되는데, 차코캐니언을 떠난 이주민들이 이곳 메사베르데로 옮겨 와서 정착했을 것으로도 추정된다. 이들의 뛰어난 건축 기술로 인해 이전에는 감히 상상도 할 수 없었던 절벽 건축물들이 시도되었던 것은 아닐까?

특이한 것은 이러한 절벽 주거지들은 대부분 1190년-1280년 사이에 건축되었는데, 1200년대 후반부터 이들이 다시 이곳 메사베르데를 떠나기 시작했다는 점이다. 절벽 주거지들은 약 100년간만 이용되었다가 버려지게 된 것이다. 이곳을 떠난 이들은 남쪽으로 내려가 애리조나와 뉴멕시코 지역의 리오그란데 강가에 정착한 것으로 보이는데, 해당 지역에 있는 다수의 푸에블로 주민들(Hopi, Zuni, Acoma 등)이 이들의 후손으로 여겨지고 있다. 이들이 100년 만에 메사베르데를 떠난 이유로는 극심한 가뭄, 과도한 농작과 사냥으로 인한 토양 및 동식물 자원의 고갈, 혹은 내부적 갈등이나 사회적 이슈 등이 추론되고 있다.

이곳 절벽 주거지 중 가장 규모가 큰 것이 절벽 궁전(Cliff Palace)이라고 불리는 곳이다. 이곳을 방문하려면 국립공원 가이드(Park ranger)가 안내하

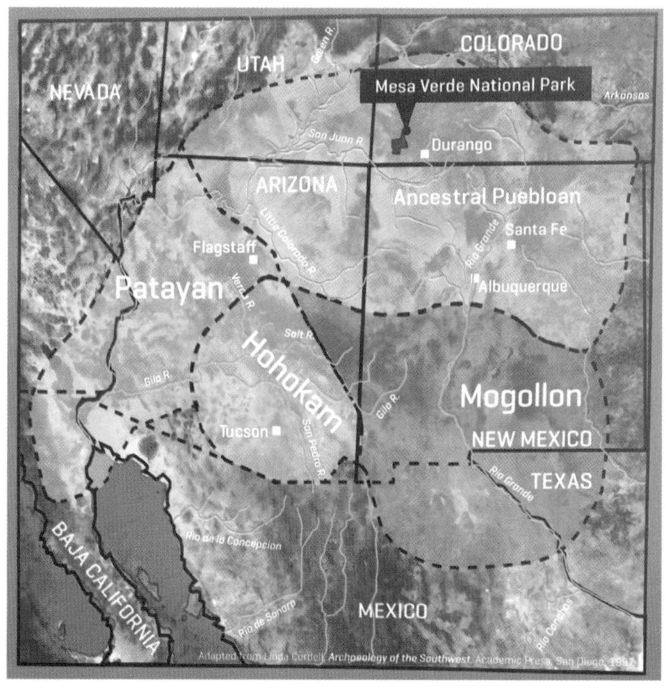

미국 서남부에서 번성했던 인디언 문명들

는 프로그램에 참가해야만 하는데, 사전 예약은 불가능하고 직접 안내소를 방문해서 티켓을 구매해야 한다. 매표소에 가니 오후 4시 투어 1장, 오후 4시 30분 투어 1장, 그리고 5시 30분 이후론 티켓이 많이 남아 있다. 지금 시간이 오후 2시. 오늘 묵을 숙소까지 2시간을 더 가야 하는데 5시 30분 투어를 참가할 경우 숙소 체크인이 너무 늦어진다(블로그에 글을 쓸 시간이 필요한데…). 그렇다고 그냥 포기하기엔 아쉽다(사실 이곳은 1996년에 와 봤기에 옛 기억이 남아 있기는 하지만 너무 오래전이라 기억이 생생하지 않다). 일단 한 장씩 남아 있는 4시와 4시 30분 티켓을 구매한다. 티켓을 판매하는 직원이 좀 의아해하는 눈치이다.

우리의 플랜 A는 4시 투어에 같이 가서 사정을 설명하고 한 명을 끼워 주기를 부탁하는 것이다. 플랜 B는 내가 먼저 4시 투어에 참가한 후, 아내의 4시30분 투어가 끝나길 기다리면서 오늘 여행에 대한 글쓰기를 착수하는 것이다. 글 쓰는 일이 재미있기는 하지만 투입되는 시간 때문에 수면 시간을 확보하기 위해 고생이다. 원저자의 초안은 블로그 등록 전에 감수자의 리뷰 과정을 매일 거친다.

투어 가이드를 기다리면서 한 가지 룰을 만들었다. 가이드가 남자이면 아내가, 여자이면 내가 부탁하는 것이다. 소위 미인계, 미남계를 활용하는 전략인데, 이게 먹히지 않으면 미인이나 미남이 아닌 것으로….

가이드가 다가오는데… 여.자.다! 미남이 나설 차례다. 간단히 상황을 설명하니, 잠깐 머뭇거리는 듯하다가 뭐 한 명쯤이야 괜찮단다. 아내에게 미남계가 통했다고 으쓱해하니, 그게 아니라 본인이 옆에서 간절한 표정을 지어서 성공한 것이란다. 아무래도 좋다. 플랜 A가 성공했다.

어떻게 보면, 이런 시도를 해 보라고 우리에게 숙제를 내준 것 같다. 어떻게 30분 간격으로 티켓이 한 장씩만 우리 앞에 남아 있단 말인가?

주차장에서 사다리를 타고 내려가면 절벽 궁전(Cliff Palace)에 도착한다. 멀리서 보이는 주거유적의 모습에 사람들은 '와우' 탄성을 보낸다. 가이드가 모든 관광객들의 첫 번째 반응이라고 얘기한다. 약 550평 정도 되는 공간에 150개의 방과 75개의 오픈 공간 그리고 21개의 키바(커뮤니티 활동이 이루어지는 원형 거주공간)가 빽빽하게 건축되어 있다.

오랜 세월 동안 버려져 있었고 19세기 말 이후로는 도굴꾼들에 의해 많은 부분이 훼손되었지만, 남아 있는 건축물의 형태는 직선과 원형이 혼재되어 있고, 흙벽돌을 쌓아 올린 형태도 다양해서 여러 시기에 걸쳐 건축되었을 것으로 보인다. 타워형 건물은 높이가 5층이고 절벽틈 윗

메사베르데에서 가장 큰 주거유적인 클리프 하우스, 550평 크기의 공간에 150개의 방이 만들어져 있다

절벽주거지 생활상 재현 모형

5층 높이의 타워와 펜트하우스도 있다

부분 천장 쪽으로도 별도의 공간이 건축되어 있다. 누군가가 펜트하우스라고 얘기하는데, 어떻게 그곳에 벽돌을 쌓아 올렸을지 궁금하다. 이 공간에는 약 100-120명 정도가 함께 거주했을 것으로 추정된다.

메사베르데 국립공원 내 채핀 메사 고고학 박물관(Chapin Mesa Archeological Museum)에는 이곳에 거주했던 고대인들과 아나사지인들의 유물과 생활상 등이 전시되어 있는데, 그간 다녔던 박물관 중에 그 내용이 가장 알차다. 박물관 전시물만으로도 남서부 지역 아메리카 원주민들이 살아온 모습을 구체적으로 이해할 수 있었다.

이렇게 여행 7일차를 마무리하고 내일은 아나사지 문명의 중심 유적지인 차코캐니언과, 스페인인들에게 부족 성인 남자들 모두 발목이 잘리는 만행을 당했던 아쿠마부족 마을을 찾아간다.

푸에블로 인디언들의 주거건축물 변천 모형
- 땅에 굴을 파는 형태로부터 땅 위에 벽과 지붕을 쌓아 올리는 형태로 발전해 왔다

## 메사베르데(Mesa Verde) 국립공원

메사베르데는 행정구역상으로는 콜로라도주에 위치해 있지만, 유타, 콜로라도, 애리조나, 뉴멕시코주의 경계선이 만나는 지점(four corners) 인근이다. 가장 가까운 대도시가 뉴멕시코주 주도인 앨버커키(Alburquerque)인데 차로 4시간 40분 거리이며, 피닉스(7시간), 덴버(7시간 30분), 라스베이거스(8시간 30분) 등 대도시와는 한참 떨어져 있다. 따라서 인근의 다른 주요 관광지와 묶어서 여행을 하든지 아니면 근처 소도시(콜로라도주의 Cortez, Durango, 혹은 뉴멕시코주의 Framington)까지 항공편으로 이동하는 것이 바람직하다. 인근의 주요 관광지로는 그랜드 캐니언(4시간 40분), 모뉴먼트 밸리(3시간), 캐니언 드 셰이(3시간), 산타페(5시간) 등이 있다.

메사베르데의 핵심은 절벽주거지(Cliff Dwellings) 방문이라고 할 수 있는데, 절벽 궁전(Cliff Palace)과 발코니 하우스(Balcony House)가 대표적이다. 이곳에 가기 위해서는 공원 입구에 있는 비지터센터에서 가이드 투어 티켓을 끊어야 한다. 성수기에는 티켓이 일찍 마감될 수 있으므로 서두르는 것이 좋다. 비지터센터에서 절벽주거지 투어가 시작되는 산 정상(Mesa Top)까지는 차로 40분을 더 가야 하고, 메사베르데에 거주했던 인디언 관련 자료들이 알차게 전시되어 있는 박물관(Chapin Mesa Archeological Museum)을 관람하는 시간까지 감안하여, 비지터센터 출발 시간 기준으로 1시간 반에서 2시간 정도 여유를 두고 시작하는 투어티켓을 예약하는 것을 추천한다.

공원 내에는 두 곳의 레스토랑과 기념품 상점이 있으며 Far View Lodge라는 숙소도 있는데, 그 이름이 말해 주듯 끝내주는 전망을 자랑한다. 성수기에는 일찍 예약하는 것이 필수이다(4월 말에서 10월 말까지만 운영). 겨울철에는 절벽주거지 투어가 운영되지 않는다.

공원 내의 숙소나 식당을 이용하지 않을 경우, 인근 도시인 코르테즈(Cortez)에 다수의 숙소와 식당, 상점이 있다.

입장료는 차량당 $25이지만 국립공원 패스가 있으면 무료이다.

# 버려진 터전, 지켜 온 터전, 가슴 아픈 역사

; 차코캐니언(Chaco Canyon),
아쿠마(Acoma Pueblo)

차코캐니언은 나에게 특별한 의미가 있는 곳이다. 2006년 가족들과 미국 남서부 여행을 하던 중, 여행 책자에 꼭 가 볼 만한 곳으로 추천되어 있어서 방문했었는데, 그때의 충격이 내가 미국 인디언 역사에 관심을 갖게 된 계기가 되었다. 그리고 또 하나의 계기를 꼽자면, 토니 호위츠(Tony Horwitz)가 쓴 『A Voyage Long and Strange』라는 책이다. 사실 이 책은 미국 청소년 추천 도서 리스트에서 보고 우리 아이들을 위해 주문했던 것인데, 내가 흠뻑 빠져들고 말았다. 바이킹들의 전설에서부터 메이플라워호의 청교도들이 미국 땅에 정착하기까지 유럽인들의 미국 대륙 발견 및 원주민들과의 접촉에 대해서 광범위한 자료 조사와 여행을 토대로 설명해 주는 책이다.

차코캐니언으로 가는 길은 험하다. 30킬로미터에 달하는 긴 비포장도로를 달려야 한다. 2006년 여행 당시에는 RV(Recreational Vehicle)라고 부르는 캠핑카로 여행하였는데, 차코캐니언으로 들어가는 비포장도로를 달리면서 캠핑카 부엌 수납장 문이 열려 냄비 등이 떨어지는 바람에 아내에게 핀잔을 들었던 기억이 있다. 그 후 13년이나 지났으니 이제는 이곳도 포장되어 있지 않을까 기대해 보았지만, 달라진 건 없었다.

비포장도로에서의 운전은 나름 도전적이다. 도로 노면 상태를 끝없이 주시하면서 내 차의 바퀴가 어디로 진입해야 충격이 덜할지를 계속 계산하며 핸들을 조정해 주어야 한다. 노면 상태에 맞는 최적의 속도를 유지하는 것도 중요하다. 너무 느리면 시간이 한없이 소요되고, 너무 빠르면 승객에게 핀잔을 듣거나 심할 경우 차량에 손상이 갈 수도 있다.

요즈음은 한국에서도 비포장도로는 거의 없는 듯하지만, 내가 처음 운전을 배우던 80년대만 하더라도 지방의 국도조차 비포장인 경우가

차코캐니언으로 가는 비포장도로

많았다. 당시 아버지께서 비포장도로에서는 반대편 차신에서 오는 차가 없을 때에는 반대편 차선으로 주행하는 것이 차가 덜 흔들린다고 말씀하셨었다. 그 근거가 정확하게 무엇인지는 모르겠다. 차코캐니언으로 가는 비포장도로에는 오가는 차가 거의 없다. 반대편 차선으로 달려본다. 차가 좀 덜 흔들리는 것 같기는 한데….

온통 흙먼지를 뒤집어쓴 차에서 내려 차코캐니언 비지터 센터에 들어가 처음 한 질문이 “이곳은 진입로를 왜 포장하지 않는가?”였다. 직원은, “주체가 명확하지 않아서인 것 같다.”며 “재정 문제도 있을 것”이라고 덧붙인다. 메사베르데와 같은 경우는 국립공원 전체를 연방 정부가 소유하고 관리하지만, 이곳 차코캐니언은 뉴멕시코주 산후안 카운티와 나바호 부족 영토가 혼재되어 있어, 국립공원공단은 단지 공원 관리 업무만 맡고 있다고 한다.

차코캐니언 입구

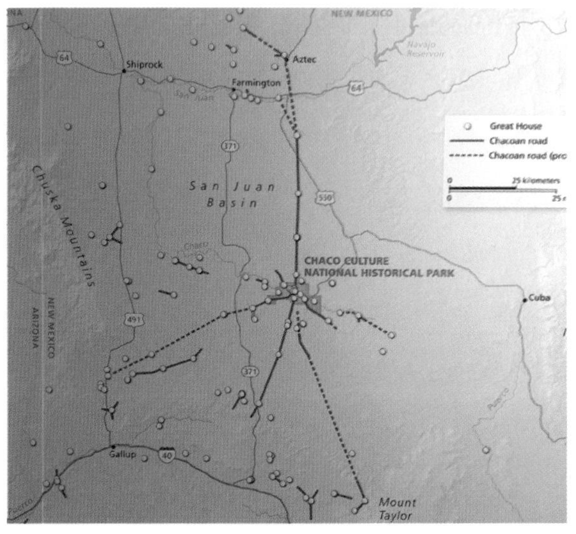

차코캐니언과 인근 도시들을 연결한 도로망

차코캐니언이 놀라운 것은 우선 그 규모이다. 애리조나 지역에서 호호캄 문명이 번성할 당시 뉴멕시코 지역에는 아나사지 문명이 번성했는데 그 중심에 차코캐니언이 있었다. 차코캐니언에는 가장 큰 마을인 푸에블로 보니토(Pueblo Bonito)를 비롯하여 10여 개의 마을이 기원후 800년대부터 건설되었고, 이곳을 중심으로 200여 개의 마을들이 뉴멕시코주 서부 인근에 만들어졌다. 이 마을들은 잘 설계되고 관리된 도로망으로 연결되었는데, 그 도로망의 길이가 400마일(670킬로미터)에 이른다. 차코캐니언은 이러한 인근 푸에블로 마을들의 중심지 역할을 했을 것으로 보이며, 이곳에서 발굴된 유물들은 당시 차코캐니언의 교역망이 꽤 활발했음을 시사한다. 조개껍데기는 태평양 연안에서, 청옥석은 로키산맥에서 들어왔고, 최근에는 카카오가 발견되었는데, 이는 당시 교역망

차코캐니언의 정교하게 쌓아 올려진 벽돌들

다층 구조를 위해 사용된 나무 서까래

차코캐니언의 최대 콤플렉스인 푸에블로 보니토의 전경

이 멕시코 남부 지역에까지 이르렀음을 의미한다.

차코캐니언 최대 마을인 푸에블로 보니토의 경우 800개의 방(최고 4층 규모)과 32개의 키바가 건설되었고, 주민의 숫자는 1,200명이 되었을 것으로 추정된다. 현재는 유적만 남아 있지만, 그 복원도를 보면 규모와 형태가 놀랍다. 이렇게 큰 규모의 마을이 단일 콤플렉스처럼 건축되어 있기 때문이다. 푸에블로 보니토의 경우 약 300년간에 걸쳐서 점차 증축되어 온 것으로 보이는데, 처음부터 규모를 예정하고 건축이 시작된 것으로 보인다.

각각의 벽들은 사암을 깎아서 벽돌로 사용하고 틈새는 잔돌들과 진흙으로 채웠는데, 꽤 튼실하다. 각 방마다 문과 창까지 내었다. 당시 이들이 가지고 있던 돌 연장만을 이용하여 이처럼 많은 사암들을 다듬고 쌓아 올리기까지 얼마나 오랜 시간이 필요했을지 상상이 되지 않는다.

차코캐니언 건축물의 최대 높이는 4층까지 올라갔다

차코캐니언 푸에블로보니토 추정 복원도

고고학 발굴 조사에 의하면, 이들 유적의 건축은 1100년대 후반에 중단되었다고 한다. 그리고 이곳에 거주하던 주민들은 다른 곳으로 이동을 시작한 것으로 보인다. 어제 메사베르데 유적지처럼 갑자기 차코캐니언이 버려진 이유는 불명확한데, 기후변화(극심한 가뭄)가 가장 유력하며 내부 갈등, 외적 침입 등의 요인도 거론된다. 이들은 메사베르데로도 흘러갔고, 애리조나, 뉴멕시코 지역으로도 이주하여 지금의 호피(Hopi), 아쿠마(Acoma) 푸에블로 주민들의 선조가 되었을 것으로 학자들은 보고 있다.

다시 30킬로미터의 비포장도로를 돌아 나오며 아내에게 얘기했다. "차코캐니언을 와 본 한국 사람은 좀 있을지 몰라도 우리처럼 두 번씩 와 본 사람은 아마 없을 거야."

다음 행선지인 아쿠마 푸에블로(Acoma Pueblo)도 2006년에 이어 두 번

푸에블로 보니토 유적 조감 모형

째 방문이다. 아쿠마 부족의 마을은 110미터 높이의 메사 꼭대기에 지어졌으며, 이로 인해 스카이 시티(Sky City)라고 불린다. 부족 전설에 따르면, 북쪽에 살던 선조들(차코캐니언, 메사베르데로 추정)이 하늘에서 새로 마련해 준 터전을 찾아 남쪽으로 내려왔다. 이들 부족에게 준비된 땅(Haak'u)은, 큰 소리로 '하쿠'라고 외칠 때 그 메아리가 들리는 곳이라고 했단다. 그렇게 이들은 1100년대부터 이곳 메사 꼭대기에서 살아왔다(안내센터에서는 이곳이 북미에서 가장 오래도록 지속적으로 현재까지 사람이 거주하고 있는 마을이라고 한다).

아쿠마 푸에블로의 역사 기록은 스페인 탐사대로부터 시작된다. 며칠 전 주니족 관련해서 언급되었던 스페인 탐사대장 코로나도는 주니 푸에블로를 시작으로 인근 푸에블로들을 차례로 접수한다. 아쿠마 푸에블로도 예외는 아니었는데, 특별한 충돌은 없었던 것으로 보인다. 다

바위산 꼭대기에 위치한 아쿠마 푸에블로

만, 코로나도 부대는 이곳 아쿠마 푸에블로 마을에 대해서 유럽에서도 본 적 없던 천혜의 요새라고 언급하고 올라가느라고 힘들었다는 기록을 하고 있다. 그도 그럴 것이 이 마을은 사방이 낭떠러지 절벽이고, 출입하기 위해서는 바위 틈새를 마치 록클라이밍 하듯이 짚어 가며 올라야 했다. 스페인군은 갑옷을 입고 무기까지 지니고 있는 상태였으니 엄청난 수고가 필요했을 것이다. 이들의 기록에는 '우리는 이 마을에 올라가기로 결정했던 것을 후회하게 되었다.'라고 되어 있다.

메사 꼭대기의 아쿠마 마을로 들어가기 위해서는 아쿠마 부족이 운영하는 투어에 참가해야 한다. 투어버스가 산 아래 비지터 센터에서 관광객들을 태우고 산 위로 향한다. 우리는 3시 30분에 시작하는 마지막 투어에 참가했는데, 관광객이 우리 포함 모두 4명으로 단출하다. 투어 가이드가 오늘은 프라이빗 투어를 한다고 너스레를 떤다. 투어 가이드 브

아쿠마 푸에블로 비지터센터

랜든은 아쿠마 부족의 역사를 설명함에 막힘이 없고 스페인과 멕시코 그리고 미국의 역사까지도 넘나든다. 본인이 역사를 좋아한다고 하는데 꽤 깊이가 있다.

아쿠마 부족의 비극은 1598년 스페인의 오냐테라는 인물이 뉴멕시코 지역을 정복하고 식민지를 만들러 오면서 시작된다. 오냐테는 뉴멕시코 중부 리오그란데 강변에 살던 원주민 부족을 쫓아내고 이곳을 산후안으로 명명한 뒤, 자신의 새로운 식민지 뉴멕시코의 수도로 삼는다. 이곳을 거점으로 인근 푸에블로들을 정복하고 통치해 나가게 되는데, 그해 12월 그의 조카가 16명을 이끌고 아쿠마 마을을 방문한다. 이 과정에서 마을 주민들과 충돌을 빚게 되고, 조카를 비롯해서 대다수가 살해되어 4명만이 살아서 오냐테에게 돌아온다. 충돌 원인은 이들이 마을 주민들에게 강압적으로 무리한 요구를 하고 이를 들어주지 않자 약탈질과 겁탈을 자행해서라고 한다.

오냐테는 푸에블로 인디언들에게 본때를 보여 주겠다는 생각으로 강경 진압에 들어간다. 스페인군이 아쿠마 마을을 함락시키는 데 사흘이 걸린 것으로 기록되어 있는데, 투어 가이드인 브랜든의 설명으로는 스페인군은 첫 이틀 동안 마을 진입에 실패하자, 마지막 날에는 대포로 마을을 포격하였고, 마을이 초토화된 후에야 주민들이 항복했다고 한다. 이 사흘간의 전투 과정에서 마을은 파괴되고, 6천 명의 부족민 중 800명이 사망하게 된다.

오냐테의 만행은 여기에서 그치지 않는다. 그는 인근 푸에블로들에 대한 경고의 목적으로, 포로가 된 아쿠마 부족민 중 25세 이상 남자들의 오른쪽 발을 자르라는 명령을 내린다. 또한 아쿠마 부족을 도와 전투에 참여했던 인근 부족인들에 대해서는 오른손을 자른다. 형 집행은 푸에블로 마을들을 순회하며 이루어졌는데, 다른 부족들에게 보내는 경고와 위협의 메시지였다. 브랜든은 아쿠마부족이 3일간의 전투 끝에 함락되었다는 얘기까지만 전하는데, 마지막 부분은 본인 입에 담기에도 차마 끔찍해서였을까?

우리는 인디언하면 얼굴에 무서운 칠을 하고 사람의 머릿가죽을 벗기는 잔인한 사람과 결부시키는 경향이 있다. 그런데 이와 같은 잔인한 풍습은 인디언이 아니라 미국 대륙에 진출한 유럽인들이 먼저 시작한 것으로 보인다. 당시 금속도구가 없고 무딘 돌칼을 사용하던 미국 원주민들이 어떻게 이런 풍습을 만들 수 있었겠는가? 유럽인들의 잔학행위는 스페인인들로부터 시작되는데, 이들은 당시 원주민들을 상대로 사지절단, 화형, 그리고 그 밖의 잔인하고 끔찍한 만행을 수시로 저질렀다.

뉴멕시코의 알칼데(Alcalde)라는 마을에는 오냐테의 동상이 건립되어 있다. 오냐테의 뉴멕시코 진출 400주년이 되는 1998년 밤, 누군가 동상의 오른발을 잘라 내는 사건이 벌어진다. 범인과 잘라진 발의 행방은 오리무중이 되었고, 인근 신문사로 '아쿠마 형제, 자매를 대신하여'라고 쓰인 편지가 전달되었다.

투어버스로 마을에 올라가면 흙벽 집들이 여러 골목에 면해 줄지어 있다. 1599년 오냐테의 공격으로 당시의 집들은 대부분 파괴되었고, 그 이후 재건되었다고 한다. 골목 모퉁이에서는 주민들이 도자기와 소품들을 팔고 있다. 모두 자신들이 만든 것이란다. 처음엔 구경할 만했는데, 골목을 돌 때마다 이런 장면들이 등장하고, 그때마다 브랜든은 우

아쿠마 푸에블로 거리 전경

리를 이들 앞에 세워 두고 시간을 준다. 흡사 저가 패키지투어 할 때 강제로 상점에 들르는 느낌이랄까? 조금은 부담되는 시간이다.

마을 중앙에는 흙벽 교회가 서 있다. 산에스테반 델레이 교회(San Esteban del Rey Mission)이다. 이 교회는 1629년에 건축이 시작되어 11년간의 공사 끝에 1640년 완공되었다. 교회 안을 들어가 보면 커다란 통나무들로 된 서까래가 보이는데, 아쿠마 마을 인근에는 이런 나무가 자라지 않는다. 브랜든의 설명에 의하면 이들 나무는 40마일(66킬로미터) 떨어져 있는 테일러산에서 가져온 것이란다. 주니 부족의 경우와 마찬가지로 교회 건축은 모두 원주민들의 노동력으로 진행되었는데, 당시 스페인인들은 원주민들이 말이나 마차와 같은 것들을 사용하지 못하게 했단다. 그 먼 거리로부터 통나무들을 일일이 사람의 손으로 지고 나르느라 건축하는 데 11년이나 소요되었다고 한다.

산에스테반 델레이 교회

기독교를 배척한 주니 부족과 달리 아쿠마 부족은 모두 가톨릭 교도라고 한다. 이는 프란시스코 수도사들이 들어와서 부족신앙도 포용하는 관용적인 접근을 했기 때문이다. 실제로 교회 내부 장식은 아쿠마 부족이 맡아서 진행했는데, 자신들의 신앙 상징인 산, 나무, 꽃, 짐승, 태양 등이 잘 어우러져 있다.

교회 앞길을 내려가니 나무가 한 그루 서 있다. 브랜든이 "아쿠마 국립공원에 오신 걸 환영합니다(Welcome to Acoma National Forest)!"라고 외친다. 실상은 마을에 있는 유일한 나무이다. 그 앞에 고여 있는 물은 더 이상 식수로는 쓸 수 없단다.

브랜든이 내 티셔츠를 보더니 메사베르데 다녀왔냐고 묻는다. 어제 산 티셔츠이다. 자신의 조상들이 그곳에 살았단다. 난 아내의 티셔츠를 가리킨다. 오늘 아침 차코캐니언에서 산 것이다. 우리가 아쿠마 선조들

아쿠마 푸에블로의 유일한 나무

을 만나고 오는 길이라 하니 브랜든이 두 손의 엄지를 치켜올린다. 의도치 않게 아쿠마 조상 답사 여행이 연출되었다.

투어를 마치고 돌아가려는데, 어떤 집에서 나온 작은 소녀가 브랜든에게 달려간다. 반갑게 인사를 하고는 자신이 색칠한 종이를 한 장 건네주며 꼭 껴안는다. 브랜든의 조카뻘 된단다. 아이의 예쁜 얼굴을 보고 있자니 맘이 짠하다. 아쿠마 마을에 실제로 거주하는 주민 수는 수십 명 내외라고 한다. 모든 부족원 가족별로 이곳에 집은 있지만 특별한 시기에만 방문하고 주로 산 아래에서 거주하는 것이 일반적이라고. 전기도 상수도도 보급되어 있지 않는 이곳에서 외롭게 살고 있는 소녀를 생각하니 마음이 불편하다. 아내도 같은 심정인 듯하다.

이제 우리는 앨버커키로 향한다. 14일에 피닉스를 떠난 지 5일 만에 만나는 대도시이다. 난, 김치찌개를 먹을 기대감으로 들떴다. 앨버커키는 뉴멕시코주 최대 도시이기 때문이다. 내일 이곳을 떠나면 언제 다시 한국 식당을 만나게 될지 기약할 수 없다. 최소한 다음 일주일간은 아닐 것이다. 호텔을 체크인한 후 한국 식당 검색에 들어간다. 그런데 이게 참 쉽지 않다. 몇 개의 식당 리스트가 뜨기는 하는데, 뭔가 기대했던 것과 조금 다른 양상이다. 그나마 괜찮아 보이는 곳을 선택해서 찾아간 식당은 'Asian Pear'.

가 보니 작은 가게이고 덮밥이나 도시락의 형태로 제공된다. 김치찌개 같은 건 없다! 그래도 사이드로 김치를 준다니 다행이다 싶다. 문제는 가게 문 닫을 시간이 되어 식당에서는 식사가 불가능하고 테이크 아웃만 가능하단다. 어쩔 수 없다. 배도 고픈 데다 다시 호텔까지 가다 보면 음식도 식을 것 같아서 그냥 차 안에서 식사를 해결한다. 그래도 맛있다. 김치는 기대했던 것이 아니라서 실망이지만. 어쩌면 다음 김치를 먹기까지 몇 주가 걸릴지도 모르겠다는 생각이 든다. 아직은 견딜 만하다(고 생각한다).

내일은 쉬는 날이다. 여행 일정을 짜면서 대략 5일 단위로 쉬는 날을 넣어 두었다. 정말로 쉴 필요도 있고, 혹시 모를 일정의 변수에 대비하기 위한 것이기도 했다. 다행히 아직까지는 예정된 일정대로 진행되어서 내일은 쉴 수 있게 되었다. 우리는 산타페로 이동해서 푹 쉴 것이다. 푹 쉰다는 건, 인디언 관련 장소 방문이 없다는 얘기다. 내일 여행기까지 건너뛸지는 아직 모르겠다.

식당 문을 닫아 차 안에서 해결해야 했던 저녁 식사

### 차코캐니언(Chaco Canyon)

뉴멕시코주 북동부에 위치한 차코캐니언을 찾아가는 길은 멀고 험하다. 남쪽 혹은 북쪽에서 접근할 수 있는데, 어느 길로 가더라도 약 30㎞에 이르는 비포장도로(일부 구간은 길이 험함)를 거쳐야 한다. 하지만 차코캐니언에 도착하면 그 거대하면서도 정밀한 건축물 유적에 감탄하게 된다.

우선 비지터센터에 마련된 차코캐니언 관련 전시물 관람을 통해 기본 지식을 확보하는 것이 좋다. 대표적 유적인 푸에블로 보니토(Pueblo Bonito) 방문은 필수이고, 시간이 허락한다면 다른 특징을 보여 주는 푸에블로 델 아로요(Pueblo del Arroyo)와 카사 린코나다(Casa Rinconada)도 방문해 볼 것을 추천한다. 공원 내 포장도로가 이들 유적을 연결해 주고 있다.

5월-10월 사이에는 파크레인저가 진행하는 가이드 투어가 진행되고 있고, Night Sky라고 하는 밤에 별을 관찰하는 프로그램도 금요일과 토요일 저녁에 진행된다. 공원 인근에 불빛을 유발하는 시설이 전혀 없으므로 별 관측에는 최적의 장소이다.

공원 내에는 숙소나 식당이 없으므로 도시락이나 샌드위치 그리고 음료를 사전에 준비하는 것이 바람직하다. 입장료는 차량당 $25이며, 국립공원 패스가 있을 경우 무료이다.

공원 인근의 주요 도시로는 북쪽으로 블룸필드(Bloomfield), 아즈텍(Aztec), 파밍턴(Farmington), 동쪽으로는 쿠바(Cuba)가 각각 1시간 반 거리에 위치하고, 남서쪽으로는 갤럽(Gallup)이 2시간 반 거리에 위치하고 있으므로 어느 방향에서 진입하는가에 따라 이들 도시에서 필요한 음식 등을 사전에 준비하는 것이 좋다. 보다 큰 도시인 앨버커키, 산타페는 3시간 거리에 있고, 인디언 관련 장소로는 아쿠마푸에블로가 2시간 30분, 메사베르데는 3시간 거리에 있다.

### 아쿠마 푸에블로(Acoma Pueblo)

뉴멕시코주에 있는 아쿠마 푸에블로는 뉴멕시코주 주도인 앨버커키(Alburquerque)로부터 1시간 거리에 위치해 있다. Sky City라 불리는 산 위의 마을을 방문하기 위해서는 Sky City

Cultural Center에서 출발하는 가이드 투어(요금 인당 $25)에 참여해야 한다(마지막 가이드 투어는 3시 30분 출발). Cultural Center에는 샌드위치 등을 판매하는 조그마한 카페와 기념품 가게가 운영되고 있다.

인근의 주요 관광지로는 산타페가 2시간 거리이고, 인디언 관련 장소로는 주니보호구역이 2시간, 차코캐니언이 2시간 30분 거리에 있다.

# 산타페에서
# 콜럼버스를 생각하다

; 콜럼버스 어디까지 알고 있지?
첫 번째 이야기

여행 시작 후 처음으로 인디언과 상관없는 많은 일들을 처리한 날이다. 우선 세차를 했다. 렌터카를 세차해 보기는 난생처음인데, 차코캐니언을 다녀오면서 뒤집어쓴 흙먼지가 장난이 아니다. 비라도 좀 내리면 좋으련만 이곳 날씨로는 기대하기도 힘들다. 좀 더 산뜻한 모습으로 산타페에 들어가길 원하는 아내를 위해 셀프 세차장에서 수고를 들였다.

그리고 동양슈퍼에 들러 응급식량을 조달했다. 햇반과 3분짜장과 볶은김치, 그리고 우동사발면. 한국에서부터 사 올지 고민했던 아이템들이었는데, 현지 적응에 최선을 다하기 위해 제외했었다. 그런데 너무 한국 음식에 의존할 필요도 없지만, 마땅히 식사할 곳이 없는 외진 곳에 묵게 되는 경우를 대비해서 필요할 것 같다. 정말 비상용으로만 사용할 계획이다. 그리고 은행 일을 보았다. 미국 대부분의 은행은 토요일에 문을 닫지만, 상점가에 위치한 지점들은 토요일에도 문을 연다.

그리고 산타페로 향했다. 13년 전 커다란 RV를 몰고 산타페 도심의 좁은 도로로 진입해서 주차할 장소를 찾느라 애를 먹었던 기억이 있다. RV로 다니는 것은 숙식이 한 방에 해결되는 장점은 있지만, 산타페처럼 길이 좁고 도심이 아름다운 지역을 편히 즐기지 못하는 단점이 있다. 당시에 산타페를 또 방문할 일이 있으면 그땐 예쁜 어도비풍의 시내 호텔에 묵어 보겠다고 생각했었다. 해서 그런 호텔을 잡았다. Hotel Santa Fe. 이번 여행에서 가장 맘에 드는 호텔이다. 주말이라 그런지 값이 비싸기는 하다.

호텔에서도 여러 일들을 했다. 우선 빨래. 마침 호텔에 코인세탁실이 있었다. 그리고 호텔 Gym에 가서 여행 후 처음으로 운동도 했다. 그동안 별다른 운동 없이 차에 오래 있었던 관계로 몸이 무거웠던 것 같다.

계획했던 대로 인디언 관련해서는 아무 일도 하지 않은 대신에 비인디언 업무를 많이 처리했던 하루였다.

미술 갤러리들로 유명한 캐니언로드로 나가 점심을 먹고 그림들을 구경하다가 마가리타를 한잔했다. 저녁때는 다운타운 플라자 근처로 나가 루프탑 바에서 석양을 보며 맥주 한잔과 이런저런 안주로 식사를 했다. 뜨거웠던 낮 시간과 달리 저녁에는 더운 느낌이 전혀 없고 바람도 시원 상쾌하다. 그렇게 산타페에서의 하루가 저문다. 산타페는 그런 곳인 것 같다. 굳이 무엇을 하려고 할 것도, 그럴 필요도 없는 곳. 하지만 그냥 그곳에 있는 것 자체로 힐링이 되는 곳.

산타페의 저녁 하늘

오늘은 휴식하는 날이기는 하지만 인디언 관련 이야기를 또 꺼내 본다. 여행하는 동안에는 당일 방문한 장소 관련 이야기를 하느라고 바쁜 만큼 일반적인 이야기를 할 틈이 없었다. 해서 이렇게 휴식하는 날에 일반적인 주제들을 한번 다뤄 볼까 한다. 오늘은 인디언이라는 이름을 처음 (잘못) 붙인 콜럼버스 얘기를 해 보고자 한다.

콜럼버스가 서인도제도의 섬에 상륙해서 자신이 지구 반대편을 돌아 인도에 도착한 줄 알고 그곳 원주민들을 인디언이라고 부르는 바람에 아메리카 대륙 원주민들을 인디언으로 부르게 되었다는 것은 대부분 알고 있는 이야기이다. 그런데 세부적인 내용으로 들어가면, 우리가 콜럼버스에 대해서 아는 것은 그다지 많지 않고, 또 잘못된 것도 많다.

가장 대표적인 것이 '세상 사람들이 지구가 평평해서 수평선 너머로

나가면 떨어져 죽는 줄로만 알던 시기에 콜럼버스는 지구가 둥글다고 선각자처럼 외치며 이를 증명하기 위해 항해에 나섰다'는 것이다. 지금은 달라졌는지 모르겠는데, 우리 때는 학교에서 그렇게 배웠다. 하지만 진실은, 콜럼버스가 출항했던 1492년 당시 유럽 지식인들 사이에서 지구가 둥글다는 사실을 모두가 받아들이고 있었다는 점이다. 당시 사람들이 확신하지 못했던 것은 지구의 크기였다. 인도로 가기까지 항해해야 하는 바다의 길이를 가늠할 수 없었기에 반대편으로 항해할 엄두를 내지 못했던 것이다. 그런데 콜럼버스는 그 거리를 실제 거리의 4분의 1 정도로 짧게 잡았다. 또한 당시 유럽인들은 유럽과 아시아 사이에 또 다른 거대한 대륙이 자리 잡고 있다는 것을 모르고 있었다.

아메리카 대륙의 존재는 어쩌면 콜럼버스에게 대단한 행운일 수 있다. 만일 아메리카 대륙이 없이 대서양이 바로 태평양으로 연결되었다면, 콜럼버스는 아시아에 도달하기 전에 식량 부족으로 굶어 죽었거나(그는 21일간의 항해로 아시아에 닿을 수 있다고 믿었다), 선원들의 반발로 배를 돌려야 했을 것이다. 실제로 선원들은 항해가 4주를 넘어서면서 극도의 불안을 표출하기 시작했다. 이렇게 보면, 콜럼버스는 대단히 운이 좋은 사람이었고, 선각자로 기억되기보다는 무모할 정도로 추진력 있는 사람으로 기억되는 것이 보다 정확할 것이다.

콜럼버스가 처음 도착한 곳은 바하마 제도의 어느 섬으로 추정된다. 콜럼버스 일행은 벌거벗은 원주민들로부터 극진한 대접을 받았다. 콜럼버스는 자신이 아시아에 도착한 것으로 믿었기에 이들을 Indio라고 불렀고(당시 유럽에서는 인도 동쪽의 아시아 지역을 Indies로 통칭했다), 오늘날 인디언

호칭의 기원이 된다. 콜럼버스가 아시아에 도착한 것은 아니었으나 그가 만났던 원주민들의 선조들이 오래전 아시아에서 건너온 사람들이라고 보면, 그가 이들을 아시아 사람(인디언)이라고 부른 것은 결과적으로 틀린 말은 아닐 수도 있겠다.

그 섬에서 어떤 원주민의 코에 매달린 금붙이를 확인한 콜럼버스는 이들로부터 남쪽으로 가면 금이 많이 있다는 설명을 듣고 남쪽으로 항해를 하여 쿠바에 도착한다. 당시 콜럼버스는 자신이 가지고 있던 지도를 토대로 이곳을 아시아 끝에 있는 일본이라고 생각했다. 그런데 그곳에서도 금으로 치장된 궁전을 찾을 수는 없었다(마르코폴로는 일본에 그러한 궁전이 있다고 기술하였음). 이에 콜럼버스는 자신이 일본이 아닌 중국 연안에 상륙했다고 생각하고 내륙에 있는 중국 황제를 만나기 위해 사절단을 파견한다. 당시 스페인 국왕은 이런 상황을 위해 중국 국왕에게 보내는 편지를 콜럼버스에게 주었었다.

하지만 이곳에서도 금을 발견하지 못하는데, 이곳 원주민들에게 그 남쪽에 있는 보이오(Bohio)라는 섬에 대한 얘기를 듣게 된다. 그곳에는 Canibales라는 종족이 살고 있으며, 이들은 종종 쿠바에 상륙해서 주민들을 포로로 잡아가고 심지어는 식인 풍습까지도 있다는 얘기를 전한다. 식인종을 뜻하는 단어인 칸니발(cannibal)은 여기에서 유래되었다. 콜럼버스는 이들이 자신이 만났던 부족보다 더 앞서 있는 부족이라 생각하고 이들을 찾아 나선다.

이 새로운 섬에는 드넓은 벌판이 있었는데, 콜럼버스로 하여금 고향을 떠올리게 하였고, 그는 히스파니올라(Hispanola: 스페인을 의미하는 이름)섬이라 이름 붙였다. 이 섬은 지금의 아이티와 도미니카 공화국이 있는 섬이다. 이곳에서 만난 원주민들은 콜럼버스에게 내륙쪽 시바오(Cibao)라는 곳에 막대한 금이 매장되어 있다고 알려 주었고, 이 이름이 일본을 의미하는 Cipango와 유사하게 들렸기에 콜럼버스는 자신이 마침내 일본에 이르렀다고 생각하게 되었다.

이러한 일련의 모습들에서, 콜럼버스는 수집된 정보를 객관적으로 분석하여 판단을 내리려고 노력하는 사람이기보다는, 수집된 정보를 자신이 가지고 있는 신념에 끼워 맞추는 데 탁월한, 과도한 자기확신형 인간이라고 볼 수 있다. 그랬기에 애초에 정확한 거리도 알지 못한 채 지구 반대로 도는 항해도 무모하게 밀어붙일 수 있었을 것이다.

휴일인데, 일을 너무 많이 하고 있는 느낌이다. 나는 콜럼버스 이야기를 읽으면서 무척 새롭고 흥미진진했었는데, 나의 이 요약된 이야기가 다른 사람에게는 어떤 느낌일지 모르겠다. 간단하게 줄여서 소개하려고 하는데, 그래도 이야기가 꽤 길어질 듯하다. 다음 쉬는 날을 기약하며 일단 오늘은 여기서 멈추도록 한다.

내일은 타오스(Taos) 푸에블로를 방문한 뒤, 진로를 북으로 바꿔 다시 콜로라도주로 넘어갈 예정이다.

한 가지 더. 여행 시작 후 오늘 처음으로 한 것이 또 하나 있다. 지금 얼굴에 팩을 붙이고 있다. 피부에도 휴식이 필요할 듯하다.

# 세 번 세워지고 세 번 무너진 교회

; 타오스 푸에블로(Taos Pueblo)
그리고 로키산맥을 넘어 콜로라도로

산타페에서 여유 있게 아침을 보내고 타오스로 향한다. 타오스(Taos) 푸에블로는 대략 1000년부터 1450년도까지 건축된 주거지가 지금까지 보존, 사용되고 있어 유네스코 세계문화유산으로 등재되어 있는 곳이다. 산타페에서 타오스를 향해 가는 길은 꾸불꾸불한 산길이 이어진다. 타오스 푸에블로는 타오스 시내로부터 대략 10km 정도 떨어져 있다.

이곳은 그동안 방문했던 다른 인디언 보호구역들과 자연환경이 많이 다르다. 마을 뒤로는 높은 산이 있고 거기서 흘러내린 물이 마을을 가로지른다. 지대가 높아서 한여름임에도 그다지 덥지도 않다. 황량하고 척박한 지역에 거주하고 있는 다른 미국 인디언 부족에 비하면 축복받았다고 할 만하다.

Day 8에 방문했던 아쿠마(Acoma)의 경우 오냐테가 이끄는 스페인군의 공격으로 마을이 무너졌다가 다시 재건되었던 반면, 이곳 타오스는 1천 년 전의 형태를 그대로 유지하고 있기에 마을이나 집들의 모습이 좀 더 예스러운 느낌을 준다. 일부 건물은 5층 높이까지 건설되었는데, 위층으로 갈수록 면적이 줄어드는 피라미드 형태로 건축되었다. 1층 집의 지붕이 2층 집의 발코니 역할을 하는 셈이다. 지금은 집에 출입문이 만들어져 있으나, 예전에는 따로 있지 않았고 지붕으로 출입했다고 한다. 사다리를 통해 지붕으로 올라간 뒤, 다시 사다리를 통해 집 안으로 들어가는 구조이다. 외부 침입이 있을 경우 사다리를 모두 걷어 내는 방식으로 침입에 대응했다고 한다.

마을 한가운데를 흐르는 맑은 시냇물을 보고 있자니, 맘이 편안해진

타오스 푸에블로 입구

타오스 푸에블로 앞으로는 맑은 시냇물이 흐르고 있다

아랫집의 지붕은 윗집의 발코니 역할을 한다

다. 가만 생각해 보니 라스베이거스로부터 지금까지 열흘 동안 여행하면서 이처럼 맑은 시냇물이 흘러가는 풍경은 본 기억이 없다. 타오스 부족의 조상들이 주니나 아쿠마 부족의 조상들보다 선견지명이 있었던 것일까, 혹은 더 힘이 강해서 좋은 지역을 차지했던 것일까? 아니면 지금처럼 건조하지 않았던 1천 년 전에는 주니나 아쿠마 푸에블로 지역이 외진 산간의 타오스 푸에블로보다 더 나은 곳이었을까?

3시 30분부터 시작하는 가이드 투어에 참가했다. 주니나 아쿠마 푸에블로와 달리 관광객이 꽤 많다. 주말이라 그럴 수도 있고, 타오스가 더 유명해서 그럴 수도 있다. 첫 방문지는 산제로니모 교회이다. 주니나 아쿠마의 교회는 거의 방치되어 있다시피 한데, 이곳 교회는 아직도 일요일에 미사가 집행된다. 성모마리아상 주위로는 옥수수 그림이 장식되어 있는데, 부족 전통 신앙과 가톨릭의 만남이라 할 수 있다.

다른 남서부 지역 푸에블로들과 마찬가지로 타오스도 1540년 코로나도의 탐사를 통해 유럽인들을 처음 만났다. 그리고 1619년에 교회가 세워졌다. 하지만 원주민들의 전통 신앙을 배척하는 스페인의 강압적인 기독교화 정책에 대한 주민들의 반발로 1660년경, 파견되어 있던 신부들은 살해되고 교회는 파괴된다. 이후 교회가 재건되었지만, 1680년 남서부 지역 푸에블로들이 연합하여 스페인인들을 몰아낸 푸에블로 항거* 때, 또다시 파괴된다. 1680년 푸에블로 연합 항거 당시 타오스 푸

* 이 푸에블로 항거는 인디언들이 유럽인들을 자신들의 영토에서 몰아낸 유일한 사건이다. 당시 항거의 지도자 역할을 했던 포페이(Pope)가 강압적인 통치 방식을 지속하고, 스페인 문물의 사용을 금하는 등의 정책을 펼치며 인디언들의 지지가 시들해지다가 그가 사망하면서 인디언들의 결속력이 약화된 틈에 스페인이 1692년에 뉴멕시코 지역으로 재진출하게 된다.

에블로는 본부 역할을 했다고 한다.

1846년 미국이 멕시코 영토였던 뉴멕시코 지역을 빼앗기 위한 전쟁이 벌어지고, 미국은 뉴멕시코 주지사로 찰스 벤트(Charles Bent)를 파견한다. 그런데 당시 타오스 푸에블로를 관장하던 멕시코인들의 지휘하에 타오스 주민들이 벤트와 그 일행을 살해하는 사건이 1847년에 벌어진다. 그 보복으로 미국은 타오스를 공격했고, 주민들이 대피하고 있던 산제로니모 교회를 포격하여 그 안에 있던 100명 이상의 주민들이 죽게 된다.

산제로니모 교회는 이렇게 세 번 지어지고 세 번 파괴되는 역사를 갖게 되는데, 미군에 의해 파괴된 교회 잔해는 지금도 마을 귀퉁이에 그대로 서 있다. 지금 주민들이 사용하고 있는 산제로니모 교회는 1850년에 다시 지어진 것이라고 한다.

산제로니모 교회 잔해

마을의 뒤에 있는 산은 블루호(Blue Lake)를 품고 있는데, 마을을 흐르는 냇물의 원천이기도 하고, 부족 전설에 의하면 부족이 탄생한 성지이기도 하다. 이 산지는 1906년 미국 정부 소유의 국립산지로 되었다가 주민들의 지속적인 요청으로 1970년에 돌려받게 된다. 현재 해당 지역은 외부인의 출입이 철저히 통제되고 있다고 한다.

마을 모퉁이마다 노점상이 늘어서서 장사를 하던 아쿠마와 달리, 이곳에서는 곳곳의 집들을 상점으로 활용하고 있다. 건물 안으로 들어서니 매우 시원하다. 집 벽은 어도비 벽돌을 이용하여 건축하는데, 그 두께가 5피트(1.5미터)에 달하는 곳도 있을 정도로 두껍다. 이곳은 고지대라 겨울에는 추운데, 이처럼 두꺼운 벽을 이용해서 외부의 열기나 한기를 차단하고 있다. 점토와 짚을 섞어 만든 주택들은 지속적으로 유지 보수가 필요하다고 한다. 최소 1년에 한두 번 작업이 진행된다고.

관광객 중 한 명이 유지 보수를 담당하는 전문가들이 따로 있는지 묻는다. 이곳 타오스 푸에블로의 집들은 각각 그 주인이 있고 이들이 각자 책임지고 관리하고 있단다. 아쿠마의 경우처럼, 타오스도 현재 많은 주민들은 이곳 푸에블로에 살지 않고 보호구역 내의 인근 지역에서 살고 있다. 별도로 찾아본 자료에 의하면, 미국 정부에서 타오스 주택의 유지, 보전 방법 연구를 위한 지원을 별도로 진행한 바 있다.

타오스를 떠나 북동쪽으로 향한다. 로밍 신호가 다시 끊어지면서 구글맵이 작동을 멈춘다. 그동안에도 이런 일이 자주 발생했기에 매일 아침 숙소에서 출발하기 전에 당일 여정을 구글맵에서 다운받아 두고 사용했었는데(딸아이가 가르쳐 준 방법), 잠시 도시 인근에서 휴식을 취하다 보니 깜빡했다. 어쩔 수 없이 인근 모텔에 들어가 사정을 설명하고 와이파이에 접속해서 해결한다. 앞으로는 매일 당일 경로를 구글맵 오프라인으로 다운받아 놓는 것을 잊지 말아야겠다.

아내가 묻는다. "차코캐니언 주민들이 메사베르데로 갔다가 다시 푸에블로 지역으로 이주했다는데, 왜 집들은 차코캐니언이 가장 멋져 보이지?" 허를 찔린 느낌이다. 한 번도 그렇게 생각해 본 적이 없었는데, 아내 말에 공감이 간다. 왜 그럴까? 차코캐니언 건축물의 주 재료는 사암이다. 혹시 푸에블로 지역에서는 사암을 구할 수 없었기에 현지 조달 가능한 진흙을 사용했던 것일까? 누구에게 물어봐야 답을 얻을 수 있을지 모르겠다. 추후 연구 과제로 남긴다.

160번 도로를 따라 동쪽으로 이동하며 로키산맥을 넘었다. 그 이후는 끝없이 펼쳐진 평원이다. 우리가 다시 산이 있는 경치를 만나려면 며칠을 더 지나야 할지 모른다. 아내가 얘기한다. "지루해서 어떻게 해?" 어쩌면 황량한 뉴멕시코 지역의 경치가 그나마 덜 지루했을지도 모른다. 이제부터 플로리다를 거쳐 노스캐롤라이나에 이르기까지의 미국 남동부지역은 나도 한 번도 가 본 적이 없는 곳이다. 어떻게 보면 미국의 속살이랄까? 기대와 걱정이 교차한다.

La Junta라는 곳의 숙소에 체크인하는데 직원이 무슨 일로 '라후나'를 방문하는지 묻는다. 이곳 지명의 발음이 '라후나' 혹은 '라훈타'란다. 그냥 지나는 길이라고 했다. 우리 여정을 일일이 설명하는 것이 영 복잡하다. 유명한 여행지 인근도 아니고 주요 고속도로가 지나는 요지도 아닌 이 콜로라도 시골 마을에 들어선 동양 사람이 나름 궁금했을 듯하

로키산맥 동쪽으로 끝없이 펼쳐진 평원 - 콜로라도주

다. 나도 지도에도 잘 나타나지 않는 이런 마을에서 잠을 자는 일이 생길 줄은 몰랐다.

내일은 샌드 크리크(Sand Creek)라는 곳을 방문할 계획이다. 1864년에 수백 명의 아라파호족과 쉐이엔족 인디언들이 무참히 학살당하는 사건이 벌어진 곳이다. 11-12세기의 인디언 문명, 그리고 17세기의 스페인 침입을 다루다가 갑자기 1860년대로 건너뛰게 되는데, 이야기 전개가 고민된다.

전반적인 여행 일정은 가능한 한 역사 전개 순서에 맞추어 인디언 문명과 스페인의 침략을 주제로 플로리다까지 진행한 후, 대서양 연안에 건설된 영국 식민지를 따라 북으로 올라간다. 그리고 나서 영국과 프랑스 전쟁 및 미국 독립전쟁, 그리고 미국 독립 후의 서부침략 경로를 따라 서쪽으로 진행하는 것이다. 하지만, 경로를 짜다 보면 어쩔 수 없이 특정 장소는 시간의 순서를 건너뛰어 먼저 방문하고 갈 수밖에 없다. 샌드 크리크가 그런 곳이다.

내일은 1860년대 콜로라도 대평원 지역의 인디언 얘기를 하게 될 것이다. 당시 미국 동부에서는 남북 전쟁이 한창이던 시기이다. 그리고 우리는 동쪽으로 계속 이동하여 캔자스 주로 진입한 뒤, 윌슨(Wilson)이라는 작은 마을에서 숙박을 할 예정이다.

라스베이거스에서 차를 렌트하면서 시작한 마일리지가 오늘 2,000마일 (3,220㎞)을 넘었다. 시애틀에서 차를 반환할 때, 렌터카 회사에서 놀라지 않기를 바랄 뿐이다. 아마도 1만 마일은 족히 넘을 듯한데, 엔진 오일 교환은 신경 쓰지 않아도 되는지 모르겠다. 그동안 렌터카는 그냥 빌려 쓰기만 했었는데, 세차야 가끔 한다 하더라도 엔진 오일 교환까지 챙겨야 하나?

# 그들이 쫓겨나고 학살당한 이야기

; 미국 인디언들의 영토 상실
그리고 샌드 크리크(Sand Creek) 학살

샌드 크리크(Sand Creek)를 찾아가는 날이다. 샌드 크리크 학살지는 현재 국립공원 공단에서 관리를 맡고 있는데, 오전 10시와 오후 2시에 파크레인저(park ranger: 공원관리인)와 대화 프로그램이 있다. 오후 2시 프로그램에 참여하기로 하니 오전에 시간 여유가 있어, 숙소에서 책을 다시 한 번 읽어 보았다. 디 브라운(Dee Brown)이 1970년에 저술한 『나를 운디드니에 묻어 주오(Bury my heart at Wounded Knee)』이다.

이 책 4장에 샌드 크리크에서 학살당한 쉐이엔족과 아라파호족의 얘기가 나온다. 다시 한 번 읽어 보아도 가슴이 저리는 이야기이다. 디 브라운의 저서는 역사적 사료에 근거하여 미국의 서부 개척 과정에서 인디언들이 겪어야 했던 비극들을 생동감 있게 묘사하고 있기에, 혹시 미국 서부 개척 시의 인디언 역사에 관심 있는 분들에게는 추천할 만한 책이다.

샌드 크리크 진입로에 위치한 마을의 이름이 시빙턴(Chivington)이다. 맘에 들지 않는다. 시빙턴은 학살사건의 책임자 이름인데, 애도하는 마음이 있다면 어떻게 그 이름을 해당 장소 앞 마을에 갖다 붙일 수가 있을까? 대화 프로그램 시간에 따져 볼 일이다. 그런데, 아내가 우려한다. 파크레인저가 어떤 사람일지 모르니 너무 심하게 얘기하지는 말라고. 그래도 국립공원 관리 직원인데, 상식 수준의 양심은 있는 사람이지 않을까?

샌드 크리크 진입로부터는 비포장도로이다. 차코캐니언을 다녀오고 세차를 하며, 이제는 비포장이 없을 줄 알았었는데…. 도로 상태는 차코캐니언보다는 나은 듯하다. 멀리서 비지터 센터가 보이는데 처음엔 그냥 농장 가옥인 줄 알았다. 이제껏 다녀 본 어느 국립공원 안내소보

샌드 크리크 학살터 진입로

다 초라하다. 오후 1시가 조금 넘어 도착했는데, 주차장에는 아무도 없다. 차에서 내리니 파크레인저가 친절하게 주차장까지 마중 나와 안내를 해 준다. 샌드 크리크 학살지가 멀리 건너다보이는 이곳에는 그 사건에 대한 간단한 설명이 되어 있는데, 사일러스 솔 대위와 조셉 크레이머 중위의 편지 사본이 전시되어 있는 것이 인상적이었다. 편지 얘기는 나중에 더 하자.

비지터 센터에서 조금 더 올라가면 전망대가 나온다. 그곳까지 오솔길이 나 있어 걸어가 볼까 하고 있는데, 레인저가 한마디 한다. 길에 뱀을 조심하라고. 아내가 독이 있냐고 물으니 방울뱀은 독이 있지만, 건드리지 않고 그냥 가만두면 별일 없단다. 아직 뱀에 물린 방문객은 없었다며 그다지 도움되지 않는 위로를 한다. 다행스럽게 전망대 입구까

단출한 샌드 크리크 학살터 비지터센터

지 차량 진입이 가능한 비포장도로가 만들어져 있다. 학살지는 쉐이엔과 아라파호 부족의 요청으로 일반인 출입이 금지되어 있어 전망대에서만 내려다볼 수 있는데, 전망대 곳곳에 희생자를 추모하는 물품이 놓여 있어 더 숙연함을 가져다준다.

나중에 방문객이 우리 외에 몇 팀 더 오긴 했는데, 파크레인저와의 대화시간인 2시에 해당 장소에 도착한 이는 우리 부부뿐이다. 우리만을 위한 VIP 프로그램이 된 느낌이다. 파크레인저는 40분이라는 시간이 어떻게 흘러갔는지 모를 정도로 실감나게 샌드 크리크 관련 얘기를 들려준다. 대단한 스토리텔러(story teller)이다. 이제 내가 스토리텔러가 되는 시간이다. 어디서 어떻게 시작하는 것이 좋을까?

일단은 간략하게 유럽인들에 의해 인디언들이 어떻게 밀려나게 되었

학살터 조망지에 놓인 추모물품들

지속적으로 밀려난 인디언들

는지를 훑어볼 필요가 있을 것 같다. 대서양을 따라 유럽인들의 식민지가 건설되면서 일차적으로는 해안 지역의 유럽 식민지 이주민들과 주변의 인디언 부족들과의 갈등 및 충돌이 있었다. 이주민 숫자가 계속 증가하면서 대서양 해안 지역의 인디언들이 우선적으로 사라지게 된다. 이후 프랑스와의 아메리카 식민지 쟁탈전에서 승리한 영국은 1763년에 경계선(proclamation line)을 공포하는데, 애팔래치아 산맥을 중심으로 인디언들과 아메리카 식민지의 경계를 나누고 서로 이 선을 침범하지 않도록 하는 것이었다. 이는 애팔래치아 동쪽에 살던 인디언들이 서쪽으로 쫓겨나야 함을 의미했다.

하지만, 영국과의 독립전쟁에서 미국이 독립하게 되면서 이주민들이 대거 서쪽으로 진출하자 기존의 1763년 경계선은 무용지물이 된다. 미국 정부는 일차적으로 다수의 기만적인 조약들을 통해 미시시피강 농쪽의 인디언 영토를 대부분 확보하고, 해당 지역 인디언들을 미시시피강 서쪽으로 몰아내었으며, 1803년에 프랑스로부터 루지애나영토를 매입한 이후에는 미시시피강 서쪽으로도 진출을 시작한다.

그리고 1860년경에는 인디언들이 경위 100도선 서쪽으로까지 밀려나게 된다. 제임스 타운(Jamestown)에 영국의 첫 식민지가 세워진 지 250년 만에, 그리고 영국이 인디언과 식민지간의 경계선을 애팔래치아 산맥으로 설정한 지 100년 만에 인디언들의 영토는 이미 절반으로 줄어든 상황이 되었고, 많은 부족들은 풍요로운 환경의 터전을 빼앗기고 낯선 황야로 밀려나게 되었다.

하지만 이것이 끝이 아니었다. 1848년 미국이 멕시코로부터 캘리포니아를 양도받고, 이후 캘리포니아에서 금이 발견됨에 따라 서부로 이주하는 행렬이 줄을 잇게 된다. 이들이 인디언들이 차지하고 있던 대평원 지대를 지나가게 되자, 미국은 이동 경로(산타페 트레일, 오리건 트레일, 캘리포니아 트레일)의 안전이 필요하게 되었다. 이에 미국은 1851년 대평원의 부족들과 래러미(Fort Laramie) 조약을 맺어 대평원 지역의 인디언 영토를 인정해 주는 대신, 이 지역의 통행 안전권을 보장받게 된다. 이 지역에 철도와 전신주를 설치하는 대가로 연금 지급 또한 약속되었다.

그런데 1850년대 후반 콜로라도 지역에서도 금광이 발견된다. 대규모 이민자들(10만 명 이상)이 콜로라도로 몰려들어 도시를 설립하게 되고, 콜로라도 지역을 근거지로 하고 있던 쉐이엔 부족과 아라파호 부족과의 간헐적 충돌이 발생하게 된다. 이렇게 되자, 미국은 1851년 조약을 뒤

잡고 이들에게 새로운 조약의 체결을 강요하게 되는데, 이것이 1861년 와이즈 요새(Fort Wise) 조약이다. 이 조약의 핵심은 백인들이 이미 차지하고 있거나 향후 필요로 하는 땅들을 이들 부족의 영토에서 제외하는 것인데, 이를 따를 경우 부족의 영토는 기존 조약으로 보장되었던 것보다 12분의 1로 줄어들게 된다. 대부분의 부족민들은 이에 반발하였으나, 미국의 막강한 힘을 파악하고 있던 쉐이엔 부족의 대추장 검은주전자(Black Kettle) 등은 부족민 보호를 위해 어쩔 수 없이 해당 조약에 서명을 하게 된다.

곧이어 남북전쟁이 발발하고 서부 지역 질서 유지 책임을 맡고 있던 미군의 관심사가 동부 전선에 쏠리는 상황에서, 콜로라도에서 이주민들과 인디언 간의 충돌이 격화된다. 1864년 여름 콜로라도 주지사 존 에반스

서부로 향하는 역마차 트레일들과 포트와이즈 조약으로 줄어든 쉐이엔 부족과 아라파호 부족의 영토

(John Evans)는 인디언들을 몰아낼 목적으로, 콜로라도주에서의 인디언 위협에 대해 워싱턴에 과장해서 보고하고, 별도의 부대 창설을 승인받는다. 또한 포고령을 발표하여 미국에 우호적인 인디언들은 적대적인 인디언들과 떨어져서 미군의 리용(Lyon) 요새로 출두할 것을 명령하고, 이에 응하지 않거나 지정된 거주 지역을 이탈하는 인디언은 모두 적으로 간주하여 콜로라도 주민은 누구든 이들을 사살할 권리가 있다고 선언한다.

미군의 공격을 우려한 검은주전자 등 추장들은 9월에 부족 주거지 인근 리용 요새의 지휘관 윈쿱(Wynkoop) 소령을 만나, 자신들은 미국에 우호적이었고 앞으로도 그럴 것이니 상호 평화를 약속할 것을 요청한다. 윈쿱 소령은 이들의 진정성을 믿으나 자신에게는 그럴 권한이 없다며 이들을 데리고 콜로라도 주지사가 있는 덴버로 간다. 하지만, 주지사는 이미 콜로라도에서 인디언을 몰아내기로 마음먹은 상황이었기에 이들과의 회담을 무성의하게 마치고는 평화협상은 군인들과 하라고 떠넘긴다.

회담 당시 검은주전자가 발언한 내용(이 글의 끝에 일부 소개)을 보면, 백인의 공세 앞에서 어떻게든 부족민들을 보호하고 싶은 그의 애절한 심정이 느껴지는 한편, 이미 이들을 제거하기로 마음먹은 에반스의 무성의함에 화가 치밀어 오른다. 궁금하신 분들은 앞서 소개한『나를 운디드니에 묻어 주오』를 읽어 보시길.

주지사와의 회담에서 확실한 답을 받지 못한 이들 부족은 자신들의 사냥터를 포기하고 리용 요새 인근의 샌드 크리크에 천막을 치고 미군 측의 대답을 기다리면서, 거주지 이탈 금지 명령으로 사냥도 제대로 나가지 못해 리용 요새의 보급품에 의지하는 상황이 되었다.

그리고 몇 달이 지난 1864년 11월 29일, 존 시빙턴 대령이 지휘하는 600-700명의 기병대가 새벽을 틈타 이들 인디언 캠프를 공격한다. 미군을 본 한 추장은 자신들이 고대하던 평화에 대한 답을 가지고 오는 줄 알고 마중 나갔다가 피살되었고(미군이 공격해 오는 것임을 알아차리고는 전투 의지가 없음을 보여 주기 위해 두 팔을 팔짱 끼고 있는 채로 총에 맞음), 검은주전자는 1861년 워싱턴 방문 시 링컨 대통령으로부터 선물 받았던 성조기와 백기를 텐트에 높이 걸어 자신들이 미국에 우호적임을 알리려 했다(당시 미국 정부는 검은주전자에게 성조기를 걸고 있으면 이는 미국과의 우호의 상징으로 어느 미국인도 건드리지 않을 것이라고 약속했었음). 그럼에도 미군들은 이에 아랑곳하지 않고 무차별적인 사격을 해댔다.

미군의 공격이 있기 얼마 전 리용요새에 새로 부임한 지휘관 스캇 앤소니 소령은 이들 부족에게 거주지를 나가서 들소 사냥을 해도 좋다고 얘기했기에 공격 당일 젊은 인디언 전사들은 모두 버팔로 사냥을 나가 있었다. 샌드 크리크에는 미군의 보호를 믿고 있던 쉐이엔과 아라파호 부족의 아녀자들과 추장들이 남아 있었고 이들은 무차별적인 학살을 당하게 되는데 희생자의 수는 230명을 넘는다.

샌드 크리크 학살에서 살아남은 부족민들은 추운 겨울에 헐벗고 굶주리고 부상당한 채로 50마일 떨어진 젊은 전사들의 사냥터로 도망치고, 자신들의 가족이 비참하게 살해당했음을 알게 된 전사들은 땅을 치고 통곡하며 복수의 칼을 갈게 된다.

해당 부대를 지휘했던 시빙턴 대령은 학살을 마치고 덴버로 돌아와서 수천의 인디언 전사들을 물리쳤다고 거짓 보고를 하고 시내에서는 환영

퍼레이드까지 열린다.

하지만 이 참상은, 당시 학살 가담 명령을 거부했던 사일러스 솔 대위와 조셉 크레이머 중위의 편지를 통해 세상에 알려지고, 이후 정부 조사단은 해당 사건이 학살이었음을 확인하게 된다. 이들의 편지 내용을 읽고 있자면, 당시 미군(엄밀히 말하면 민병대)의 잔학상에 입을 다물 수가 없다. 살려 달라고 무릎 꿇고 애원하던 여인들, 임산부, 어린아이들을 가리지 않고 죽였고, 그에 그치지 않고 시신에 대해 차마 입에 담지 못할 잔학 행위를 자행했다.

전투가 아닌 무자비한 학살극으로 밝혀졌지만 시빙턴 대령은 아무런

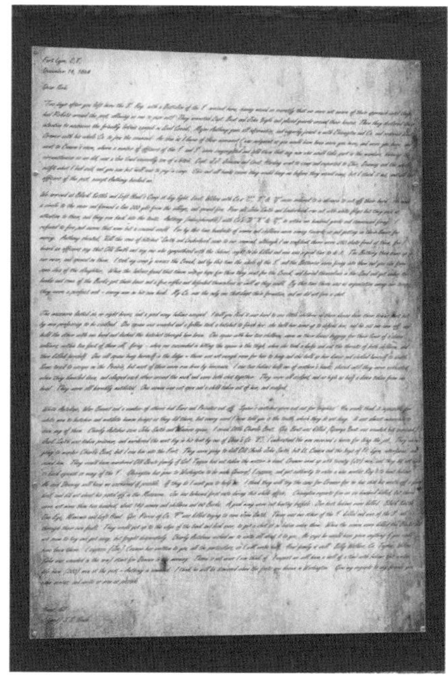

학살유적지에 전시되어 있는 솔 대위의 고발편지

처벌도 받지 않는다. 군 당국의 조사가 시작되자 그는 군복을 벗음으로써 군사 법정의 피소 대상에서 제외되었고, 민간법정에서는 군에서의 일이라는 이유로 피소되지 않았다. 반면, 이 사실을 세상에 알리고 의회에서 증언까지 했던 솔 대위는 덴버에서 암살당하고 마는데, 그 범인은 잡히지 않았다고 한다.

얘기를 흥미 있게 듣던 아내가 한마디 한다. "시빙턴이 죽였겠지." 그랬을 수도 있겠다. 솔 대위의 폭로가 있기 전까지 시빙턴은 수천의 인디언을 무찌른 영웅으로 워싱턴에 가서 준장 승진 심사를 받고 있었는데, 모두 무산되고 군복까지 벗게 되었으니. 하지만 '미국은 백인들의 땅이고, 그 외의 인간들을 모두 쓸어버려야 한다'고 공공연히 외치고 다녔던 콜로라도 주지사 시빙턴, 그리고 그의 연설에 환호했던 많은 인간들 모두 용의자일 수 있다.

다른 사람들과의 공존보다 우리 편만 잘 살면 된다는 극단적 집단 이기주의자가 권력을 잡고 주민들을 선동할 경우, 그 집단 광기가 우리의 인간성을 얼마나 파괴할 수 있는지를 보여 주는 사건이 아닐까 싶다. 그리고 우리는 이러한 상황이 또다시 힘 있는 자들의 세계에서 반복될까 걱정한다. 왜 우리는 역사를 통해 배우지 못하는 것일까?

가이드와의 대화 시간을 마치고 우리는 다시 동쪽으로 달린다. 숙소까지는 4시간(250마일)을 더 달려야 한다. 점심을 아직 먹지 못했기에 가장 처음 만나는 프랜차이즈 식당에 들어가기로 했는데, 첫 맥도날드를 발견하는 데 2시간 30분이 걸렸다. 미국 땅에서 맥도날드가 이렇게 귀하기는 처음이다. 험한 곳 데리고 다니면서 밥때도 제대로 챙겨 주지 못해 아내에게 미안한 맘이 크다.

오늘 숙소는 캔자스주의 윌슨(Wilson)이라는 마을에 위치한 미들랜드 레일로드 호텔(Midland Railroad Hotel)이다. 1899년에 건축되었던 건물을 리노베이션 해서 호텔로 사용하고 있다. 구석구석 오래된 느낌을 가지고 있으면서도 깔끔하게 관리되고 있어 일반 호텔에서의 투숙 경험과는 사뭇 다르다. 다만, 이곳 윌슨은 너무 작은 마을이라 마땅히 저녁 먹을 만한 곳이 없다. 어쩔 수 없이 비상식량을 하나 꺼내기로 했다.

내일은 캔자스주 리용(Lyon)에 있는 퀴비라 박물관(Quivira Museum)을 방문한 뒤, 오클라호마의 머스코기(Muskogee)라는 곳으로 이동한다. Day 5에 주니부족 방문 시, 1520년 뉴멕시코 지역으로 진출한 스페인 탐사대장 코로나도를 언급한 바 있다. 그가 뉴멕시코 지역에서 원하던 금을 찾지 못한 뒤, 더 내륙 쪽으로 가면 금이 가득한 마을이 있다는 제보를 듣고 향한 곳이 바로 퀴비라(Quivira)이다.

한 가지 더. 샌드 크리크 학살지 앞의 마을 이름 시빙턴에 대해서 얘기하자면, 미국인들 사이에서도 그 마을 이름의 부적절성에 대한 논란이 있었다고 한다. 하지만, 당시 주민들이 그런 이름을 붙인 것 자체도 역사의 하나이기에 이를 그대로 역사로 기억하기로 했다고. 어쨌거나 한때 번성했다던 시빙턴은 오늘날 마을이라 부르기도 힘들 정도로 쇠락한 모습을 하고 있으니 불편한 맘은 좀 덜하다.

아래는 덴버에서 열린 회담에서 에반스 주지사에게 검은주전자가 한 말의 일부이다.

캔자스주 윌슨의 100년 넘은 건물에 위치한 호텔

*"당신의 회람을 봤소. 나는 그 문제를 곰곰이 생각해 보고 서로 상의하러 왔소. 윈콥 소령도 당신을 만나 볼 것을 권했소. 우리는 얼마 안 되는 기병대 뒤를 따라 눈을 감고 불 속을 지나 오듯 예까지 온 거요. 그건 오로지 백인과의 평화를 바라서요. 당신의 손을 잡고 싶소. 당신은 우리의 아버지요. 우리는 구름 낀 길을 걸어왔소. 전쟁이 시작된 이래 하늘엔 항상 어두운 구름이 끼어 있었소. 여기 나와 함께 있는 용사들은 모두 내 말을 따를 사람들이오. 우리는 부족민이 기뻐할 좋은 소식을 가져가고 싶소. 부족민들이 잠이라도 편하게 잘 수 있게 말이오. 우리 인디언들은 무엇보다도 평화를 바라고 또 지켜 왔으므로 당신이 여기 있는 군인 추장(장교)들에게 우리를 적으로 여기지 않도록 일러 주길 바라오.*

*나는 당신과 모든 것을 터놓고 이야기하러 이곳에 왔지, 늑대 가죽을 쓰고 오지 않았소. 인디언들은 들소가 있는 곳에서 살아야지 그렇지 않으면 모두 굶어 죽소. 우리가 이곳으로 올 때는 아무 두려움 없이 자유롭게 당신을 만나러 왔소. 내가 돌아가 부족민들에게 당신과 여기 덴버에 있는 모든 군인 추장의 손을 잡고 왔다고 말하면 그들은 물론 평원의 모든 인디언족도 함께 먹고 마시고 난 뒤에 흡족한 마음을 가지게 될 거요."*

하지만, 당시 에반스는 인디언의 위협을 과장해서 워싱턴에 보고하여 남북전쟁으로 징집된 콜로라도 주민들을 전선으로 보내는 대신 편안한 인디언 토벌부대로 편성시켜 둔 상황이라, 본인의 위상 추락을 우려하여 인디언과의 평화에는 전혀 관심이 없었고, 오히려 이들을 덴버로 데려온 윈콥 소령을 문책하고 경질하기에 이른다.

**검은주전자(Black Kettle) 추장**

남부 쉐이엔부족의 대추장이었던 검은주전자는 일찌감치 미국의 엄청난 힘을 간파하고, 이들에 맞서기보다는 달래 가면서 부족의 안위를 지키려 노력했다. 부족 내 젊은 전사들의 반발을 사면서까지 부족 영토의 대부분을 미국에 내어 주는 와이즈 요새(Fort Wise) 조약(1861년)을 체결하였지만, 콜로라도 지역에서 인디언을 쓸어버리고자 했던 에반스 주지사에 의한 샌드 크리크 학살(1864년)로 많은 부족민을 잃고(검은주전자의 부인은 여러 발의 총상을 입고도 가까스로 생명을 구함) 아칸소 지역으로 피난을 떠난다. 하지만 이곳에서도 미군의 공격은 계속되고 커스터가 지휘하는 제7 기병대는 와시타강에 있던 그의 마을을 새벽에 기습하여 검은주전자와 그의 부인을 비롯한 다수의 부족민을 살해한다(1867년).

**와이즈 요새(Fort Wise) 조약**

1851년 래러미 조약을 통해 쉐이엔 부족과 아라파호 부족의 영토로 인정했던 콜로라도 지역에서 금이 발견되자 백인들이 몰려들기 시작하였고, 덴버를 중심으로 도시가 건설되었다. 이들 지역 및 동부와의 교통로를 확보하기 위해 인디언들에게 압력을 행사하여 체결한 것이 와이즈 요새 조약이다. 이 조약에 따르면, 인디언 영토는 기존의 12분의 1 규모로 축소되는데, 그나마도 들소조차 구하기 힘든 불모지였다. 해당 조약에 서명할 당시 인디언들은 축소된 자신들의 거주지 바깥이라도 백인들을 해치지 않는 한 사냥은 아무 데서나 할 수 있는 것으로 이해했지만, 백인들은 이들을 거주지에서 나오지 못하도록 강요했다. 인디언들은 생활에 필요한 모든 것을 들소에 의존하고 있었기에 이러한 상황에서 양측의 충돌은 불가피하게 되었다. 많은 쉐이엔 부족 전사들은 검은주전자 추장이 백인들에게 매수되어 불법적으로 체결한 해당 조약은 무효라고 주장했고, 실제로 당시 쉐이엔 부족 추장 44명 중에서 6명만이 조약에 서명을 했다.

# 퀴비라,
# 코로나도의 꿈이 스러지다

; 캔자스 리용의 코로나도
퀴비라 뮤지엄

아침 식사를 하러 호텔 식당에 내려가니 테이블마다 체코 국기가 꽂혀 있다. 로비에 있는 윌슨(Wilson) 타운 안내서를 보니 이곳이 캔자스주의 체코 수도(capital)란다. 체코 출신 이민자들이 초기에 대거 정착하면서 체코 커뮤니티가 형성된 듯하다. 주인장 아주머니가 전통의상을 갖춰 입고 있기에 체코 옷인지 물어보니 그렇단다. 오늘 지역방송국에서 방송 촬영을 오기로 되어 있어 준비 중이란다.

간밤에 자료를 정리하다 보니 우리가 전날에 묵었던 콜로라도주 라훈타(La Junta) 인근에 벤트 요새(Bent's Fort) 유적지가 있는 것을 모르고 지나쳤다. 윌리엄 벤트(William Bent)가 1833년에 만든 교역소로 인디언, 미국 상인, 멕시코 상인, 백인 수렵꾼, 서부로 떠나는 개척자, 군인 등이 한데 어울려 물건을 교역하고 보급품을 구입하던 곳이다. 해당 건물이 고

안내책자에 실린 벤트 요새 교역소 재현유적지 사진

증에 맞추어 재건되어 있어서, 실제로 가 보면 서부 개척 시대의 교역소 풍경을 실감나게 느껴 볼 수 있었을 것 같다. 이곳도 국립공원 공단에서 관리 중인데, 해당 자료를 보니 〈스타워즈〉에 등장하는 여러 외계인들 간의 교역소가 이런 곳에서 영감을 얻어 만들어진 게 아닐까 하는 생각도 든다.

윌리엄 벤트는 교역소를 운영하면서 쉐이엔 및 아라파호 부족들과 친구로 지내고, 쉐이엔 추장의 딸과 결혼도 한다. 백인들의 공세로 이들 부족들이 위기에 처했을 때, 미국의 상황을 이들에게 전달하며 조언을 해 주고 통역 및 대리인의 역할도 수행하였다. 인디언들과의 평화를 위해 본인이 직접 에반스 주지사와 시빙턴 대령을 만나 평화협정을 맺을 것을 간청하기도 했다. 그에게는 세 아들이 있었는데, 미군의 샌드 크리크 습격 전에 큰아들은 미군들에게 붙잡혀 인디언 캠프로의 길 안내를 강요받았고, 나머시 두 아들은 다른 인디언들과 함께 인디언 캠프에 머물고 있었다. 안면이 있던 솔(Soul) 대위의 도움으로 이들은 학살에서 목숨을 건지게 되는데, 이후 백인들의 잔학상에 치를 떨면서 백인인 아버지 윌리엄 벤트와의 관계도 단절하고 인디언 부족들과 함께 전사로 참여한다.

참고로 'Day 10' 타오스 푸에블로(Taos Pueblo)에서 타오스 부족민들이 미국과 멕시코 전쟁 때 미국이 임명한 뉴멕시코 주지사 찰스 벤트(Charles Bent)를 죽이고 이로 인해 미군의 공격을 받게 되었다고 언급한 바 있는데, 그가 윌리엄 벤트의 형이다.

캔자스주를 운전하면서 느끼는 건데, 도로에 기독교 복음 및 낙태 반대 관련 입간판들이 자주 등장한다. 소위 미국 보수주의의 핵심인 복음

퀴비라의 마을임을 내세우는 리용시 안내판 - 캔자스주

벨트에 진입했다는 느낌을 갖게 된다. 오늘의 행선지는 리용(Lyon)이라는 도시에 위치한 코로나도 퀴비라(Coronado Quivira) 박물관이다.

이제 코로나도와 퀴비라에 대한 얘기를 해야 할 시간이다. 'Day 5' 주니 부족 편에서 얘기했던 코로나도 탐사대 두 번째 이야기이다.

1540년 뉴멕시코 지역 푸에블로 마을에서 원하던 금을 찾지 못한 코로나도에게 새로운 소식이 전해진다. 부하들이 Cicuique라는 푸에블로를 방문했다가 그곳 주민들에게 잡혀 있던 인디언 노예 한 명을 데리고 왔는데, 그가 말하기를 자신의 고향 마을에는 금을 나무에 주렁주렁 매달아 둘 정도라는 것이다. 코로나도는 이 말만으로는 크게 반응하지 않다가 증거도 있다는 그의 말에 급히 관심을 보인다. 이 노예는, 황금팔찌를 가지고 있었는데 Cicuique 푸에블로 인디언들에게 잡히면서 빼앗겼다고 얘기한다. 이 말에 스페인군은 해당 푸에블로인들을 추궁하였지만, 이들은 이러한 사실을 부인하여 스페인군으로부터 모진 고문(스페인 사냥개에게 물어뜯김)을 당하게 된다.

이 노예는 푸에블로 인디언들보다 피부가 검고 체격 조건이 좋아서 스페인인들에게 투르크인의 모습을 연상시켰고, 엘 투르코(El Turco)라는 이름으로 불렸다.

코로나도는 엘 투르코가 퀴비라(Quivira)라고 부르는 그의 고향을 찾아 1541년 4월 말에 푸에블로 인디언 지역을 떠나 동쪽으로 향한다. 떠난 지 열흘이 넘어서부터 코로나도의 부대는 이전과는 전혀 다른 환경을 맞이하게 된다. 끝없이 펼쳐진 초원, 그리고 이곳에서 무리 지어 돌아다니는 엄청난 숫자의 괴상하게 생긴 소들(버팔로), 그리고 버팔로 사냥에 의존하며 살아가는 초원 인디언들이었다.

우리도 뉴멕시코를 떠나 이곳 캔자스에 오기까지 이틀간을 달리면서 끝없는 지평선 외에는 아무것도 볼 수 없었던 바로 그 대평원이다. 시야에는 온통 지평선뿐이라 이정표를 할 만한 지형이 전혀 없는 대평원에서 코로나도 부대의 정찰대는 버팔로 똥을 중간중간에 놓아서 따라오는 부대가 길을 찾아오도록 했다. 그리고 방향을 잡기 위해서는 현지 인디언들의 방식을 사용했는데, 아침에 태양이 떠오르는 곳을 확인하고 그쪽으로 화살을 날린 뒤 그곳에 도달하기 전에 또다시 같은 방향으로 화살을 날림으로써 계속 동쪽으로 방향을 잡아갈 수 있었다.

출발한 지 한 달쯤 지난 후에 코로나도는 퀴비라의 존재를 알고 있는 원주민들을 만나게 된다. 그런데 이들이 설명하는 퀴비라의 모습은 코로나도가 상상하던 것과는 판이했다. 그곳 주민들의 거처는 돌로 만들어진 다층 주택이 아니라 짚을 엮어 만든 조잡한 것인 데다 마을에서 발견할 수 있는 건 금이 아니라 옥수수뿐이라고 했다. 그리고 퀴비라의 위치는 동쪽이 아니라 북쪽인데, 앞으로 40일 정도를 더 가야 한다는 것이었다.

코로나도는 매우 고통스런 상황에 놓이게 되었는데, 뉴멕시코에서 가져온 보급품이 바닥나고 있었던 것이다. 당시 엘투르코는 퀴비라가 그리 멀지 않으니 짐을 최소화하여 신속하게 퀴비라로 가자고 제안했었다. 아무리 다그쳐 봐도 엘투르코는 자신이 진실만을 얘기했다는 입장을 취하는 상황에서 코로나도는 중대 결정을 내린다. 행군 속도를 높이기 위해 보급품과 본대는 뉴멕시코로 돌려보내고 정예 기병 30명만으로 새로 얻은 정보에 기초해 북쪽으로 가기로 한 것이다.

초원에서의 생존은 그 지역 원주민들과 마찬가지로 사냥에 의존했다. 그런데 방향을 잡을 지형지물이 마땅치 않은 상황에서 일부 부대원들이 사냥을 나갔다가 본대로 돌아오지 못하는 상황이 벌어지기도 했다. 이들에게 방향을 가르쳐 주기 위해 총을 쏘고, 나팔을 불고, 북을 치고, 모닥불을 피웠지만 일부는 끝내 돌아오지 못했다. 끝없는 초원은 망망대해와 다를 바가 없었던 것이다.

코로나도와 스페인 원정대의 이런 모습을 보면 경탄스럽다. 차로 80마일의 속도로 달려도 가도 가도 끝이 없는 이 초원을, 이들은 걸어서 그리고 말을 타고 수개월간 행진하고 있었던 것이다. 단지 금이 있다는 마을을 발견하기 위해서. 며칠씩 물 없이 지내는 것도 일반적이었다. 이들이 원주민들에게 보인 잔학상을 생각하면 분노가 생기지만, 이들의 강인함과 불굴의 투지는 인정해야 할 것 같다. 토니 호위츠(Tony Horwitz)는 이러한 스페인인의 모습에 대해 '불굴의 의지와 약간의 광기 사이인 것 같다'고 표현했다.

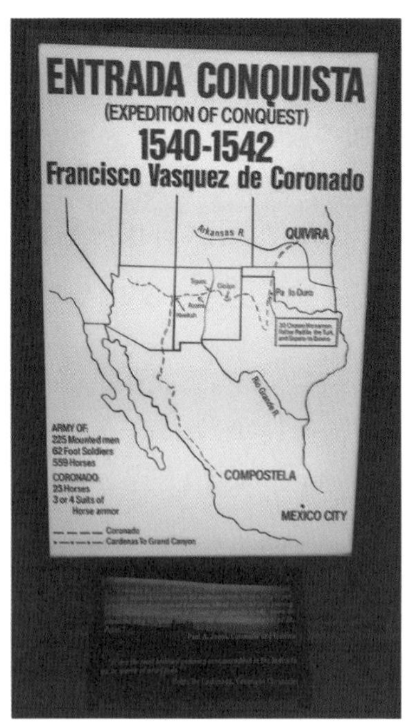

박물관에 전시된 코로나도의 탐사 경로

그해 여름, 이들은 마침내 퀴비라에 도착한다. 출발한 지 77일째 되는 날이었다. 그런데 그곳은 대평원 원주민들이 얘기한 대로 짚으로 만들어진 집들이 옹기종기 모여 있는 초라한 마을이었다. 그 마을에서 코로나도가 발견했던 유일한 금속은 추장의 목에 걸려 있던 구리 조각 하나가 전부였다. 코로나도는 엘투르코를 모질게 심문하고, 그는 마침내 사실을 고백한다. 고향으로 돌아가기 위해 거짓으로 얘기를 지어냈다는 것이었다. 그리고 Cicuique 푸에블로 주민들이, 자신에게 스페인군을 멀리 동쪽 초원지대로 유인해서 그들 마을로 돌아오지 못하게 해 달라고 요청했다고도 했다. 코로나도의 병사들은 엘투르코를 목 졸라 살해한다. 그리고 퀴비라 주위의 마을들을 수색했지만 금으로 된 도시는 어느 곳에도 존재하지 않았다.

하지만 다른 면에서 퀴비라는 멋진 곳이었다. 마을의 토양은 기름지고 개울과 연못이 있어 물도 풍부했다. 인디언들은 옥수수, 호두, 자두, 포도를 길렀고 오디는 야생으로 풍부했다. 당시 이곳까지 원정 갔던 한 부대원은 자신이 유럽의 국가에서 보았던 어느 곳보다도 이곳이 농사나 목축에 적합한 장소라고 생각한다고 기록했다. 하지만 코로나도는 농사를 지으러 이 먼 곳까지 진출했던 것은 아니었다. 그는 실망감을 잔뜩 안고 다시 뉴멕시코로 돌아간다.

코로나도의 미국 내륙 진출에서 반환점이 된 퀴비라가 실제로 어디인가에 대해서는 많은 논란이 있었으나, 현재는 이곳 캔자스주 리용 인근인 것으로 추정되고 있다. 이곳 리용에 코로나도와 퀴비라에 관한 박물관이 있는 이유이다. 그동안 방문했던 중서부 지역 미국 오래된 마을들은 대체로 쇠락한 느낌을 주었는데, 리용은 오래된 건물들이 많이 있으면서도 깔끔하게 정돈된 느낌이다. 코로나도 퀴비라 박물관은 마을 도서관과 같은 건물을 사용하고 있다. 이전에 방문했던 인디언 보호구역 내 부족 박물관들의 초라함에 비하면 매우 근사하다.

박물관을 들어서니 백발의 아주머니가 상세하게 박물관 내용에 대해 설명해 주신다. 인근 지역에서 출토된 원시 원주민들의 유물들, 퀴비라에 거주했던 위치타(Wichita) 부족의 주거지 재현물, 인근 지역에서 출토된 코로나도 원정과 관련된 중세 스페인군 장비 유물, 그리고 산타페 트레일 관련 자료들이 전시되어 있다. 그리고 특별전으로 세계의 벽들(Walls) 자료가 준비되어 있고(만리장성, 베를린 장벽, 그리고 근래의 미국 멕시코 장벽까지), 지하에는 이 지역(Rice County)의 1900년대 초반 물품 및 생활상이 전시되어 있다.

코로나도 퀴비라 뮤지엄 전경

위치타 부족의 전통가옥- 코로나도가 기대했던 황금의
집은 나타나지 않았다

박물관에 전시된 코로나도 행렬 상상도와 사슬갑옷

당시 이 지역에 거주했던 위치타 부족의 집들이 코로나도의 부대가 묘사했던 것과 같이 짚으로 둥글게 지은 형태였고, 또한 중세 스페인군 장비가 출토되면서 리용이 퀴비라의 위치로 인정받게 된 것이다.

코로나도는 다시 뉴멕시코로 돌아와서 지내던 중 말에서 떨어지면서 다른 말의 발굽에 머리를 차이는 부상을 입는다. 당시 뉴멕시코의 스페인인들 사이에서는 멕시코로 돌아가자는 의견과 퀴비라로 다시 가서 그곳을 식민지화하자는 의견이 팽팽히 맞서고 있었는데, 부상을 입은 코로나도는 아내와 아이들이 있는 곳으로 돌아가서 죽고 싶어 하여 1542년 봄에 멕시코로 돌아오게 된다. 이 과정에서 많은 이탈자가 발생하였고, 2년 전 출정 시 수천 명에 이르렀던 코로나도의 부대는 100명도 채 안 되는 규모로 멕시코로 귀환한다.

그의 귀환 시기는 스페인 왕실에서 식민지 원주민들에 대한 가혹 행위를 규제하기 시작하던 시기와 맞물리게 된다. 열렬한 가톨릭 옹호자였던 스페인 왕실은 식민지 개척을 야만인들을 주님의 종으로 만드는 전도, 교화의 수단으로 생각했기에 이들에 대한 불필요한 가혹 행위에 대해 부정적이었다. 코로나도 탐사대의 원주민에 대한 행위가 마침 그 시범 케이스가 되었고, 결과적으로 그는 처벌은 면하게 되었지만(부하가 대신 경미한 처벌을 받음) 그가 탐사했던 멕시코 북부 지방에 대한 통치권을 잃게 되었다. 그리고 오래지 않아 44세의 나이로 죽게 된다.

수천 명의 탐사대를 꾸리는 것은 엄청난 투자를 필요로 한다. 코로나도의 탐사에는 당시 멕시코 총독도 투자를 했지만, 코로나도 본인도 전 재산을 걸었다. 중남미의 잉카, 아즈텍 제국 탐사를 통한 엄청난 대박 성공 스토리를 지켜보았던 코로나도에게 황금도시 치볼라, 퀴비라는 참을 수 없는 유혹이었을 것이다. 그리고 이는 당시 정황적으로 결코 무모하지 않은 투자였다. 1년 전에 이미 마르코스 데 니자(Marcos de Niza)가 자신의 두 눈으로 황금으로 반짝이는 치볼라를 봤다고 보고하지 않았던가('Day 5' Zuni 편). 퀴비라의 경우에는 미심쩍은 정황이 없는 것은 아니었으나, 이미 치볼라에서 허탕을 치고 난 상황에서 코로나도는 지푸라기라도 잡고 싶은 심정이었을 것이다.

여러 가지 정황적 근거를 가지고 투자를 집행했다는 점에서, 나는 코로나도는 콜럼버스나 데소토(De Soto)보다 훨씬 덜 무모한 사업가였다고 생각한다. 다만, 그가 입수한 정보가 왜곡된 것이었으니, 운이 없었다고나 해야 할까? 콜럼버스의 무모함에 대해서는 지난번에 잠깐 다룬 적이 있는데, 다음 기회에 다시 언급하기로 한다. 데소토는 코로나도와 같은 시기에 플로리다에 상륙해서 미 대륙으로 진출한 스페인인인데, 그에 대한 얘기는 미시시피강을 건너면서 시작하는 편이 좋을 듯하다.

리용을 떠나 남쪽으로 향한다. 행선지는 오클라호마에 위치한 머스코기(Muskogee)이다. 경로를 찾아보니 캔자스의 최대 도시인 위치타(Wichita)를 지난다. 코로나도가 퀴비라에서 만났을 것으로 추정되는 원주민 부족의 이름을 지닌 도시이다(참고로 캔자스시티는 캔자스주가 아닌 미주리주에 위치해 있다). 다시 언제 큰 도시를 만날지 모르니 이곳에서 맛난 식사를 하고 가기로 한다.

동양 식당을 검색하니 뜻밖에 Gangnam Korean Grill & Bar가 등장한다. 앨버커키에서 그토록 찾고 싶었던 한식당이다. 식당을 찾아가는 길이 이렇게 설렐 수가 없다. 내가 너무 흥분하는 것 같다고 아내가 옆에서 핀잔을 준다. 한식은 포기하면 견딜 수는 있지만, 먹을 수 있다는 것은 몹시 행복한 일이다. 여행 시작 12일 만에 삼겹살과 김치찌개로 감동의 식사를 했다.

오클라호마로 넘어오면서부터 이제껏 경험하지 못했던 고속도로 통행료를 내기 시작했다. 그럼에도 도로의 포장 상태는 이전의 다른 주들만 못하다. 왜 그럴까?

내일은 이곳 오클라호마에 있는 체로키(Cherokee)와 촉토(Choctaw) 부족을 찾아서 그들의 박물관들을 둘러볼 예정이다. 미국 독립 당시 미국 남동부에는 문명화된 부족(Civilized Tribes)이라 불리는 5개 부족이 거주하고 있었다. 체로키, 촉토, 크리크, 치카소, 세미놀 부족이다. 땅 투기꾼 출신 대통령이라 불리는 앤드류 잭슨 대통령에 의해 이들 부족은 모두 오클라호마주로 강제 이주를 당하는 설움을 겪는다. 내일의 주제이다.

내일 묵을 장소는 아직 정하지 못했다. 몇 가지 변수가 생겨서 오늘 밤 향후 일정을 좀 더 다듬어야 할 듯하다.

# 눈물의 길,
# 체로키족의 강제 이주

; 달라는 대로 내어 주었지만
결국 모두 빼앗긴 5개 부족 이야기

오늘은 미국 남동부에 거주하던 5개 부족에 대한 얘기로 시작해야겠다. 이들은 체로키(Cherokee), 크리크(Creek), 촉토(Choctaw), 치카소(Chickasaw), 세미놀(Seminole) 부족으로, 북쪽으로는 노스캐롤라이나, 서쪽으로는 미시시피, 남쪽으로는 플로리다에 이르는 광범위한 지역에 걸쳐 세력을 이루고 살았다. 이들 부족은 1539년에 플로리다로 상륙하여 북상한 스페인의 데소토(De Soto)원정대를 통해 유럽인을 처음 접했고, 당시 유럽인과의 접촉으로 인한 전염병으로 많은 주민과 부락이 몰락하는 경험을 치른 바 있다. 데소토에 대해서는 향후 방문하는 남부 지역에서 얘기할 예정이다.

미국 남동부는 플로리다를 거점으로 북으로 진출하려는 스페인과, 미시시피강 및 루이지애나를 거점으로 동으로 진출하려는 프랑스, 그리고 대서양 연안을 중심으로 남진하려는 영국 간에 치열한 각축전이 벌어졌던 현장이기도 하다. 아직 미 대륙의 이주민 인구가 그다지 많지 않고, 유럽에서의 전쟁으로 인해 신대륙으로 보낼 병력이 부족했던 이들 유럽 국가는, 현지에 있던 원주민부족과 동맹을 맺고 이들을 무장시켜 대리전을 치르는 경우도 있었다.

이러한 유럽 열강들과의 각축 속에서, 이들 부족은 살아남기 위해, 때로는 갈등 관계에 있는 상대 부족을 제압하기 위해 전략적으로 유럽 국가들을 활용했고, 이 과정에서 유럽 문물을 다른 지역의 원주민보다 신속하게 받아들였다. 그 결과 1800년대 초반경에는 부족의 생활 방식이나 수준이 당시 백인 이주민들과 크게 다를 바 없을 정도로 발전하게 된다. 이 중 가장 앞서 있던 체로키족의 경우, 수만 마리의 가축을 키우고 흑인 노예를 부리며, 농장을 경영하는 수준으로까지 발전했다. 정치제도도 미국의 체제를 도입하여 헌법, 의회, 대법원이 설립되고, 자체 학교 시스템도 구축한다. 체로키족 학자이자 기술자였던 세쿼이아(Sequoyah)는, 1825년에 자신들의 언어를 쓰고 읽을 수 있는 체로키 문자를 고안하여 부족의 공식 문자로 인정받고, 부족은 체로키 문자로 된 신문까지도 발간한다.

이처럼 일찍 문명화된 이들을 '문명화된 5개 부족(Civilized 5 tribes)'이라고도 부른다. 확장정책을 펴고 있던 미국은 이들의 땅에 계속 눈독을 들이게 되고, 다수의 강압적 조약 체결을 통해 상당량의 땅을 야금야금 양도받는다. 부족들 입장에서는 억울하지만 나머지 영토 보전을 위해서라도 불가피한 선택이었다.

그러나 미국 정부는 여기서 그치지 않고 아예 이 5개 부족을 송두리째 들어내어 서부의 미개척지대로 이주시키는 계획을 준비하고, 이는 1830년 앤드류 잭슨 대통령이 인디언 제거법(Indian Removal Act)에 서명함으로써 실행에 옮겨지게 된다. 인디언 영토(Indian Territory)라고 명명된 지금의 오클라호마주가 새로운 터전으로 결정되었다. 그런데 솔직히 이런 모순이 없다. 당시 오클라호마 지역에는 코만치, 위치타와 같은 다른 부족들이 거주하고 있었으나, 이들과는 어떤 상의도 없었기에 결국 남의 땅을 빼앗아서 교환한 셈이다.

이러한 미국의 조치에 대한 5개 부족의 대응에는 각각 차이가 있었다. 치카소 부족과 촉토 부족은 미시시피강 유역에 이웃해 있던 부족이었는데, 오랜 기간 서로 전쟁도 치르고(치카소 부족은 프랑스, 촉토 부족은 영국

동부에 거주하던 인디언 부족의 강제 이주 경로

이 지원) 관계가 좋지 않은 상태였다. 치카소 부족은 미국의 정책에 협조하지 않으면 세력이 더 강한 촉토 부족 휘하로 편입시키겠다는 미국의 엄포와, 이주정책을 따르는 순서대로 가장 좋은 땅을 골라 갖게 해 주겠다는 유혹에, 첫 번째로 미국의 조치를 받아들이고 부족민들은 오클라호마로 떠난다. 크리크 부족과 세미놀 부족의 경우에는 무력 충돌이 발생하고, 군대가 이를 제압하면서 강제 이주가 이루어진다.

촉토 부족은 군대까지 동원한 미국의 강압적인 분위기 속에 어쩔 수 없이 부족대표들이 반강제적으로 합의를 하고 이주를 하게 되는데, 미국 측의 강제 이주 시한에 쫓겨 한겨울에 이주를 진행하면서 1만 3천 명 중에 2천 5백 명가량이 추위와 콜레라 등으로 사망하게 된다.

체로키 부족의 경우에는 강력한 리더십을 가진 부족대표 존 로스(John Ross)의 지도하에 법적 대응에 나선다. 인디언 제거법을 근거로 체로키 부족의 땅을 빼앗으려 하는 조지아주 정부를 미국 대법원에 제소하여 '주정부는 인디언부족의 영토에 대해 어떠한 권한도 행사할 수 없다'는 판결을 받아 낸다(이 대법원 판결은 향후 인디언 보호구역과 관련한 여러 법적 해석에 기준이 되는 매우 중요한 판결이 된다). 그럼에도 앤드류 잭슨 대통령은 대법원 판결을 무시하고, 조지아 주정부는 체로키 부족의 땅을 미국인들에게 매각하는 절차를 진행한다.

일부 체로키인들은 법적 대응으로 맞서는 존 로스의 접근법에 동의하지 않고, 어차피 밀려날 수밖에 없을 바에야 협상을 통해 조금이라도 유리한 조건을 받아 내는 것이 좋다고 주장하며, 1835년에 미국 측과 강제 이주 합의문에 서명을 한다(New Echota 조약). 그리고 미국은 이 합의를 근거로 체로키 부족에 대한 강제 이주를 추진한다. 존 로스와 체로키족은 이 조약문에 서명한 주체에게 체로키족의 대표성이 없다고 항변하지만, 미국 의회는 단 1표 차이로 해당 조약을 인준해 버린다.

이주에 저항하는 체로키 부족은 군대에 의해 강제로 주거지에서 쫓겨나서 수개월간 열악한 수용소 생활을 거친 뒤 오클라호마로의 이동을 시작하는데, 이 과정에서 4천 명의 주민이 사망한다. 이 강제 이주를 '눈물의 길(Trail of tears)'이라고 부른다. 이후 체로키 부족은 오클라호마에서 새롭게 부족체제(Cherokee Nation)를 꾸려 나가고, 뉴에코타(New Echota) 조약의 서명에 앞장섰던 일부 체로키인들은 살해당한다.

숙소를 떠나 체로키 네이션(Cherokee Nation)으로 들어가는데, 기존에 남서부 인디언 보호구역을 들어설 때와는 느낌이 전혀 다르다. 그냥 일반적인 미국 어느 교외 지역에 있는 느낌이랄까? 주거지의 모습도 특별한

체로키 헤리티지센터 입구 - 영어와 체로키문자가 병기되어 있다

점이 없다. 문명 부족(Civilized tribe)이었으니 그럴 만하다. 체로키 문화센터 또한 잘 만들어져 있다. 박물관 내부에는 눈물의 길과 관련한 내용을 시청각적인 전시물과 함께 이해가 쉽도록 마련해 두었다. 모든 전시 내용은 영어와 체로키 알파벳으로 병기되어 있다.

인근에는 17세기 체로키 마을을 복원해 두었는데, 이곳에서는 1시간가량의 가이드 투어가 진행된다. 10시 30분 투어 시간에 맞추어 나가 보니 우리의 가이드가 근사하다! 몸에 군살이라곤 하나도 붙지 않은 구리빛 피부의 미남 청년이다. 게다가 체로키 부족 전통의상(?)을 걸치고 있다. "나달을 닮았네. 일부러 이렇게 잘생기고 멋진 청년을 뽑았겠지?" 아내가 한마디 한다. 우리의 가이드에 매우 흡족해하는 눈치다. 사진을 찍어도 되는지 양해를 구하니 괜찮단다. 설명 듣는 내내 틈틈이 사진을 찍는다.

박물관 전경

기존의 다른 부족 투어와 달리, 이곳은 당시 원주민들의 생활상을 시범과 함께 상세하게 설명해 준다. 우리 나라의 민속촌과 같은 느낌이다. 여름과 겨울에 지내는 집은 어떻게 생겼고, 어떻게 짓는지, 돌칼과 화살촉은 어떻게 다듬는지, 덕아웃(dug out: 통나무를 이용해서 만드는 배)은 어떻게 만드는지 등등. 여기서 새롭게 알게 된 몇 가지를 소개하면 다음과 같다.

전통복장을 한 멋진 몸매의 체로키마을 가이드

통나무 배를 만들기 위해서는 우선 큰 나무를 베어야 하는데, 당시 원주민들에게는 도끼와 같은 도구가 없었다. 돌칼로 작업하기에는 너무 큰일인데, 이들은 나무 밑둥에 마른 진흙을 바르고 불을 붙여서 태워 쓰러뜨리는 방법을 사용했다고 한다. 사람이 탈 수 있도록 나무의 속을 파내는 것 또한 불을 붙여서 속 부분을 태우는 방식으로 작업했다.

당시 원주민들은 유럽 상인들과 교역을 했는데, 체로키 부족의 경우 주 교환 수단은 사슴가죽이었다고 한다. 유럽 물품 가격은 사슴가죽의 매수로 매겨졌는데, 도끼는 4장, 물컵은 1장, 화승총은 20장과 같은 식이다. 당시 가장 비싼 물품이 화승총이었는데, 장전하는 데 많은 시간이 걸리는 관계로 신속성이 생명인 사냥에서의 효용은 활보다 못했다고 한다. 그럼에도 화승총을 몇 자루씩 차고 다니는 사람들이 있었는데, 이를 오늘날 젊은이들이 비싼 스포츠카를 타고 다니는 것에 비유하는 가이드의 말에 사람들이 웃는다.

당시 체로키 여인들은 남편들의 옷을 화려한 원색으로 많이 지어 입혔는데, 이는 혹시라도 외적의 침략을 받을 때, 남자들이 주 표적이 되도록 하여 그사이 아녀자들은 숨을 시간을 벌기 위해서였기도 하고, 교역소에 갔을 때 좀 더 있어 보임으로써 좋은 대우를 받고자 하는 의도도 있었다고 한다.

활 줄은 짐승들의 내장을 말려 만들었고, 화살촉은 사냥용과 전투용이 달랐다고 한다. 사냥용은 화살촉이 화살과 함께 쉽게 빠지도록 만들어서 재사용이 가능하도록 한 반면, 전투용은 화살촉이 몸에 박혔을 때

가이드가 각종 도구 제작 과정을 몸소 시범 보여 준다

화살을 빼내면 화살대만 빠지고 화살촉은 몸 안에 남아서 잠재적 살상력을 높이도록 했단다. 영화에 보면, 인디언 화살을 맞았을 때 화살을 앞이 아니라 뒤로 빼내는 장면이 나오는데, 그렇게 해야 화살촉이 화살과 함께 빠질 수 있다고.

다음엔 촉토 뮤지엄으로 향했다. 체로키 뮤지엄이 접근이 쉬운 대로변에 있었던 것과 달리, 이곳을 찾아가는 길은 굽이굽이 산길이다. 2시간여를 달려 도착한 촉토네이션 수도(Choctaw Nation Capital)라는 곳은 너무 조용하다. 뮤지엄 주차장도 비어 있다.

뮤지엄 내부 구성은 나름 알차다. 수십 개의 조약을 통해 이들 부족의 영토가 줄어들게 된 과정, 그리고 강제 이주 관련 전시가 있다. 그리고 촉토 코드 토커(Choctaw code talker: 암호병)가 등장한다. 흔히 코드 토커하면 2차 대전 태평양 전쟁에서 큰 역할을 한 해병대 소속 나바호 암

촉토네이션 수도(capital) 안내판

호병들을(Day 6) 생각하는데, 그 시조는 바로 촉토 부족 코드 토커이다. 1차 대전 때 미군의 암호가 독일군에게 해독되자, 당시 부대에 배속되어 있던 촉토 부족 병사들에게 자신들의 언어로 무전 교신을 하라고 지시하면서 활용되었는데, 당시 포로로 잡혔던 독일군이 '도대체 그 교신 내용은 무슨 언어냐고' 궁금해했다고 한다.

뮤지엄 건물 뒤편 넓은 대지에는 예전 전통 주거지를 복원해 두었다. 하지만 역시 아무도 없다. 체로키 부족과 촉토 부족의 같은 듯 다른 뮤지엄에 대해 아내와 얘기를 나누었다. 우선 뭐랄까, 체로키 부족의 경우 자신들의 문화에 대한 자부심과 자신감이 넘쳐나는 듯하다. 그리고 또 하나, 부동산. 부족 보호구역의 위치가 체로키 부족은 도시 번화가와 멀지 않은 반면, 촉토 부족은 구석진 산지 쪽이다. 위치가 멀다 보니 방문객이 덜하고, 그러다 보니 정성과 관심도 덜해지는 것이 아닐

촉토네이션 박물관 - 한때 촉토네이션 의사당으로 사용하던 건물에 위치해 있다

까? 박물관 직원(매점 직원을 겸한다)의 말로는, 박물관이 부족 보호구역의 중앙에 위치하다 보니 외부 접근성이 떨어져서, 보호구역 외곽 쪽에 새로운 문화센터와 카지노를 짓고 있는 중이니 앞으로는 좋아질 것이라고 한다.

촉토 뮤지엄을 떠나 오늘 숙소인 아칸소주 파인블러프(Pine Bluff)로 이동하는 길은 내내 숲길이다. 가도 가도 끝이 안 보이는 길게 뻗은 길을 다니다가 굽이굽이 차를 운전하려니 더 피곤하다. 이런 길은 많이 익숙한 풍경이라 새로움도 덜하다. 아내가 얘기한다. "우리가 지금 평상시 와 보기 힘든 콜로라도, 캔자스, 오클라호마, 아칸소를 지나는데, 대표적 도시들인 덴버, 캔자스시티, 오클라호마 시티, 리틀록을 가 보지 못하네." 그렇긴 하다. 인디언 관련지 중심으로 다니다 보니 항상 변두리 지역으로 지나간다. 하지만 어쩔 수 없다. 각 주의 명소들까지 커버하며 다니려면 이 여정은 지금보다 몇 배 길어져야 할 것이다. 그런데 마침 아칸소주의 핫스프링즈(Hot Springs)라는 곳을 지나는데 '클린턴이 어린 시절을 보낸 동네'라는 입간판이 서 있다. 다행히 명소(?) 하나 지난다.

7월 31일까지 워싱턴 DC에 도착해야 할 일이 생겼다. 간밤에 여정을 대폭 수정했다. 7월 31일까지는 기존에 계획했던 5일에 하루 쉬는 날도 모두 취소하고 강행군이다. 정말 인디언만 보러 다니게 생겼다.

내일은 루이지애나주의 파버티 포인트(Poverty Point)를 거쳐 미시시피강을 넘어 나체즈(Natchez)로 간다. 미시시피강 유역의 원주민 고대문명을 찾아가는 길이다.

 여행 팁

### 체로키 전통 센터(Cherokee Heritage Center)

체로키 전통 센터는 오클라호마주 체로키 부족 보호구역 내의 탈레콰(Tahlequah)에 위치하고 있다. 박물관에서는 눈물의 길(Trail of Tears)이라고 불리는 강제 이주 과정에 대한 자료들을 전시 중에 있고, 앞뜰로 나가면 딜리그와(Diligwa)라고 불리는 1700년대 체로키 마을을 복원한 곳이 나온다. 이곳은 우리 민속촌과 같은 개념으로 곳곳에서 전통의상을 한 부족민들이 당시 생활상을 재현하고 있고, 가이드 투어를 통해 체로키 부족의 문화와 전통을 이해할 수 있다. 입장료는 인당 $12이고 일요일은 문을 닫는다(비성수기에는 월요일도 쉼).

30분 거리에 있는 머스코기(Muskogee)에 다양한 숙박시설과 음식점, 상점 등이 있다. 오클라호마 시티로부터는 2시간 30분, 털사(Tulsa)로부터는 1시간 거리이다.

 좀 더 알아보기

### 도즈법(The Dawes Act)과 인디언 땅 빼앗기

식민지 시대의 유럽인들, 그리고 미국인들은 토지 소유권 개념이 없던 인디언들을 기만하거나 무력 위협 혹은 추장들 매수 등을 통해 조약을 체결하는 식으로 영토를 확보해 나갔다. 하지만 태평양에 이르는 거대한 영토를 확보한 미국은 기존의 조약으로 보장해 준 인디언 영토에 대한 추가 약탈에 나서게 된다. 그 방법으로 등장한 것이 그 입법 제안자인 도즈의 이름을 따 도즈법으로도 불리는 일반할당법(General Allotment Act)이다.

1887년 통과된 이 법의 핵심 내용은 인디언들을 문명사회로 편입시킨다는 명목으로 부족들이 공유하고 있는 토지의 사유화를 추진하는 것이었다. 이를 통해 인디언 부족사회의 공동체 문화를 붕괴시키고, 사유화된 토지에서 농사를 짓도록 하여 미국식 자본주의 체제로 편입시킴과 동시에, 이를 통해 보호구역의 인디언들에게 대한 식량 보급 부담도 줄일 수 있다는 명분을 내세웠다.

하지만, 그 이면에는 이렇게 개별 인디언들에게 할당하고 남은 토지(인당 할당 면적이 정해져 있었기에 보호구역 내에 할당되지 않은 잉여토지가 발생한)를 정부가 확보하여 민간에 매각함으로써 이익을 취하고자 하는 동기가 숨어 있었다. 당시 인디언 보호구역 전체 면적의 대략 절반 정도가 잉여토지로 분류되었으며 인구수가 적었던 일부 부족의 경우에는 전체 보호구역의 80-90%가 잉여토지로 처리되었다. 잉여토지는 각 부족 보호구역별로 순차적으로 백인 이주민들에게 제공되었는데, 선착순 방식으로 진행된 인디언 잉여토지를 선점하기 위해 수만 명의 이주민들이 말, 마차, 기차, 자전거 등을 타고 몰려드는 상황이 벌어지기도 했다.

많은 부족들이 해당 제도의 도입을 거부했으나 강압과 회유를 통해 해당 조치는 대부분의 인디언 보호구역에 적용되었고, 개별 인디언에게 할당된 토지조차도 다시 백인들에게 팔려나가는 상황도 벌어졌다. 그 결과 해당 법이 폐기된 1934년까지 인디언 보호구역의 면적은 법 시행 이전 대비 3분의 1로 줄어들게 되었다.

# 미시시피 마운드, 인디언 계급사회의 흔적

; 파버티 포인트(Poverty Point),
에메랄드 마운드(Emerald Mound)

아침에 일어나는 게 힘겨워진다. 취침 시간이 늦어지고 있어서이다. 매일같이 새로운 곳을 방문하고 또 글을 쓴다는 게 정말이지 쉬운 일은 아닌 것 같다. 아내가 얘기한다. 우리가 지금 하고 있는 이 여정도 눈물의 길(Trail of Tears) 같다고.

오늘은 마운드(Mound) 얘기로 시작해야겠다. 마운드는 흙을 쌓아 올린 구조물이다. 북미 지역에서는 선사 시대 원주민들에 의해 건설된 마운드들이 미시시피강 연안의 중부 지역 여러 곳에서 발견되었다. 이들 마운드 중에는 기원전 고대인들에 의해 건축된 것도 있고, 8세기 이후 농경사회를 기반으로 건축된 것도 있다. 오늘은 미시시피강 연안으로 이동하여 이들을 둘러볼 차례이다.

우선 기원전 유적지부터 방문한다. 루이지애나주 미시시피 강변에

유네스코 세계문화유산으로 등재되어 있는 파버티 포인트

있는 파버티 포인트(Poverty Point)는 기원전 1700년경부터 수백 년 동안 고대인들에 의해 건설되었던 유적지이다. 유네스코 세계문화 유산으로 등재되어 있는 곳이기도 하다. 이곳에는 다섯 개의 마운드(mound)와 반원 모양으로 구성된 여섯 줄의 둔덕이 남아 있다. 흙으로 된 구조물인 데다가 수천 년의 세월이 흐른 탓에 얼핏 봐서는 고대 유적인지 구분이 잘 가지 않고, 둔덕의 경우에는 너무 평평해져서 별도의 표시가 없으면 알아보기도 힘든 상황이다.

비지터 센터에 마련된 조그마한 박물관에는 발굴된 유물이 전시되어 있고, 유적들의 구조 및 당시 고대인들의 생활상을 유추할 수 있는 설명들이 있다. 수요일부터 토요일까지 트램을 타고 진행되는 가이드 투어가 있는데, 지금 시각은 12시, 다음 투어 시간은 1시이다. 점심을 해결하면서 기다리면 좋을 텐데 인근에 마땅한 식당을 찾을 수 없었다.

트램투어

며칠 전 샌드 크리크를 방문했을 때와 동일한 상황이다. 어제 저녁으로 주문했다가 남아서 만약을 위해 챙겨 두었던 피자를 꺼내 온다. 간밤에 냉장고에 보관해 두어 차가워진 피자를 입안에 넣는다. 콜라도 없이. Trail of Tears.

가이드 얘기에 의하면, 이곳에 마운드와 둔덕이 건설된 시기는 이집트에서 피라미드가 건설된 시기와 유사하단다. 그런데, 특이한 점은 당시 이곳 미시시피 지역은 농경문화가 보급되기 이전이었다는 것이다. 통상적으로 농경문화가 보급되면서 사람들이 정착 생활을 하고 마을을 이루게 되는데, 이곳에서는 수렵 채집을 하던 사람들이 대규모로 모여 살았다. 이는 아마도 주위에 식량 자원이 워낙 풍부하여 이곳저곳을 돌아다닐 필요가 없어서였을 것이다. 특히 미시시피강의 존재는 풍부한 생선의 확보를 가능하게 해 주었다.

비지터센터에 마련된 파버티 포인트 안내 자료

반원형으로 구성된 둔덕들에서는 많은 양의 유물들이 출토되어 사람들의 주거 활동 지역이었음을 알 수 있는데, 높은 마운드에서는 아무런 유물도 출토되지 않아서, 주거 목적으로 활용되지는 않은 것 같다고 한다. 그렇다고 피라미드처럼 무덤 용도로 활용되지도 않았다(유골이 발견되지도 않았다). 이곳에서 가장 큰 마운드 A 같은 경우는 그 높이가 72피트(22미터)에 이르며, 3-4천 년 전의 원래 높이는 100피트(30미터) 이상이었을 것으로 추정되는데, 이러한 대규모 건축물을 3개월 정도 걸려 완성하였을 것으로 추정한다.

오랜 시간에 걸쳐 흙을 쌓아 올릴 경우 지표면 층층에 식물이 자라거나 그 밖의 다른 흔적들이 남는데, 이곳 마운드 지층에는 그런 것이 발견되지 않아서, 바로바로 흙을 쌓아 올렸을 것으로 본다. 그런데, 당시 고대인들이 흙을 운송하는 수단은 짚이나 가죽으로 만든 바구니밖에

파버티 포인트에서 가장 큰 마운드A - 꼭대기까지 탐사로가 마련되어 있다

없었을 텐데, 이 정도 규모의 마운드를 쌓아 올리기 위해서는 약 1,550만 번을 실어 날라야 할 분량의 흙이 필요하고, 이를 3개월 만에 마치기 위해서는 수천 명 혹은 만 명 이상의 인원이 동원되었을 것으로 추정된다. 고대 수렵채집인들의 사회에서 이와 같은 수의 인원을 동원할 수 있었다는 것은 매우 강력한 통치자가 있었다는 의미가 된다.

그런데 도대체 왜 이런 건축물을 무리해서 남겼을까? 정답은 아무도 모르는데, 가이드 본인은 단순한 과시 목적이 유력하다고 생각한단다. 현대인들이 마천루를 지어 올리듯이, '나는 이렇게 엄청난 걸 지을 힘이 있어'라고.

지금은 형체 분간이 잘 되지 않는 둔덕들도 당시 높이는 4피트(1.2미터) 정도였을 것으로 추정되는데, 그 규모가 꽤 크고 위에서 항공 사진으로 보면 매우 정교하게 줄을 잘 맞추어 건설되어 있어서, 고대인들이 이를 어떻게 건설할 수 있었는가에 대한 의문이 남는 상황이다. 1950년대에 해당 지역을 발굴했던 고고학자는 특이한 모양의 마운드 A와 이들 둔덕을 하늘에서 내려다보면 새가 날개를 편 모양이라는 의견을 내기도 했다.

마침 가이드 투어에 참가한 한 아이가 질문을 한다. "여기 말고 근처에 가까운 문명(civilization)은 어디가 또 있었나요?" 어린아이 같은데 사용하는 어휘며 질문 솜씨가 제법이다. 가이드가 대답한다. "우선 이곳을 문명으로 봐야 하는지는 잘 모르겠다. 문명으로 부르려면 뭔가 조직화된 사회구조가 있어야 할 것 같은데, 이곳은 당시 농사도 짓지 않던 수렵 채집 사회였다. 하여간 미국 지역에서 기원전 수천 년 전에 이와 같은 구조물을 만든 곳은 여기 외에 발견되지 않았다."

과연 문명의 정의는 무엇일까? 자연 그대로의 상태를 벗어나는 것으로 정의한다면, 아무래도 농사가 핵심이 될 듯싶다. 농경을 하면서 정

마운드 유적을 설명해 주는 트램 운전사 겸 가이드

착이 이루어지고 협력이 이루어지면서 부락과 도시가 형성된다. 그런 면에서 보면, 수렵 채집을 영위하는 집단이 이곳처럼 수천 명 규모로 한곳에서 정착 생활을 했다는 건 참 이례적인 일 같다. 세계적으로 전례가 없는 경우라고 가이드가 강조한다.

이제 루지애나주에서 미시시피강을 건너 미시시피주로 향한다. 남부로 내려오면서 넓은 밭의 작물 구성이 변하는 것을 느낀다. 중부 지방에서는 옥수수와 밀이 주로 보였는데, 이곳에는 목화밭이 끝없이 펼쳐져 있다. 예전에는 이 넓은 곳에서 수많은 노예들이 뙤약볕 아래 작물을 가꾸고 있었을 것이다. 지금은 각종 농기계가 여기저기 돌아다니고 있고, 하늘에는 항공기가 저공비행을 하며 무언가를 밭에 뿌리고 있다. 그중 한 대는 어찌나 낮게 날아오는지 우리 차와 부딪치는 줄 알았다. 아내는 조종사가 일부러 장난 삼아 그러는 것 같다고 화를 낸다.

에메랄드 마운드

미시시피에서의 첫 방문지는 에메랄드 마운드(Emerald Mound)이다. 파버티 포인트 마운드가 기원전 수렵 채집인들의 작품이라면, 에메랄드 마운드는 8세기부터 16세기에 걸쳐 미시시피강 연안을 따라 번성했던 미시시피 마운드 문명의 일부이다. 미국의 서남부에서 호호캄, 아나사지 문명이 번성하던 12세기에 미시시피강 유역에서는 마운드 문명이 출현했다. 파버티 포인트 마운드의 용도에 대해서는 아직 오리무중인 반면, 미시시피 유역 마운드의 모습은 역사 기록을 통해 남아 있다. 1539년 플로리다에 상륙해서 미국 동남부 지역을 탐사한 데소토 부대의 기록을 보면, 높은 마운드 위에서 살고 있는 추장이 다스리는 큰 마을들에 대한 설명이 자주 등장한다. 마운드는 지배계급의 주거지, 그리고 종교적 목적의 행사 장소로 사용되었던 것으로 보인다.

토목공사를 위한 도구가 별도로 없었다는 점에서는 기원전 수천 년 전에 지어진 파버티 포인트나 이들 마운드나 크게 다를 바가 없고, 결국 이러한 규모의 토목공사는 중앙집권적인 권력사회가 존재했음을 시사한다. 미시시피강 유역에 거주했던 나체즈(Natchez) 부족이 이러한 마운드 문명의 후예로 여겨지는데, 추장을 태양의 아들로 섬겨 오는 전통이 있었던 이들 부족은 프랑스와의 전쟁 영향으로 인해 노예로 팔리고, 뿔뿔이 흩어져서 오늘날 부족 단위로서의 존립은 사라진 상태다.

에메랄드 마운드는 북미 지역에서는 일리노이주의 카호키아(Cahokia) 마운드에 이어 두 번째로 큰 규모이다. 거대한 규모의 일층 마운드가 있고, 그 위로 여덟 개의 마운드가 추가로 건설되었다고 한다. 현재는 두 개의 마운드만이 모습을 유지하고 있다. 파버티 포인트도 그렇고 에메랄드 마운드도 그렇고, 고고학자들이 이들의 연대를 측정해 내고 유적으로 인정해 주니 관심을 갖고 보게 되지, 그렇지 않으면 그냥 특이한 언덕쯤으로 생각하고 지나칠 만하다. 하지만, 여기에 이야기를 입히면 생생한 장면이 연출된다. 오늘 방문지들은 상상력을 요하는 곳들이다.

오늘은 일찌감치 나체즈(Natchez)에 있는 호텔에 체크인 한다. 동네가 고풍스럽고 깨끗하다. 체크인하던 중 수영장이 눈에 들어오는데, 아무도 없다. 여행 13일 만에 처음으로 수영을 했다. 그간의 피곤이 싹 풀리는 듯하다. 그늘에 누워 파란 하늘을 바라보고 있으니 낙원이 따로 없다.

인근에 평점이 좋은 식당을 찾아 나섰는데, 바로 미시시피강가에 있

미시시피 강변의 석양 - 미시시피주 나체즈

다. 오, 미시시피! 그 유명한 강을 처음 만난다. 가까이서 보니 물살이 장난이 아니다. 데소토의 부대가 미시시피강을 마주했을 때에도 이 급한 물살 때문에 건너는 데 고생했다는 기록이 나오는데 이해가 간다.

여행을 시작한 이래 처음으로 제대로 된 레스토랑에서 식사를 했다. 아내가 음식을 간만에 맛있게 먹는 모습을 보는데, 한편으로 맘이 짠하다. 어떻게 보면, 지난 13일 동안 산타페에서의 하루를 빼면, 우리가 다녔던 곳들은 일반적인 여행자들이 들르는 곳과는 거리가 멀었던 것이 사실이다. 이곳 나체즈는 오늘 방문했던 에메랄드 마운드, 그리고 내일 방문할 나체즈 빌리지 인근이라 그저 하루 묵고 가는 곳으로 생각했는데, 그 성과가 기대 이상이다. 호텔 수영장에서의 여유, 멋진 식사, 그리고 미시시피강의 경치. 마침 석양이 빨갛게 지는 시간이었다. 아내가 얘기한다. "미시시피가 가장 아름다운 곳인 것 같아." 다행이다 싶다.

내일은 이곳 나체즈에 있는 나체즈 부족 마을을 둘러보고, 앨라배마주로 이동하여 마운드빌이라는 유적지를 방문한 뒤 몽고메리라는 곳에서 숙박할 예정이다.

# 태양신을 섬기던 부족의 생생한 기록과 흔적

; 미시시피 나체즈 빌리지
그리고 앨라배마 마운드빌

나체즈 빌리지 재현도

나체즈 그랜드 빌리지(Grand Village of Natchez)는 나체즈 시내에서 10분 거리에 있다. 주택가 근처에 공원으로 꾸며져 있고, 그 안에 조그마한 박물관이 있다. 입장료는 따로 없고 대신 방명록에 기재를 해 달란다. 국가별 또는 미국 각 주별 방문객 숫자가 정리되어 있다. 중국, 일본, 대만

나체즈 빌리지 입구

은 있는데, 한국은 없다. 우리가 첫발을 끊는 건가?

나체즈 부족은 기존에 우리가 방문했던 다른 미국 인디언 부족들과는 좀 다른 특징을 지닌다. 이 부족은 미시시피 마운드 문명의 직접적인 후손들로 여겨진다. 대규모 노동력이 투입되는 거대한 마운드를 건설했다는 점은 강력한 중앙집권적 권력이 존재했다는 것인데, 이는 미시시피강 유역과 미국 동남부에 거주했던 5개 부족(크리크, 촉토, 치카소, 체로키, 세미놀)의 분권적이고 수평적인 정치체계와는 차이가 난다.

오대호 연안을 따라 식민지를 건설한 프랑스는 1700년대 초에 미시시피강을 따라 남하하여 멕시코만에 이르게 된다. 이 과정에서 미시시피강 연안에 살던 나체즈족을 만나게 되는데, 당시 이 부족은 수도를 에메랄드 마운드로부터 지금의 나체즈 그랜드 빌리지 인근으로 옮긴 상황이었다. 초기에 프랑스와 나체즈족은 원만한 관계를 유지했고 부족 마

나체즈 빌리지에 남아 있는 마운드 유적

을 인근에 프랑스 요새도 건설하게 된다. 당시 이 부족의 생활상이 프랑스인들의 기록에 자세하게 나와 있는데, 마운드 문명을 유지하고 있던 부족으로서는 유일한 사례이다. 어쩌면 프랑스와 나체즈족의 이 만남이 없었더라면 우리는 마운드 주거지에서의 인디언들의 생활상을 전적으로 상상에만 의존해야 했을 것이다.

나체즈 그랜드 빌리지에는 두 개의 커다란 마운드가 있는데, 하나는 대추장의 주거지로 사용되었고, 또 하나는 종교적 의식이 거행되는 곳이었다(세 번째 마운드도 있는데 이는 그 이전에 사용되었던 작은 사이즈다). 부족민들은 인근 지역에 가족 단위로 마을을 이루어 살았고, 그랜드 빌리지에는 대추장의 가족과 귀족계급들이 거주하였다. 나체즈족의 경우에도 다른 인디언들처럼 모계 승계가 이루어졌는데, 왕족 혈통인 태양가문의 최고 여인의 아들이 왕(대추장)의 자리를 받게 된다.

프랑스인들이 나체즈족과 좋은 관계를 유지하던 시기에 프랑스인들은 이들의 큰 행사를 목격하게 되는데, 바로 대추장의 장례식이었다. 당시 이들 부족은 순장 풍습이 있어서 대추장이 죽으면 그 배우자와 시종들도 함께 죽여서 묻어 대추장의 사후세계를 보살피게 했다. 가만 생각해 보니, 이런 시스템에서 대추장에게 시집가는 일은 득보다 실이 훨씬 많을 듯하다. 대추장과 함께 죽어야 하는 것도 그렇고, 대추장과 결혼한다고 해서 자신의 자식이 대추장이 되는 것도 아니니 말이다. 물론 이는 고도의 정치적 경제적 이해관계가 종합된 집안의 결정이었고 당사자는 그저 받아들여야 할 숙명이었으리라. 어찌 되었건, 순장이라는 풍습은 권력자가 자신의 배우자나 시종들이 권력자의 무사안위를 위해 몸 바쳐 헌신하도록 만드는 데에는 최고의 제도가 아닐까 생각해 본다.

이러한 프랑스와의 좋은 관계는 그리 오래가지 못했는데, 이 지역에 부임한 새로운 총독이 나체즈족 땅을 강탈한 것이 그 계기가 되었다. 당시 프랑스인들은 이 지역에서 담배 플랜테이션을 시작했고, 서인도 제도에서 흑인 노예들까지 수입해서 사업을 크게 확장하고자 했다. 이들은 플랜테이션 확장을 위해 나체즈족에게 마을을 비울 것을 요구하고, 이에 분노한 부족민들은 1729년 11월에 프랑스 요새를 기습 공격하여 2백여 명의 프랑스인을 살해하고 또 50명의 여성들과 300명의 흑인 노예를 포로로 잡아간다.

이에 대한 보복으로 프랑스는 군대를 파견하고, 또한 자신들과 동맹 관계에 있는 촉토족을 동원하여 나체즈족 절멸작전을 전개한다. 1년여 동안 진행된 이 전쟁은 프랑스군이 나체즈족 요새를 포위하여 결국 항복을 받아 내면서 마무리되고, 프랑스군은 500명의 나체즈족 포로들을 서인도 제도로 보내 노예로 팔아 버린다. 일부 나체즈족이 이 과정에서 도망쳤지만, 강력한 중앙집권 체제가 붕괴된 후 이들 부족은 더 이상 독립적인 부족으로 건재하지 못하고, 촉토족과 대립 관계에 있던 치카소, 크리크 부족으로 흡수되고 만다.

이곳 나체즈 빌리지도 잔디로 덮여 있는 마운드 외에는 아무것도 없다. 그래도 Le Page du Pratz라는 프랑스인이 당시 나체즈족 생활상을 묘사한 그림들이 박물관에 많이 소개되어 있어 도움이 된다. 그림을 잘 그려서인지 원주민들의 모습이 순수하고 아름답게 느껴진다.

평화의 담뱃대 행진의식, Le Page du Platz의 그림(1758)

태양신의 행차

농사짓는 모습

자동차를 많이 타는 관계로 기회가 되면 운동을 하고 싶어진다. 어제 파버티 포인트에서 너른 잔디밭을 겅중겅중 달리던 사슴들을 떠올리며 공원을 좀 달렸더니, 아내가 얘기한다. 내가 달리는 모습을 보면서 내게 붙여 줄 인디언 이름이 떠올랐단다. 'Crazy Deer'. 내가 그럴듯하게 사슴 뛰는 흉내를 냈나 보다. 두 발로….

박물관 자료에 의하면, 1521년에 미시시피강 유역을 탐사했던 데소토도 나체즈족을 접촉한 적이 있다고 한다. 데소토 탐사 기록의 한 장면을 소개한다. 데소토가 미시시피강 너머에 강력한 인디언 마을이 있음을 확인하고 "여기에 태양의 아들이 왔으니 부족의 추장은 마중 나와서 예를 갖추라."라고 전령을 보낸다. 그러자, "네가 태양의 아들이면 이 강을 한번 말려 보거라. 그럼 내가 믿으마. 그리고 다른 사람들이 찾아와서 내게 예를 갖춘 적은 있어도 내가 누군가에게 인사를 하러 나가는 일은 없었다."라며 그 마을의 추장이 일언지하에 거절하여 데소토와 스페인군에게 망신을 준다. 그 추장이 바로 나체즈족 추장이라는 것이다.

당시 데소토는 다른 인디언들과의 전투에서 전력 소모가 심했던 상황이라 이런 수모를 받고도 응징을 하지 못했었다. 나체즈의 위치는 내가 이제껏 이해하고 있던 데소토가 방문했던 지역보다 훨씬 더 미시시피강 하류 쪽에 위치하고 있기에 이들이 만났다는 점은 조금 의아하기는 하다. 하여간 데소토 얘기는 담에 더 자세히 다루기로 한다.

이제 앨라배마주로 들어가서 마운드빌(Moundville Archaeology Park)을 찾아간다. 앨라배마주 초입 간판이 'Welcome to Sweet Home Alabama'이다. 그렇지 않아도 내 추억 속에서 앨라배마주를 소환하고 있던 중이었다.

"멀고 먼 앨라배마 나의 고향은 그곳, 벤조를 매고 나는 너를 찾아왔노라. 떠나온 고향 하늘 가에 구름은 일어, 비끼는 저녁 햇살 그윽하게 비치네. 오 수재너야 노래 부르자. 멀고 먼 앨라배마 나의 고향은 그곳."

학교 다닐 때 배웠던 미국 가곡인데, 신기하게도 가사가 대부분 생각난다. 일부 소환되지 않는 가사는 아내의 도움으로 채워 넣은 뒤 신나게 노래를 부르며 앨라배마에 입성했다.

그런데, 왜 Sweet Home이라고 하는 걸까? 〈Oh Susanna〉 노래 영어 가사에도 Sweet Home은 안 나오는데…. 궁금해하니, 아내가 검색한 결과를 알려 준다. 인기있던 록그룹의 노래 중 〈Sweet Home Alabama〉가 유명했었다고. 한번 들어 보니, 귀에 익숙한 노래이다.

네바다, 애리조나, 뉴멕시코, 유타, 콜로라도, 캔자스, 오클라호마, 루이지애나, 미시시피, 앨라배마. 세어 보니, 이제 여행에서 열 번째

마운드빌 유적지 입구 - 앨라배마주

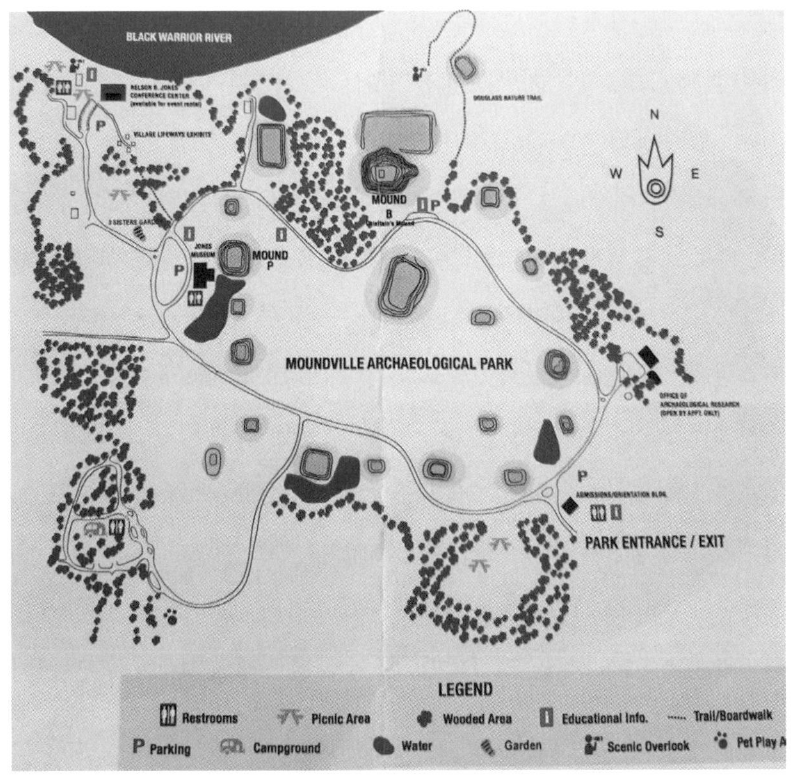


마운드빌의 마운드 배치도

주로 진입한다. 참 많이도 다녔다.

마운드빌은 앨라배마 주립대학에서 관리하고 있고 박물관도 운영한다. 파버티포인트의 경우 너무 오랜 시간이 지나 대부분 둔덕 형체를 알아보기 힘들고, 에메랄드 마운드는 산속에 달랑 하나, 나체즈 마을에는 3개의 마운드가 있는 데 비하여, 이곳에는 넓은 지역에 걸쳐 자그마치 28개의 마운드가 있다. 이 지역의 마운드들은 대략 1100년대부터 1200년대까지 건축되고 1400년대에 버려진 것으로 추정된다. 공원으로 입장하니 이제껏 방문했던 마운드 유적지보다 그 규모 면에서 압도적이다.

박물관에 들어가니 이곳에 거주했던 사람들에 대한 소개가 되어 있다. 그런데 재미있는 건, 1540년에 데소토가 이 지역을 방문했을 때 이미 이들 마운드들은 버려져 있었다는 것이다. 따라서 나체즈 마을과 달리, 이곳의 생활상은 발굴된 유물에 근거하여 전적으로 상상에 의존할 수밖에 없다. 그런 면에서, 이곳 박물관에 당시 주민들의 생활상을 너무나 생생하게 묘사하고 있는 것은 도리어 억지스런 느낌이 있다.

마운드들의 크기는 제각각인데, 아마도 부족 내에서의 사회적 지위에 따라 결정되었을 것으로 본다. 이곳의 일부 마운드들(주로 작은 마운드들)은 매장지로도 사용되었는데, 원래 의도가 그러했던 것인지, 아니면 이곳이 버려진 이후에 다른 인디언들이 그렇게 사용했는지는 확실치 않

박물관 내에 재현되어 있는 추장 행차 장면

다. 고고학 조사 결과로 보면, 이들 마운드들은 나름대로 전체적인 배치에 대한 기본 설계가 된 상태에서 건축된 것으로 보이며, 이들 마운드들을 둘러싸고 목책이 둘러져 있었던 것으로 보인다. 그리고 목책 내부의 인구는 1천여 명, 인근 마을까지 합치면 대략 1만 명 정도가 거주하는 도시가 형성되었을 것으로 보이는데, 이는 당시 북미에서 일리노이주 카호키아 다음으로 큰 규모의 도시였음을 의미한다.

제일 높은 마운드에 올라 경치를 조망하며 다시 상상력을 소환해 본다. 나체즈 마을의 그림과 이곳 박물관 전시물을 잘 섞으면 생생한 모습의 구현이 가능하다. 마운드 위에 어떤 용도인지 모를 작은 건물이 하나 지어져 있는데, 너무 대충이다. 심지어 콘크리트가 사용되고 지붕

마운드빌에서 가장 높은 마운드B

은 철판으로 보인다. 이럴 바에는 아예 없는 편이 더 나을 듯하다. 도리어 상상력 소환에 장애물만 된다. 대학에서 운영한다고 해서 나름 기대가 컸었는데…. 어제와 오늘에 걸쳐 마운드가 있는 유적지 네 곳을 방문한 셈인데, 이곳은 기대에 비해, 그리고 그 규모에 비해 실망이 큰 곳이다.

박물관 안내인의 말로는, 이 인근 지역에 거주하던 크리크, 촉토, 체로키 등 여러 부족이 모두 자신들의 선조가 이 마운드의 주인이었다고 주장하고 있단다. 이를 해결하는 한 가지 방법은 이곳에서 출토된 유골과 이들 부족의 DNA를 대조하는 방법일 텐데, 이 방법은 부족들의 반대로 실시되지 않았다고 한다. 이런 부분은 상상의 영역으로 남겨 두는

마운드B에서 내려다보이는 전경

것도 좋을 듯하다.

오늘 숙박지인 몽고메리(Montgomery)에서 우리가 한식을 제대로 먹게 될 줄은 몰랐다. 단지 다음 행선지인 플로리다로 가는 길에 있는 큰 도시라 이곳에 숙소를 잡았을 뿐인데, 알고 보니 이곳은 앨라배마주의 주도이고 현대자동차 미국 공장이 있는 곳이기도 하다. 가는 길에 아내가 이런 내용을 검색해서 알려 주길래, 그럼 한국 식당도 제대로 있겠네 했더니, 정말 그렇다. 소공동 순두부에서 제대로 된 한국 음식을 잘 먹었다. Serendipity! 기대하지 않았던 뜻밖의 발견. 아내가 숙소를 잡을 때 그런 조사도 안 했냐길래 대답한다. "난 인디언 관련 내용만 조사해."

이제부터 당분간 먹는 걸로 고생하는 일은 없을 듯하다. 나름 문명세계로 진입한 느낌이다. 여기부터 플로리다를 거쳐 뉴잉글랜드로 들어가는 여정은 인구가 밀집된 지역이다.

어제와 오늘에 걸쳐 상상력을 발휘하는 여행을 진행했다. 내일은 플로리다를 향해 가는 날이다. 그냥 하루 종일 가.기.만 한다. 512마일(824킬로미터)을 가는 여정에 어떤 Serendipity를 만날지 기대하면서. 도착지는 브레이든턴(Bradenton). 이곳은 이전에 몇 번 언급한 적 있는 데소토가 1539년에 상륙했던 곳이다. 그동안 데소토 얘기를 하지 못해 근질거렸다. 이제 코로나도와 동시대의 스페인 탐험가 데소토 얘기를 할 차례다.

# 장거리 이동,
# 조지아를 거쳐 플로리다로

; 콜럼버스 어디까지 알고 있지?
두 번째 이야기

아침 10시에 호텔을 출발해서 이곳 플로리다주 시간 오후 8시에 브레이든턴(Bradenton)에 도착했다. 출발지인 앨라배마주보다 시간대가 한 시간 빠르므로 9시간을 이동한 셈이다. 점심시간 한 시간 정도를 제외하면 8시간을 차에 있었다. 나는 차를 오래 타는 것에 어느 정도 면역력이 있는 것 같다. 여행을 좋아하시는 아버지를 따라서 어린 시절부터 차를 많이 타고 다녔기 때문인지도 모른다. 장시간 운전도 다른 사람들만큼 힘들어하지 않아서 다소 무리한 일정의 이번 여행도 추진할 수 있었다.

그런데 아내가 힘들어 보여 걱정이다. 원래 계획할 때는 중간중간에 유명한 관광지나 대도시도 경유하는 '즐기고 공부하는 여행'을 생각했었는데, 일정을 단축하는 과정에서 인디언 중심의 여정이 짜이고 말았

플로리다주로 진입

다. 동반자에 대한 고려가 조금 부족한 것은 아니었을까 되돌아보게 된다. 내일 모레 플로리다를 떠나 북쪽으로 올라가는 일정도 차를 오래 타야 하는 상황이다. 어쨌건, 31일까지 워싱턴 DC에 도착하고 나면, 그때부터는 조금 여유 있는 일정이 기다리고 있다.

이제껏 우리는 동쪽으로 이동해 왔다. 동쪽으로 이동하는 것은 장점과 단점이 하나씩 있는 듯하다. 주로 오후에 이동하는 시간이 많은데, 해가 서쪽에 있기에 운전이 편안한 것이 장점이다. 단점은 시간대가 바뀌면서 시간을 잃게 된다는 것이다. 여행을 시작했던 애리조나주와 지금 이곳 플로리다주는 3시간 차이가 난다. 동부 시간이 더 빠르므로, 지금껏 세 시간을 잃은 셈이다. 바쁜 일정으로 움직이는 상황에서 오늘처럼 시간이 한 시간 앞당겨지면 일정이 더 촉박해진다. 처음 여행 계획을 짤 때 미처 고려하지 못했던 변수였다. 두 주 후 서쪽으로 이동을 시작하게 되면, 상황이 바뀌게 된다. 시간을 벌고, 대신 지는 해를 마주하며 운전해야 한다.

오는 도중에 조지아주를 통과했는데, 올버니(Albany)라는 곳에서 점심을 먹고 바로 플로리다주로 넘어왔다. 열한 번째 주를 거쳐 열두 번째 주로 넘어온 셈인데, 아칸소주에서는 잠만 잤고, 조지아주에서는 점심만 먹었으니 이들을 카운트해야 하는지 모르겠다.

오늘은 다른 방문지가 없으므로 보충 수업 시간이다. 'Day 9'에서 시작했던 콜럼버스 이야기를 계속해 볼까 한다.

히스파뇰라섬(La Hispanola)에 도착한 콜럼버스 일행은 크리스마스 이브에 뜻밖의 사고를 당한다. 함대의 기함 격인 산타마리아호가 조류에 밀려 산호초에 좌초를 하고 만 것이다. 콜럼버스는 결국 산타마리아호를 포기해야 했고, 섬의 원주민들은 카누를 타고 나와 산타마리아호의 짐을 다른 배로 옮겨 싣는 것을 도와주었다. 콜럼버스는 이 사건을 '이곳에 머물라는 신의 계시'로 받아들였다. 그는 산타마리아호의 목재를 이용해 그곳에 작은 요새를 건설했는데, 크리스마스에 건설이 이루어졌기 때문에 이 요새는 Villa de la Navidad(성탄마을)라고 불렸다. 콜럼버스는 39명의 선원들에게 1년을 버틸 충분한 양의 식량과 씨앗종자를 주어 이곳에 남겼다.

콜럼버스는 이들에게 원주민들을 공격하거나 모욕 주는 일(특히 여자들에게)을 하지 말고, 한데 모여 지낼 것을 당부한 뒤 나머지 선원들과 다시 출항했다. 원래 그는 카리브(Carib)라 불리는 부족이 사는 섬을 찾을 계획이었으나, 오랜 항해에 지친 선원들이 고분고분하지 않은 상황이

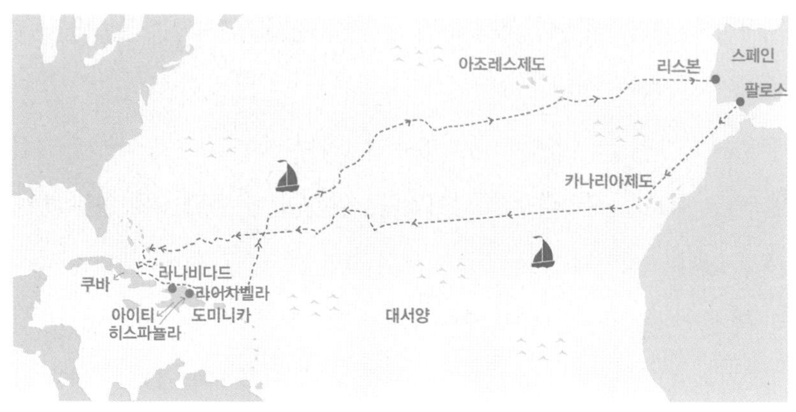


콜럼버스의 항해 경로

되자, 스페인으로 돌아가게 된다. 돌아가는 도중 아조레스제도 인근에서 강력한 폭풍을 만나 배가 침몰 위기에 처하는 상황을 맞이했고, 콜럼버스는 자신의 신대륙 발견 소식이 스페인에 도달하지 못할 것을 우려해서 자신의 항해를 기록한 문서에 기름을 먹여 배 밖으로 던지기도 했다. 그리고 천신만고 끝에 1493년 3월 15일 마침내 스페인으로 돌아온다. 1492년 8월 출항 후 32주 만의 귀환이었다.

콜럼버스는 이제 유럽 대륙에서 제일 유명한 스타가 되었다. 그는 자신이 신대륙 발견의 증표로 데려온 인디언 원주민 그리고 앵무새 같은 희귀한 것들과 함께 바르셀로나에서 왕궁까지 개선 행진도 했다. 이 성공으로 스페인 왕실로부터 귀족 작위를 받았고 추가 프로젝트를 승인받았다. 콜럼버스가 발견한 히스파뇰라(Hispanola)에 대한 스페인 왕실의 관심사는 두 가지였다. 새로운 자원 확보와 원주민들의 기독교화. 당시 스페인은 이베리아반도에 있던 이슬람 세력을 몰아낸 직후였고, 십자군 전쟁의 주요 후원자가 될 정도로 가톨릭 선교에 열성적이었다. 콜럼버스는 히스파뇰라에서 확보하는 자원의 8분의 1에 대한 권리를 보장받았다.

1493년에 콜럼버스는 다시 히스파뇰라로 향한다. 1년 전에는 세 척의 배와 90명의 선원이었는데 이번에는 17척의 배와 1,200명의 일행이 함께했다. 여기에는 신세계에서 부와 모험을 추구하는 수백 명의 귀족들과 말, 양, 소와 같은 가축도 포함되었다. 사상 최대 규모의 식민지 개척대가 출발한 것이다.

그런데 1년 전 39명의 선원을 남겨 두었던 나비다드(La Navidad) 요새에 도착해 보니, 그곳은 폐허로 변해 있었고 시신들은 부패한 채 해변에 널려 있었다. 콜럼버스는 스페인까지 함께 동행하고 다녔던 원주민을 통해, 요새에 있던 스페인인들이 여자들을 붙잡아 가면서 원주민들의 분노를 샀고, 마침내 카오나보(Caonabo)라고 하는 추장의 지도하에 원주민들이 스페인인들을 공격했다는 것을 알게 되었다.

콜럼버스는 나비다드를 포기하고 히스파뇰라섬 동쪽의 해안을 선정하여 새로운 정착지를 건설한 뒤, 스페인 여왕을 기리는 뜻으로 라이사벨라(La Isabela)라고 이름 지었다. 그리고 내륙으로 정찰대를 파견했는데, 이들은 내륙의 개울 바닥에서 금을 발견하게 된다. 그리고 이제 문제가 시작된다. 해외에 개척한 식민지의 성공 여부는 그 지도자의 관리 역량에 절대적으로 의존한다. 그런데 콜럼버스는 무모한 탐험가였지 합리적인 행정가는 아니었다.

스페인인들은 내륙으로 진출하여 금광을 찾아 나서지만, 어디에서도 금광은 발견되지 않았다. 실상 이곳에는 개울에 소량으로 존재하는 사금 정도가 전부였던 것이고, 원주민들이 가지고 있던 금붙이는 여러 세대에 걸쳐 조금씩 채취하고 모아 온 것에 불과했다. 콜럼버스는 금을 얻기 위해 원주민들에게 일정량을 할당하여 바치도록 강요했다. 원주민들이 이를 맞추지 못하면 이들은 다른 물품을 만들어 바쳐야 했다.

원주민들에 대한 착취는 이뿐만이 아니었다. 스페인인들은 사소한 일들을 가지고 원주민들을 고문하고 살해하였으며, 식량을 약탈하고, 여자들을 겁탈했다. 이러한 상황에서 콜럼버스는 이제 막 개척한 히스파뇰라섬 및 라이사벨라의 관리에는 그다지 관심을 보이지 않고, 자신의 동생 디에고에게 히스파뇰라의 관리책임을 맡긴 뒤 새로운 땅에 대한 탐사에 나선다. 그가 없는 동안 히스파뇰라의 상황은 더 나빠지고 농사 실패로 인한 식량 부족과 질병으로 시달리게 된다.

여기에 상황을 더욱 악화시킨 것은, 콜럼버스가 원주민들을 상품화하여 노예로 팔기 위해 대량으로 스페인에 실어 나른 것이었다. 이들 중 많은 수가 항해 중 혹은 스페인 도착 후 사망했는데, 병균에 대한 면역력이 없어서였던 것으로 보인다. 하지만 당시 스페인 왕실은 이들 원주민들을 전도와 교화의 대상으로 여겼기에, 원주민들을 노예 상품화하는 콜럼버스의 행동은 왕실을 불편하게 했다.

지도자에 대한 히스파뇰라 주민들의 원성, 약속했던 자원 확보의 실패, 원주민에 대한 비인간적인 착취 및 노예화와 같은 사건들로 인해 콜럼버스에 대한 신임이 떨어져 있던 상황에서, 추가적인 두 차례의 항해마저 별다른 결실을 가져오지 못하게 되자, 결국 스페인 왕실은 서인도 제도에 대해 콜럼버스에게 부여했던 모든 특권을 몰수한다. 이후 콜럼버스는 스페인 왕실의 재신임을 얻기 위해 지속적으로 노력하지만 무위에 그치고, 결국 재산과 명예를 모두 잃은 채 1506년 스페인에서 쓸쓸히 사망한다.

한때 세계적 대스타였던 콜럼버스의 말년은 참으로 불행했다고 볼 수 있다. 하지만, 신대륙 발견자로서 그는 지금까지도 세계에서 가장 유명한 위인 중의 하나로 거론되고 있으니 성공적인 인생이라고 볼 수 있을까? 콜럼버스를 생각하면 두 가지 생각이 든다. 하나는, 운이 좋아 성공하는 경우에는 오래가기 힘들다는 것이다. 앞서 'Day 9'에서 언급했듯이, 콜럼버스의 신대륙 발견은 매우 무모한 시도가 운이 좋아 성공한 것이다. 이를 실력이나 역량 때문으로 착각하게 되면 낭패를 보게 된다. 운이 좋았기 때문임을 인정할 때 비로소 또 다른 성공을 준비할 수 있지 않을까.

또 한 가지 생각은, 사람은 자신이 잘할 수 있는 것을 찾아 그 일에 매진하는 것이 중요하다는 것이다. 탐험가였던 콜럼버스가 관리와 행정의 책임을 맡는 순간 불행이 시작된 것이 아니었을까?

이렇게 서인도제도에서 콜럼버스의 사업은 실패했지만, 스페인은 이곳을 거점으로 활발한 탐사, 정복 활동을 벌이는데, 결국 멕시코의 아즈텍과 페루의 잉카제국을 정복하여 엄청난 부를 획득하고 유럽의 최강국으로 등극하게 된다.

피사로(Pizarro)가 잉카제국을 정복할 때, 선두에 서서 활약했던 한 젊은이가 있었다. 그는 10대의 나이에 스페인을 떠나 서인도 제도로 가서 파나마 등지에서 인디언과의 전투로 실력을 인정받아 잉카정복에서 큰 역할을 맡게 되었는데, 그 성공으로 꽤 많은 부를 축적하게 된다. 그리고 그는 이 재산을 밑천 삼아 플로리다 정복에 나선다. 그의 이름은 에르난도 데소토(Hernando de Soto)이다.

우리는 내일 그가 상륙한 곳을 찾아간다. 그리고 플로리다 동쪽 해안에 있는 세인트오거스틴(St. Augustine)으로 이동할 것이다.

아, 한 가지 더. 콜럼버스의 서인도 제도 발견 후 스페인은 이 지역에 식민지를 개척하면서, 타이노(Taino)라 불리던 서인도 제도의 원주민들을 모두 노예로 만들었고, 이들은 채 백 년도 되지 않아 대부분의 섬에서 멸종하고 만다. 스페인이 자행한 전쟁, 가혹 행위, 과도한 강제노동, 새로 전파된 질병, 토착 농작물의 유실로 인한 굶주림 등이 복합적으로 작용한 결과이다. 그리고 스페인은 이 지역의 플랜테이션을 유지, 확장시키기 위해 아프리카로부터 300년에 걸쳐 1천2백만에 이르는 노예를 들여와서 멸종된 원주민의 노동력을 대체해 나간다. 유럽인들은 불과 300년이라는 짧은 시간 동안 북미 대륙에서는 원주민들을 몰아내고 땅을 차지했고, 서인도 제도에서는 원주민들을 멸종시키고 아프리카인들로 대체시키는 새 역사를 만들어 냈다.

# 데소토, 제2의 잉카제국을 찾아 나서다

; 데소토의 스페인 탐사대가 도착했던 플로리다 브레이든턴(Bradenton)

우리가 어제 묵었던 호텔은 Legacy Hotel at IMG Academy이다. 브레이든턴(Bradenton)의 호텔 중 투숙객들의 평점이 높고 가격이 합리적이라 선택한 곳이었는데, 알고 보니 IMG 아카데미라고 세계적인 스포츠 교육기관의 캠퍼스 안에 있는 호텔이다. 로비에는 익숙한 스포츠 선수들 사진도 붙어 있다.

먼 길을 달려 플로리다로 온 건 데소토(De Soto)의 상륙지와 세인트 오거스틴(St. Augustine)을 방문하기 위해서이다. 이 두 장소는 스페인이 미국땅을 개척하는 과정과 관련이 있다.

먼저 이곳 브레이든턴에 있는 데소토 기념지(De Soto National Memorial)부터 방문한다. 국립공원서비스에서 운영하는 작은 박물관이 있고, 해변 수목인 맹그로브(Mangrove)가 우거진 해변가로는 트레일이 조성되어 있

데소토 상륙 기념지 입구

다. 박물관에서 약 20분가량 영화를 상영하는데, 4년간 진행된 데소토의 원정 여정을 나름 알차게 설명해 주고 있다. 아직 아침 10시인데도, 트레일을 따라 걷는데 온몸에 땀이 밴다. 덥고 습하다 보니 이전에 남서부 지역을 여행하던 때와는 느낌이 다르다.

갑자기, '멕시코 및 미국 남서부의 뜨겁고 건조한 사막과 중서부의 끝없는 초원지대를 떠돌았던 코로나도와 무덥고 습한 동남부 늪지대를 행군하는 데소토 중 누가 더 힘들었을까?' 하는 생각을 해 본다. 어느 하나 만만치 않은 도전이다.

그동안 당일의 방문지에 맞춰 이야기를 진행해 왔는데, 그러다 보니 시간 순서가 좀 혼동된다고 아내가 얘기한다. 옆에서 계속 얘기를 듣는 본인도 그러는데, 블로그 독자들은 더 어려울 수 있을 것 같단다. 그래서 간단하게 유럽인들의 아메리카 대륙 진출에 대한 주요 사실을 시간

데소토 상륙 기념지

순으로 정리해 봤다.

- *1492 콜럼버스, 서인도 제도 발견(바하마, 쿠바, 히스파뇰라), La Navidad 건설*
- *1513 후안 폰세데레온(Juan Ponce de Leon, 스페인), 플로리다 동해안 탐사(공식 기록상 유럽인 최초의 미국 발견)*
- *1519-1522 마젤란(포르투갈), 세계일주*
- *1519-1523 코르테즈(스페인), 멕시코의 아즈텍 제국 정복*
- *1521 폰세데레온의 플로리다 진출 실패*
- *1525-1527 피사로(스페인), 페루의 잉카제국 정복*
- *1528 나르바에즈(Panfilo de Narvaez, 스페인), 플로리다 서해안 탐사*
- *1539-1543 데소토(Hernando de Soto, 스페인), 플로리다 상륙. 미국 동*

*남부 탐사*

- *1540－1542 코로나도(스페인), 미국 남서부 탐사*
- *1564 로도니에(Rene de Laudonniere, 프랑스), 플로리다 북쪽 동해안 Fort Caroline 식민지 건설*
- *1565 메넨데즈(Pedro Menendez de Aviles, 스페인), 플로리다에 St. Augustine 기지 건설.*
  *Fort Caroline의 프랑스인 공격*
- *1585 월터 롤리(Walter Releigh, 영국), 로어노크섬(Roanoke Island)에 식민지 건설*
- *1588 스페인 함대 영국 공격*
- *1607 영국, 버지니아에 제임스타운 식민지 건설*
- *1620 메이플라워호 청교도들 플리머스 상륙*

'콜럼버스가 미 대륙을 발견하고, 그 소식에 종교의 자유를 찾아 청교도들이 미국 땅으로 이주해서 오늘날 미국의 역사가 시작되었다.'라고 생각하는 사람들이 많은 듯하다. 하지만, 위에서 보듯이 콜럼버스는 서인도 제도를 발견했고, 이곳을 거점으로 여러 스페인 탐험가와 정복자들이 아메리카 대륙의 원주민 문명을 파괴하고 정복해 나가게 된다. 메이플라워호가 뉴잉글랜드 지방에 상륙했을 때는, 폰세데레온이 미국 플로리다를 발견한 지 107년 후, 코로나도와 데소토가 미국을 탐사한 지 80년이 지난 후이고, 스페인과 프랑스가 플로리다에 식민지를 건설한 지 55년 후이며, 심지어 영국인들이 로어노크와 버지니아에 식민지를 건설한 지 수십 년이 지난 후였다.

콜럼버스와 코로나도 얘기는 이전에 다루었고, 이제는 데소토로 넘어간다. 위의 연대기에 나와 있는 프랑스, 스페인 그리고 영국의 식민지들은 향후 일정에서 다룰 예정이다.

어제 잠시 언급했듯이 데소토는 어린 나이에 서인도 제도로 건너와 원주민과의 전투를 통해 경험과 명성을 쌓았고, 피사로의 잉카 원정에서 큰 공헌을 세워 재산도 많이 축적했다. 그리고 그는 이제 자신의 전 재산을 걸고 자기 사업에 도전한다. 바로 플로리다 원정이었다.

당시 플로리다는 위험천만한 곳이었다. 폰세데레온이 1513년 플로리다의 동해안을 탐사하고 이곳을 라 플로리다(La Florida)로 명명했는데, 이후 1521년에 그는 이곳을 식민지화하기 위해 다시 방문했다가 원주민의 화살에 맞아 사망하고 만다. 그리고 1528년에는 나르바에즈(Panfilo de Narvaez)가 플로리다 서해안 탬파베이 인근에 상륙한다. 하지만 그의 원정도 원주민들의 공격으로 인해 실패하고, 그의 부대는 임시방편으로 만든 보트를 통해 미국 남부 해안을 따라 멕시코로 돌아가려 했다. 그러나 미시시피강 하구에서 난파하여 대다수가 사망하고 극소수의 생존자만이 8년간 미 대륙의 인디언 마을들을 전전한 끝에 1536년 멕시코로 귀환한다. 이 생존자들이 미 대륙 어느 곳엔가 금이 있다고 전하면서 코로나도와 데소토의 원정이 시작되었던 것이다.

데소토는 자신의 전 재산을 털어 대규모 원정대를 조직했는데, 622명의 군인들과 기타 수행원, 200마리의 말 그리고 돼지와 공격견들이 포함되어 있었다. 데소토 함대가 탬파만(Tampa Bay)의 브레이든턴 인근에

데소토 기념지에 전시되어 있는 데소토 부대 상륙 재현도

상륙했을 때 한 무리의 인디언 전사들과 마주치게 되고, 스페인군이 공격하려 하자 무리 중 한 명이 스페인말로 소리쳤다. 그는 오르테즈(Juan Ortez)라는 자로, 11년전 나르바에즈 원정대로 플로리다로 왔다가 인디언들에게 붙잡혀 지내던 중, 인근에 스페인 배가 도착했다는 소식을 듣고 찾아 나선 길이었다. 인디언들의 문화와 언어를 배운 오르테즈의 참여는 데소토 원정에 큰 도움이 된다.

데소토는 이전의 중남미 원정 경험을 통해 원주민들을 무자비하게 대하는 것에 익숙해 있었다. 그는 원주민 마을의 식량을 약탈하고 인원을 대규모로 징발하여 짐꾼으로 활용함으로써 보급품의 조달과 운송 문제를 효과적으로 해결했다. 원주민 짐꾼들 목에 체인을 묶은 채로 끌고 다녔는데, 이들이 지치면 버리고 다른 인원으로 대체했다. 도망치려 하다가 잡힌 원주민은 불에 태워 죽이거나 공격견들의 먹잇감으로 사용함으로써 원주민들에게 극도의 공포감을 주어 도망칠 엄두를 내지 못하게 했다.

같은 시기에 남서부로 진출한 코로나도의 경우에도 잔혹 행위가 있었지만, 데소토처럼 무자비하고 일상적으로 행해지진 않았다. 이는 두 인물의 성격상 차이일 수도 있고, 코로나도 원정은 멕시코 총독이 후원하는 공식적인 성격이 강했던 반면, 데소토 원정은 전적으로 자신이 투자한 프로젝트였기 때문에 다른 눈치를 볼 필요가 없었기 때문일 수도 있다.

이러한 데소토의 정복 방식은 당시 미국 남동부 지방 원주민 사회에 치명적인 타격을 주게 된다. 데소토는 보물, 식량과 노예 확보를 목적으로, 가는 길의 주요 원주민 마을을 직접적으로 공격하며 진출했는데, 이로 인해 그 지역의 원주민 마을들이 모두 황폐화된 것이다. 유럽인들과의 접촉으로 인한 전염병, 식량 부족 그리고 젊은 인력들이 사라지게 됨으로 인해 데소토 진출 경로상의 원주민 사회들은 존속의 기로에 서게 된다.

플로리다 서해안을 따라 북상한 데소토는 오늘날 탈라하시(Tallahassee) 인근에서 겨울을 보내게 된다. 원래 그는 해안선을 따라 계속 진행하여 쿠바로부터 오는 보급선의 지원을 받을 계획이었다. 그런데 먼 지방 출신의 원주민 노예로부터 여왕이 다스리는 귀한 보물이 있는 나라에 대한 얘기를 듣게 된다. 이에 데소토는 원래의 계획을 접고 여왕의 나라를 찾아 북쪽으로 진군한다. 코로나도가 푸에블로 마을에서 퀴비라 얘기를 듣는 것(Day 12)과 무척이나 흡사한 장면이 같은 시기에 미 대륙 양 끝의 스페인 원정대에게 발생했다는 점이 흥미롭다. 어쩌면 집요하게 금에 집착하는 스페인인들을 멀리로 유인해 내는 방법을 비슷한 시기에 원주민들이 알아낸 것일 수도 있다.

데소토의 부대는 계속 북으로 진출하여 오늘날 사우스캐롤라이나주 부근에서 여왕이 통치하는 코피타체키(Cofitachequi)를 찾아낸다. 이곳은 토양이 기름지고 숲도 울창해 먹을 것이 풍부한 곳이었기에, 데소토 부대원들은 이곳을 식민지로 개척하자는 의견을 내놓았다. 하지만, 코로나도와 마찬가지로 금을 찾으러 온 데소토에게 식민지 개척은 관심 밖의 일이었다. 그는 여왕이 축적해 두었던 마을의 진주를 모두 약탈한 뒤, 자신들을 친절하게 대접해 준 여왕을 인질로 끌고 북서쪽의 애팔래치아 산맥으로 향했다. 이곳 산지에 금과 같은 광물이 있다는 인디언들의 얘기와, 데소토 본인이 잉카의 산지에서 잉카제국과 금광을 찾아냈던 경험이 있기에 산지에서 금을 발견할 확률이 높다고 생각했다.

하지만 이곳에서도 금을 찾지 못하게 되자, 그는 계속 원주민 마을들을 약탈하고 노예로 차출하며 남쪽으로 내려가서 가장 부유하고 강력한 왕국이라는 타스칼루사(Tascalusa)에 도달하게 된다. 데소토가 그곳의 왕에게도 원주민 짐꾼과 여자를 요구하자, 왕은 인근의 마빌라(Mavila)라는 곳에 이들을 준비해 놓겠다고 한다. 며칠 후 데소토가 선발대를 이끌고 그를 위한 성대한 잔치가 벌어지는 마을로 진입하는데, 이는 함정이었고 숨어 있던 원주민 전사들이 데소토 일행을 공격한다. 스페인군은 결사적으로 마을을 빠져나온 후 나무 방책으로 둘러싸여 있던 마을을 포위 공격하고 불을 지른다.

스페인군의 기록에 의하면 이 전투로 2-3천 명의 원주민이 살해당하게 되는데, 스페인군도 20여 명이 사망했고 다수의 부상자가 발생했다. 애초에 기습 공격을 원주민이 먼지 시행했음에도 희생자 수에서 이처럼 불균형이 나타나는 이유는 양측의 무기와 방어 장비의 차이 때문이다. 당시 원주민들의 무기인 화살과 돌도끼, 나무곤봉으로는 투구와 갑옷을 걸친 스페인군을 공격하는 것이 쉬운 일이 아니었다. 반면에 벌거벗은 원주민들의 몸은 스페인군의 날카로운 칼과 창에 무방비 상태였다. 희생당한 스페인군은 대부분 투구로 보호받지 못하는 부위였던 눈이나 입에 화살을 맞은 경우였다. 하지만 이 전투는 스페인군에게도 타격을 입혔는데, 원정 후 처음으로 다수의 병력 손실이 있었던 데다가, 많은 보급품들을 원주민들에게 빼겨 불 속에서 잿더미가 되고 만 것이다.

이즈음에 데소토는 6일 정도 걸리는 바닷가에 쿠바에서 온 보급선들이 도착했다는 소식을 듣게 된다. 하지만, 그는 현 시점에서 보급선을 만나게 되면 부하들이 모두 이를 타고 쿠바로 탈출하려 할 것이고, 또한 1년이 넘는 시간 동안 아무런 보물도 발견하지 못한 자신의 처지가 쿠바로 알려지는 것도 우려하여, 보급선 도착을 비밀에 부치고 다시 북서쪽으로 행군한다. 이 시점에서 데소토의 부대는 600명 중 100명 정도를 잃은 상황이었다.

이후 미시시피강을 건너 서쪽으로 더 나가 보지만, 원하던 금은 흔적도 찾을 수 없었고, 기세가 떨어진 스페인군에 대한 원주민들의 공격도 거세지기 시작했다. 결국 1541년 겨울에 스페인군은 다시 미시시피강까지 후퇴하는데, 혹독한 겨울 날씨에 다수의 인원이 사망하고 사망자 중에는 통역관으로 활동했던 오르테즈도 있었다.

통역까지 잃은 데소토는 강을 통해 바다로 탈출을 추진하고, 기마 정찰대를 강 하류로 보내 바다까지의 거리를 확인해 보게 한다. 그런데, 일주일 후에야 돌아온 정찰대는 아무리 가도 바다가 보이지 않는다고 보고한다. 고립무원의 상황에서 상심한 데소토는 병에 걸려 죽게 되고. 그의 죽음으로 인근 원주민들의 사기가 오를 것을 우려한 스페인군은 한밤에 그의 시신을 모래주머니와 함께 미시시피강에 몰래 수장시킨다. 당시 기나긴 원정에 지친 일부 스페인군은 그의 사망을 반갑게 받아들였다고도 한다.

데소토의 사망 후, 잔여 병력은 나르바에즈 원정대의 생존자들이 그랬던 것처럼 서쪽으로 육로를 통한 멕시코로의 탈출을 시도하지만, 텍사스의 건조 지역에서 식량이 바닥나고 약탈할 원주민 마을도 없게 되

데소토의 미대륙 탐사 경로 추정도

자 1년 만에 다시 미시시피강으로 돌아오게 된다. 그러고는 최후의 수단으로 뗏목을 만들어 미시시피강을 따라 내려가는데 이 과정에서 원주민들의 격렬한 공격을 받는다. 이들은 몇 주간에 걸쳐 미시시피강을 내려간 뒤 다시 두 달 가까이 멕시코만을 따라 항해하여 결국 4년 만에 귀환하게 되는데, 출발 때 병력의 절반 이하로 줄어든 상태였다.

데소토의 미국 남동부 탐사는 해당 지역에 매우 부정적 영향을 미쳤다. 데소토 탐사 후 20년이 지난 1560년대에, 데소토 탐사대원 일부가 그 지역을 다시 방문했을 때, 이들은 자신들이 보았던 번성했던 마을들이 모두 초토화되고 집터인 마운드(mound)만 남아 있는 것을 발견한다. 원래 해당 지역은 마운드 문명에 기반하여 계급질서가 유지되는 강력한 사회였으나, 데소토의 원정은 이런 시스템을 모두 붕괴시킨 것이었다. 이후 이 지역은 여러 부족들의 수평적 연합체 성격으로 재편되는데, 영국과 프랑스가 진출했을 때 마주하게 되는 체로키, 크리크, 촉토, 치카소, 세미놀 부족이 그들이다.

데소토 이야기를 하루에 다 하려다 보니 길어졌다. 오늘 두 번째 방문지 세인트 오거스틴은 내일 다뤄야겠다. 이 얘기를 하려면, 영국 이전에 프랑스와 스페인이 이 지역에 건설했던 식민지부터 시작해야 한다. 또 하나의 긴 이야기가 될 것이다.

내일은 또다시 장거리 이동을 하는 날이다. 노스캐롤라이나주까지 북상하여 스미스필드(Smithfield)라는 곳에서 묵을 예정인데, 지도에 아웃렛 쇼핑몰이 있다고 표시되어 있다. 아내에게 희소식이기를 바란다.

# 신대륙서 벌어진 유럽인들의 종교전쟁, 식민지 전쟁

; 플로리다 세인트오거스틴에서 조지아,
사우스캐롤라이나를 거쳐 노스캐롤라이나로

오늘은 긴 이동을 하는 날이라 인디언 관련 방문지가 없었다. 그래서 데소토 얘기를 하느라 어제 블로그에 쓰지 못한 데소토 상륙 기념지 방문 이후의 얘기로 시작해 볼까 한다.

플로리다에 들어오면서부터 차들이 많아졌다. 그리고 핸드폰 로밍이 끊기지 않아서 편해졌다. 이제 문명사회로 들어온 느낌이다. 브레이든턴(Bradenton)을 떠나 세인트오거스틴(St. Augustine)으로 가는 길에 올랜도(Orlando)에 들러 점심을 먹었다. 미국에 살았던 기간만 10년이 넘었는데, 그 유명한 올랜도를 우리는 이제야 처음 들른다. 그냥 점심 먹으러. 예상했던 것보다 큰 도시이고, 이곳 쇼핑몰은 번화하고 없는 게 없을 정도이다. 가려던 식당에 줄이 길어 포기하고 Zoe's Kitchen이라는 곳에서 간단하지만 건강한 느낌의 식사를 맛나게 했다. 오전부터 컨

미국에서 가장 오래된 유럽인 도시 세인트 오거스틴

디션이 좀 안 좋아 보이던 아내도 점심 이후 컨디션을 회복하는 느낌이다. 올랜도의 마법(Magic)** 이 통한건가?

세인트오거스틴에서 우리의 행선지는 산마르코스 요새(Castillo de San Marcos)이다. 국립공원서비스에서 관리를 맡고 있는 곳이다. 세인트오거스틴은 이제까지의 우리의 여정에서 산타페 다음으로 유명한 관광지가 아닐까 한다. 그 이유는 미국에서 가장 오래된 유럽인 도시라는 명성 때문이다.

어제 정리해 본 연대기로 다시 돌아가 보면, 1564년에 프랑스인 로도니에(Laudonniere)가 캐롤라인 요새(Fort Caroline)를 건설했고, 1565년에 메넨데즈(Menendez)가 세인트오거스틴을 건설한 것으로 되어 있다. 그런데

** 올랜도를 근거지로 하는 프로농구(NBA)팀의 이름이 Orlando Magics이기도 하다.

1년 늦은 세인트오거스틴이 어떻게 그 영광을 차지하게 되었을까?

1562년, 프랑스의 위그노 교도들을 태운 배가 플로리다 북동부 지금의 잭슨빌(Jacksonville) 인근 해안에 상륙한다. 위그노 교도들은 종교혁명의 주도자 중 하나인 칼뱅을 추종하는 신교도들로, 가톨릭의 허례허식과 교황 숭배를 배격하고 경건한 삶을 추구하였다(영국 청교도들도 이들을 모델로 삼았다). 이들의 식민지 개척은 당시 프랑스 왕실의 승인하에 진행되었는데, 위그노 교도들 입장에서는 종교의 자유를 얻을 수 있었고, 프랑스 왕실의 입장에서는 가톨릭과의 갈등으로 골치 아픈 신교도들을 해외로 보내 버리는 동시에, 이들의 식민지가 성공할 경우 서인도제도에서의 스페인의 활동을 제어할 수 있는 수단이 확보되기에 서로에게 이득이 되는 프로젝트였다.

포트로열(Port Royal)이라 이름 붙인 그곳에 30명이 정착을 위해 남았고, 지도자 리보(Ribault)는 보급품과 후속 정착민을 데리고 오겠다며 프랑스로 떠났다. 하지만, 리보는 프랑스에서 신교도와 구교도 간의 전쟁에 휘말리면서 결국 영국으로 도피하게 되고, 후속 보급을 기다리던 정착민들은 어쩔 수 없이 작은 보트를 만들어 프랑스로 출항한다. 하지만 대서양 망망대해를 작은 보트에 의지해 가기에는 한계가 있었고 부족한 식량과 물은 바닥나고 만다. 결국 이들은 제비뽑기를 통해 희생자를 정한 뒤, 인육으로 버티는 상황까지 겪은 후에야 지나던 영국 배에 의해 구조된다.

그사이 프랑스에서는 종교전쟁이 끝나고 다시 위그노 교도들의 식민지 진출이 추진된다. 1564년에 300명 규모의 식민지 개척단이 기존의 포트로열 자리로 되돌아와서, 왕의 이름을 기려 캐롤라인이라는 요새를 건설했다. 그런데, 이들 정착민들의 문제는 자급자족할 능력이 부족했다는 점이다. 이는 초기 미국 대륙에 진출한 많은 유럽인 식민지들에게 공통적으로 발견되는 문제이기도 한데, 대부분 호기심, 돈벌이, 종교나 정치적 자유 등의 목적을 가진 사람들로 개척단이 구성되었던 때문이다. 이들은 프랑스인답게 빵집을 지어 바게트를 구웠고, 와인을 만들었으나 정작 생존에 필수적인 농사나 사냥을 할 수 있는 사람은 부족했다. 초기에는 자신들의 물품을 인근 원주민들과 교환하여 식량을 얻었으나, 이도 곧 바닥이 났고, 종국에는 식량을 훔치는 일로 원주민들과 갈등을 빚기도 했다.

어쩔 수 없이 이들은 정착 1년 만에 식민지를 포기하고 프랑스로 귀환하기로 결정한다. 바로 그 시기에 프랑스와 스페인의 함대가 거의 동시에 이곳에 도착한다. 리보가 이끄는 프랑스 함대는 캐롤라인 요새를 지원하기 위한 목적이었고, 메넨데즈가 이끄는 스페인 함대는 이곳에 개척된 프랑스 식민지를 파괴하고 스페인 식민지를 건설하기 위한 목적이었다. 첫 조우에서 프랑스 함대가 기선을 제압하고, 메넨데즈는 캐롤라인에서 60㎞ 남쪽 지점에 상륙하여 캠프를 차린다. 메넨데즈는 이 장소를 세인트오거스틴(성아우구스투스) 축일에 발견했기에 '세인트오거스틴'이라고 이름 붙였다.

1차 조우를 통해 자신감을 얻은 리보는 스페인 함대를 격파하기 위해 출항하지만 허리케인을 만나 도리어 먼바다로 밀려 나가고 만다. 메넨데즈는 프랑스 병력이 비어 있는 틈을 노려 악천후를 뚫고 육로로 캐롤라인 요새를 밤에 급습한다. 그리고 여자와 아이들 50여 명을 제외한 142명을 학살한다. 당시 스페인은 가톨릭의 열렬한 신봉국가였고, 이들에게 신교도들은 이교도들이나 다름없었기에 이들은 자신들이 믿는 신의 이름으로 이단자들을 처형했다.

그리고 며칠 후, 허리케인으로 밀려났다가 난파된 리보의 부대가 세인트오거스틴 남쪽 해안에 상륙하게 된다. 스페인군과 마주치게 된 이들은 항복을 하는데, 메넨데즈는 이들 또한 '주님의 이름으로' 처형한다. 당시 메넨데즈의 기록에는, 이교도들을 처형하는 방식인 화형 대신에 참수를 했으므로 자신은 이들에게 '자비를 베풀었다'라고 적혀 있다. 다만 4명이 목숨을 구할 수 있었는데, 3명은 악기 연주자들이었고, 한 명은 자신이 가톨릭교도임을 밝힌 사람이었다. 이들이 살해된 지역을 흐르는 강은 마탄자스(Matanzas)로 알려지게 되었는데, 이는 스페인어로 '도살자'라는 뜻이라고 한다. 그런데, 특이하게도 그 이름은 지금까지도 그대로 사용되고 있다.

이처럼 1565년에 있었던 리보의 프랑스군과 메넨데즈의 스페인군의 대결에서 메넨데즈가 승리하면서 플로리다를 비롯한 미국 동남부 해안 일대에 스페인 식민지가 건설되기 시작한다. 세인트오거스틴은 그 이후 지속적으로 발전하면서 현재 미국 내에서 유럽인이 세운 가장 오래된 도시라는 명성을 유지하게 된 것이다.

우리가 방문하는 산마르코스 요새는 1695년에 세인트오거스틴을 방어하기 위해 건축되었다. 1763년 파리조약으로 플로리다가 스페인에서 영국으로 양도되면서 영국군 수중으로 넘어갔다가, 1783년에 미국이

산마르코스 요새

독립하면서 다시 스페인 수중으로 돌아온 뒤, 1821년에 미국으로 양도되는 복잡한 사연을 가지고 있다.

요새는 해자로 둘러싸여 있고, 정방형의 모습을 기반으로 네 귀퉁이에 돌출형 요새가 구축되어 있으며, 입구 쪽으로는 요새와 다리로 연결되는 보루가 있다. 이 요새는 건설된 이후 여러 차례 영국군의 공격을 받았으나 수십 일간의 포위공성전에도 단 한 번도 함락된 적이 없었다고 하는데, 그 특이한 돌출형 구조가 한몫하지 않았나 싶다. 요새 성채 바깥에서 한 번 살펴보니 역시 공격하기 쉬운 구조가 아니다

요새 안으로 들어가면 방마다 당시 모습을 재현해 두었고, 요새의 역사, 각 공간의 설명, 당시 무기에 대한 설명 등이 꼼꼼히 되어 있다. 그리고 당시 병사의 복장을 한 안내인들이 친절하게 같이 사진도 찍어 주고 설명도 해 준다.

요새는 깊은 해자로 둘러싸여 있다

미국이 이 요새를 인수한 이후에는 이곳을 매리온 요새(Fort Marion)라고 불렀고, 인디언과의 전쟁 중에는 인디언 포로들을 수용하는 시설로 사용했었다고 한다. 그중에는 아파치 부족 포로들도 있었다는 설명을 들으니 갑자기 포로로 잡혔었던 아파치 전투추장 제로니모가 떠올랐다. 이에 대해 물으니 아파치 포로들을 태운 기차는 플로리다 서부의 탈라하시에 도착했고, 제로니모는 그곳 수용소에 갇혔단다. 하지만 그의 가족은 이곳에 수용되었고 여기서 그의 딸도 출생했다고 한다. 가족이 떨어져 있게 된 이유를 물으니, 아마도 인디언들의 사기를 꺾기 위해서가 아니었겠냐고 대답한다. 머나먼 땅에서 포로로 잡혀 있는 것만으로도 충분히 고통스러웠을 텐데, 굳이 그렇게까지 해야 했을까?

요새 한쪽에서는 아이들이 줄을 서 있다. 누군가가 아이들에게 이름을 물은 뒤, 어떤 증서에 글을 적고 인장(seal)을 찍어 주고 있는데, 아내

요새 안에서는 당시 복장을 한 가이드들이 친절하게 안내를 제공하고 있다

가 관심을 보인다. 자기도 하나 받고 싶다고. 그런데, 이게 주니어 레인저라고 어린이들 대상 프로그램이란다. 그럼에도 아내는 미련을 버리지 못한다. 줄 서 있는 아이들 다 떠나면 하나 부탁해서 받고 싶다고.

나는 요새 옥상으로 올라가서 주변 경치와 전시되어 있는 당시 화포들을 구경한다. Mortar, Howitzer, Cannon을 전시하고 설명을 해 놓았다. 우리말로 박격포, 곡사포, 대포에 해당한다. 그동안 미군과 인디언 전투 장면에서 미군들이 Howitzer를 동원했다는 기록을 보면서 이게 어떤 건지 궁금했는데, 이제야 비로소 감이 잡힌다.

아래를 내려다보니 아내가 증서를 받는 데 실패한 모양이다. 마침 요새 옥상에 있는 가이드가 아이들에게 주니어 레인저 배지를 나눠 주고 있어 다가가서 부탁해 본다. 저 아래에 my kid가 있는데 하나 주면 안 되겠냐고. "Of course!" 아내에게 올라오라고 손짓한다. 가이드가 웃으

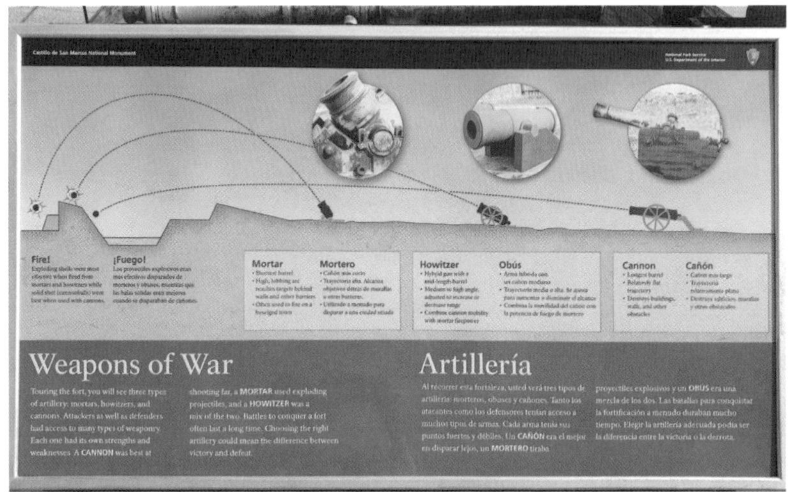


당시 사용된 다양한 종류의 화포에 대한 안내문

며 "good kids"라며 나와 아내에게 각각 하나씩 선물한다.

이곳은 유난히 스페인어를 쓰는 방문객이 눈에 띈다. 스페인이 미국 땅에 최초로 식민지를 건설했음에도 결국에는 영국에 밀려나고 말았다는 역사를 이들은 어떻게 받아들일까? 당시 스페인이 영국을 물리칠 수 있었다면, 전 세계 공용어는 스페인어가 되었을 것이다.

요새를 나와 길 건너편에 있는 세인트오거스틴 시내로 들어가 보니 미국에서 가장 오래된 도시답게 옛 모습을 재현하고 유지하려 노력한 흔적이 보인다. 미국이 아닌 어느 유럽의 도시에 와 있는 느낌이다. 이런 분위기가 미국의 관광객을 불러 모으는 듯하다. 도처에 'America's Oldest', 'the Oldest In US'와 같은 간판들이 보인다. 가장 오래된 도시이니, 이곳의 모든 것이 미국 최초라고 부르는 것에 아무런 거리낌이

미국에서 가장 오래된 학교라는 간판이 붙은 건물-세인트오거스틴 시내에는 이런 식의 간판이 도처에 보인다

없는 듯하다. 가장 오래된 학교라는 작은 건물 입구에는 입장료 5불을 내면, 학교에서 강의를 해 주고 가장 오래된 학교의 졸업장을 받을 수 있다는 설명이 적혀 있다. 믿거나 말거나. 어쨌건, 이 도시가 세워진지 가장 오래된 것은 맞지만, 1702년 영국군의 공격 때 마을이 불타서 대부분 목조였던 당시 많은 건물들은 잿더미로 사라지고 그 이후 재건된 것으로 봐야 한다.

이곳에는 젊음의 샘물(Fountain of Youth)이라는 관광지도 있다. 이는 1513년에 플로리다를 처음 탐사했던 폰세데레온과 관련된 소문에서 비롯된다. 당시 폰세데레온이 플로리다 탐사를 온 목적이, 이곳에 신비의 샘물이 있는데 이를 마시면 젊음을 다시 얻게 된다는 전설을 서인도 제도의 원주민들로부터 들었기 때문이라는 것이다. 하지만 폰세데레온은 이곳에 상륙하지도 않았고, 공식 기록에는 샘물과 관련된 언급도 없다. 그럼에도 젊음의 샘물 앞에는 여러 대의 관광버스들이 관광객을 실어 나르고 있다. 이처럼 진짜와 가짜를 구분하기 어려운 상황이 되자, 세인트오거스틴시에서 '역사적 진실 규명 확인을 위한 위원회'를 발족시켰었는데, 당사자들의 반발과 고소 고발이 난무하여 결국 중단되었다고 한다. 돈은 무엇보다 막강한 권력이 된다.

스페인 식민지 시대의 복장으로 시내를 돌고 있는 주민들
- 관광객들과 기념사진을 찍어 준다

저녁 시간이 되자 16세기 복장을 한 사람들 한 무리가 거리에 등장한다. 이들은 관광객들을 환영하면서 함께 사진을 열심히 찍어 준다. 이런 작은 관심이 관광객에게 즐거움과 좋은 추억을 선사한다. 중요한 건 박물관 개수나 건물의 크기가 아니라 콘텐츠이다. 이렇게 어제 여행 17일째를 마무리했다.

여행 18일째인 오늘은, 세인트오거스틴(St. Augustine)을 출발하여 조지아주, 사우스캐롤라이나주를 거쳐 노스캐롤라이나주의 스미스필드(Smithfield)라는 곳까지 다시 한 번 500마일(805㎞)을 이동한 날이다. 도중에 조지아주 서배너(Savannah)에 들러 점심 식사를 한 후 잠시 시내 구경을 했다. 서배너는 사우스캐롤라이나주와 조지아주의 경계를 이루는 서배너강변에 만들어진 오래된 도시로, 도심과 강변에 오래된 주택과 건물들이 고풍스런 모습을 간직하고 있다. 1850년에 기차역으로 사용되었던 건물을 박물관과 비지터 센터로 사용하고 있는 것이 인상적이었다.

사우스캐롤라이나로 들어선다. 여기에선 시위(Sewee) 부족 얘기를 해야겠다. 영국은 사우스캐롤라이나의 찰스턴(Charleston)에 식민지를 건설하였는데, 시위 부족이 당시 찰스턴 인근에 살고 있었다. 이들 부족은 찰스턴의 백인들을 통해 자신들의 사슴가죽을 백인 물품과 교환하고 있었는데, 자신들이 받는 사슴가죽 값이 영국 시세의 5%밖에 되지 않는다는 것을 알게 되었다. 그래서 중간상인을 거치지 않고 영국과 직거래를 추진하기로 하고, 직접 영국으로 가기 위해 전 부족민이 합심하여 많은 수의 카누를 만든다. 그리고 전 재산과 사슴가죽을 잔뜩 싣고 영국상선들이 들어오던 동쪽을 향해 출항한다. 당시 이 카누함대에는 노약자와 아이들을 제외한 부족원 전체가 타고 있었다고 한다.

하지만 대양에 들어서자 카누는 높은 파도를 감당하지 못했고, 일부는 지나가던 영국 노예선에 구출되었지만, 결국은 배에 있던 노예들과 함께 서인도제도에 팔렸다는 기록이 전해지고 있다. 그렇게 시위 부족은 역사에서 사라져 버린다. 이들은 콜럼버스보다 조금 더 무모했던 듯싶다. 어처구니가 없어 슬픈 얘기이다.

노스캐롤라이나로 들어서자 노스캐롤라이나대학교(University of North Carolina) 펨브룩(Pembroke) 캠퍼스 표지판이 나온다. 원래 펨브룩 캠퍼스는 인디언 원주민들을 위한 미국 최초의 주립 4년제 대학으로 시작한 곳으로, 그 모태는 크로아탄(Croatan)으로도 알려진 노스캐롤라이나주의 럼비(Lumbee) 부족을 위한 공립학교였다. 크로아탄 부족은 내일 방문할 로어노크 식민지에서 다시 얘기하게 될 것이다.

오랜 시간 운전하다 보니 피곤한 것도 문제지만 많이 지루하다. 아내가 노래를 해 보란다. 노래방의 부작용은 가사를 기억하지 못하는 것이다. 아내가 신청곡을 고르고 인터넷으로 가사를 찾아 말해 주면 나는 기억하고 있는 멜로디에 맞춰 노래를 불렀다. 그러던 중 문득 인디언 관련 노래를 부르고 싶어졌다. 그런데 제목으로 떠오르는 노래는 하나밖에 없다. 나미의 〈인디언 인형처럼〉. 아무리 그 노래 가사를 음미해 보아도 도대체 왜 인디언 인형인지 도무지 감을 잡을 수 없다. 그래도 노래는 신나니까 계속 부른다. “나의 마음은 인디언 인형처럼, 워워워워 워워, 까만 외로움에 타 버렸나 봐. 오 마이 베이베!”

내일은 영국인들이 미 대륙에 최초로 세웠던 로어노크(Roanoke) 식민지를 찾아가 본 뒤 버지니아주로 이동해서 윌리엄즈버그(Williamsburg)에서 숙박할 예정이다. 우리가 반환점으로 여기고 있는 워싱턴 DC에 가까워지고 있다.

여행 팁

**세인트 오거스틴(St. Augustine)**

세인트 오거스틴 관광의 핵심은 산마르코스 요새(Castillo de San Marcos)이다. 신대륙에 건설된 스페인 요새의 전형이 제대로 유지 관리되고 있는 곳으로, 구석구석 둘러보려면 2시간 정도 예상하면 좋다. 입장료는 인당 $15이지만 국립공원 패스가 있으면 무료 입장이다. 입구 앞쪽에 주차장이 마련되어 있으나 그 규모가 작아서 성수기에는 주차 공간을 찾기가 어려울 수 있다. 이때는 길 건너편에 있는 시립주차장(Historic Downtown Parking)을 이용하면 된다.

세인트 오거스틴은 미국에서 가장 오래된 도시라는 유명세로 많은 관광객이 몰리는 곳인데, 그 핵심은 산마르코스 요새 길 건너편의 세인트 조지 스트리트(St. George Street)이다. 좁은 골목을 따라 '미국에서 가장 오래된 무엇'이라는 문구를 붙여 놓은 스페인풍 건물들이 줄지어 있는데, 1500년대에 지어진 건물은 이 중 9채라고 한다. 기념품 상점과 식당, 그리고 작은 규모의 박물관들로 가득한 길지 않은 거리이다.

인근의 주요 관광지로는 디즈니월드와 유니버셜 스튜디오 등으로 유명한 올랜도(Orlando)가 남쪽으로 1시간 40분 거리에 있다.

# 사라진 식민지, 그들은 어디로 가 버렸을까?

; 노스캐롤라이나 로어노크 식민지

노스캐롤라이나주 동쪽 해안에 있는 로어노크섬(Roanoke Island)으로 향했다. 북아메리카 대륙에 영국 최초의 식민지가 건설되었던 곳으로, 이 섬에는 맨테오(Manteo)와 완체스(Wanchese)라는 두 개의 마을이 있다. 맨테오 시내로 들어서니 거리 이름들이 독특하다. Sir Walter Raleigh Street, Queen Elizabeth Avenue, Virginia Dare Avenue, Ananias Dare Street, Wingina Street 등 사람 이름들이 많은데, 로어노크의 사라진 식민지에 등장하는 주요 인물들이다.

먼저 로어노크섬 축제공원(Roanoke Island Festival Park)을 찾아갔다. 그런데 이곳은 로어노크 식민지를 재현한 민속촌 같은 곳이었다. 직원에게 원래 식민지가 있던 장소를 물으니 북쪽으로 4마일 정도 더 가면 있단다. 맨테오 시내에서 간단하게 샌드위치로 점심을 먹고 북쪽으로 향했다.

맨테오 시내의 도로표지판 - 로어노크 식민지 당시의 주요 인물들의 이름이 등장한다

초기 정착민들의 유물과 요새터가 발굴된 이곳은, 롤리요새국립사적지(Fort Raleigh National Historic Site)로 지정되어 국립공원서비스(NPS)에서 관리를 맡고 있었다. 비지터 센터에는 이곳 역사를 소개하는 전시물과 영화 상영이 있다. 그럼 이제 로어노크섬의 사라진 식민지(lost colony)에 대해 알아볼 시간이다.

스페인과 프랑스보다 신대륙 진출에서 뒤처져 있던 영국에서도 신대륙 식민지 건설의 필요성이 대두되었고, 이는 엘리자베스 여왕의 승인으로 월터 롤리(Walter Raleigh) 경에 의해 실행에 옮겨진다. 그리고 이곳 로어노크섬으로 3차례의 항해가 이루어진다.

### 1차 항해

1584년 신대륙 탐사대가 노스캐롤라이나 해안에 도착하고 원주민들

로어노크섬에 건설된 영국 최초 식민지 롤리요새 사적지

의 성대한 환영을 받는다. 원주민들은 그곳을 로어노크라고 불렀다. 이 탐사대는 영국으로 돌아와서 해당 지역이 식민지 건설에 적합한 곳이라고 보고한다. 롤리 경은 처녀의 몸으로 여왕직을 수행하고 있는 엘리자베스 여왕을 기려 그 지역을 버지니아(Virginia: 처녀의 땅)라고 명명한다. 탐사대는 영국으로 돌아올 때 원주민 청년 2명을 함께 데리고 왔는데, 그들의 이름이 바로 맨테오와 완체스이다.

### 2차 항해

적합한 식민지 입지를 확인한 롤리 경은 1585년에 식민지 건설 원정대를 파견한다. 이들의 원정 목적은 식민지 건설을 통해 해당 지역에서 확보 가능한 자원(예를 들면, 금)을 확인하고, 스페인 함선을 공격(노략)할 배후기지를 확보하는 것이었다. 108명의 군인과 기술자들이 로어노크섬에 도착해 식민지 건설에 들어간다. 하지만, 앞서 캐롤라인 요새의 프랑스인들과 마찬가지로('Day 18' 참조), 이들 역시 자급자족할 역량이 확보되어 있지 않았기에 곧 보급품이 바닥나고 만다. 결국 인근 원주민들과 갈등을 빚게 되고, 공격받을 것을 우려한 이들은 원주민들을 선제공격하여 추장인 윈지나(Wingina)를 살해한다. 원주민들과의 관계 악화로 식량 사정이 더 궁핍해진 이들은 마침 이곳을 방문한 드레이크 해적선 선장의 배를 얻어 타고 영국으로 돌아간다.

참고로, 드레이크 선장은 영국 여왕의 승인과 지원하에 서인도제도에서 유럽으로 향하는 스페인 화물선들을 노략질하던 인물이다. 뒤이어 영국에서 식민지 지원을 위한 선단이 도착했는데, 식민지가 버려진 것을 확인한 뒤, 15명을 남겨 두고 다시 영국으로 떠난다.

### 3차 항해

1차 식민지 건설 실패 이후, 롤리 경은 식민지가 지속 가능하려면 정착민이 필요하다고 판단하여 이주정착민을 모집한다. 신대륙에 가면 무상으로 토지를 지급해 주겠다는 약속을 통해 17명의 여자와 9명의 아이를 포함한 117명의 식민지 정착대가 꾸려졌고, 리더로는 2차 항해에 참가하여 해당 지역에 익숙한 존 화이트(John White)가 임명되었다. 그리고 1차 식민지가 건설되었던 로어노크섬 지역은 수심이 낮고 위험한 것으로 판명되어, 새로운 식민지는 이보다 80마일 북쪽의 체스피안 부족 주거지 인근의 만으로 결정되었다(지금의 체사피크 베이[Chesapeake Bay]로 후에 제임스타운 식민지가 이곳에 건설됨).

식민지 건설단을 태운 배는 해적선 함대의 일부였는데, 이들은 주 사업인 해적질을 할 시간을 벌기 위해 원래 약속했던 체사피크 베이까지 가지 않고 이전의 식민지가 있던 로어노크섬에 이주민들을 내려 줘 버린다. 이주민들은 2년 전에 남겨져 있던 15명의 행방을 찾았으나 유골만을 발견할 수 있었다. 이들은 버려져 있던 기존 건물들을 수리하고 신축하여 주거지를 건설한다. 그리고 이곳에서 리더인 존 화이트의 딸(존 화이트의 부하와 결혼함)이 아이를 낳게 되는데, 미 대륙에서 최초로 유럽인 부모에게서 태어난 아이가 된다. 이 여자아이는 버지니아에서 태어났기에 버지니아 데어(Virginia Dare)라는 이름을 갖게 된다.

정착한 지 얼마 후, 이주민 중 한 명이 홀로 낚시를 나갔다가 무참하게 살해당한 채 발견되는데, 2년 전 추장이 살해당했던 것에 대한 원주민들의 보복으로 여겨지고, 이에 이주민들은 인근 원주민들을 공격하고 마을을 불태운다. 긴장감이 계속되는 상황에서 보급품이 떨어져 가자 존 화이트는 추가 지원을 받아 오기 위해 영국으로 돌아간다.

하지만, 당시 영국은 임박한 스페인 함대의 공격에 대응하기 위해 모든 선박을 군용으로 징집하였기에 존 화이트는 식민지로 돌아올 수단을 구할 수 없었고, 2년이 지난 후에야 또 다른 해적선박을 얻어 타고 로어노크로 오게 된다. 그가 돌아왔을 때, 마을에는 사람의 흔적을 찾을 수 없었고, 집들은 관리가 되지 않은 채로 허물어져 있었다. 울타리 말뚝과 나무 기둥에는 'CRO', 'CROATOAN'이라는 글씨가 새겨져 있었는데, 크로아톤(croatoan)은 로어노크섬 동남쪽에 위치한 섬으로, 영국을 다녀온 적이 있는 원주민 맨테오의 부족이 살고 있는 곳이었다. 존 화이

로어노크섬 인근 지도

트는 크로아톤섬으로 가서 이들을 찾아보고자 했으나, 기상 여건이 여의치 않자 해적선장은 배를 영국으로 돌려 버린다. 그 이후, 사라진 이들의 행방은 영원한 미스터리로 남게 된다.

이상이 로어노크 식민지에 대한 간략한 역사이다. 감쪽같이 사라진 100여 명의 식민지 정착민들이라는 주제는 미국인들의 관심을 끌기에 충분했고, 이에 관한 많은 소설, 연극, 영화, 드라마, 게임 등이 만들어졌다. 이곳 바닷가 야외극장에서는 사라진 식민지인들에 대한 주제로 〈사라진 식민지(The Lost Colony)〉라는 연극을 여름 시즌에 올리고 있다.

1930년대부터 시작하였기에, 미국에서 가장 장기간 공연 중인 연극이라고 한다. 저녁에 공연이 있다는데, 낮에 객석에서 보는 풍경만으로도 무대가 충분히 멋지다.

비지터 센터의 전시물도 그 마지막 섹션은 '이들은 어디로 갔을까?'에 대한 것이다. 만약 공격을 받아 살해되었거나 끌려갔다면, 그 공격자는 스페인인가? 원주민인가? 만약에 이들이 스스로 다른 곳을 찾아갔다면, 그곳은 어디인가? 아니면 허리케인이나 질병 혹은 굶주림으로 죽게 된 것일까? 이 모든 가설은 나름의 근거도 있지만, 뒷받침할 증거는 없다.

사라진 식민지를 주제로 공원 가이드(park ranger)와의 대화 시간이 있는데, 여기서도 핵심은 이 주제이다. 스페인인들이 공격했다면 이런 내용이 스페인 측의 기록에 나와야 하는데 존재하지 않는다. 원주민이 공격했다면 주거지가 파괴되고 시체가 버려져 있어야 하는데, 그런 흔적이 없다. 유골이 발견되지 않았다는 점에서 자연재해나 질병으로 인한 사

로어노크 사적지에 위치한 야외극장 - Lost Colony라는 연극을 1930년대부터 올리고 있다

화가이기도 했던 존 화이트가 그린 인근 원주민 모습 - 인디언 댄서

망으로 보이지 않는다. 그렇다면 이들이 자발적으로 어디론가 이동했다는 가설이 유력해지는데….

여기서 가이드는 세 가지 가설을 제기한다. 첫째, 북쪽으로의 이동. 원래 이들은 로어노크섬이 아니라 80마일 북쪽의 체사피크 베이에 식민지를 건설하려 했으니 그리로 이동했을 것이다. 둘째, 서쪽으로의 이동. 존 화이트가 영국으로 지원을 받으러 떠나기 전에 이들은 정착지를 서쪽 내륙으로 50마일 정도 이동하는 것을 논의하고 있었다. 셋째, 남쪽으로의 이동. 이곳은 정착민에게 우호적이었던 맨테오의 부족민이 살고 있던 크로아톤섬이 있는 곳이다. 이곳은 남쪽에서 올 영국함대를 목격하기에도 가장 좋은 위치이며 버려진 마을 울타리에도 'CROATOAN'이라고 적혀 있었다.

가이드는 투어에 참석한 사람들의 의견을 물었고, 사람들의 생각은 제각각이다. 과연 '나'라면 어디를 택했을까 생각하고 답해 본다. '남쪽'. 생존에 위협을 느끼는 상황에서 북쪽과 서쪽은 너무 낯선 곳이다. 그리고 무엇보다 CROATOAN이라고 새겨진 글씨에 부합하지 않는다. 그런데, 아내는 '북쪽'이라고 대답한다!

이곳에서만 16년째 근무하고 있다는 가이드 마이클은 이 주제를 다루

로어노크 인근 세코탄이라는 원주민 마을과 경작지 모습
- 존 화이트 그림(British Museum Image Service)

는 데 있어 베테랑인 듯하다. 이제 이 세 가지 가설에 대한 흥미로운 발견들을 전해 준다.

먼저 북쪽으로 갔을 것이라는 가설에 대해서. 로어노크 식민지가 사라지고 약 20년 후 바로 그 체사피크 베이에 영국이 제임스타운 식민지를 건설한다. 당시 영국인이 인근 원주민 추장에게 혹시 이전에 자신들과 같은 모습의 사람들을 본 적 있었는지 물으니, "아, 있었지. 그 사람들 우리가 다 죽였지."라고 얘기했다는 것이다. 하지만, 이들의 흔적을 찾을 수는 없었다.

다음으로 서쪽으로 갔을 것이라는 가설에 대해서. 당시 서쪽 지역에는 여러 원주민 부족이 있었고 이들 간에 큰 전쟁이 벌어졌다. 당시에 한 부족이 다른 부족민들을 포로로 잡았었는데, 이들 중 일부가 백인이었다는 얘기가 전해져 왔다. 역시 이들의 흔적을 찾을 수는 없었다.

마지막으로 남쪽으로 갔을 거라는 가설에 대해서. 로어노크 식민지가 사라지고 120년 정도 후, 미국 이주민들은 노스캐롤라이나 남동부 지역에서 회색 눈동자, 갈색 머리털, 옅은 색의 피부를 가진 원주민 부족을 알게 된다. 이들은 '월터 롤리라는 사람이 흰 돛이 달린 배를 타고 바다에서 찾아올 것'이라고 전해 내려오는 이야기를 기억하고 있었고, 선조 중에는 '책을 읽을 줄 아는' 사람들도 있었다고 했다. 이들이 바로 맨테오가 속했던 크로아톤 부족인데, 후에 이들은 럼비(Lumbee)로 부족 이름을 바꾼다. 과학기술의 발전으로 이제는 럼비 부족의 DNA 테스트를 하여 사라진 식민지에 대한 궁금증을 푸는 방법도 있겠으나 이들 부족이 거부했다고 한다.

어제 노스캐롤라이나 주에서 미국 최초로 원주민 교육을 위한 대학(현재 UNC 펨브룩 캠퍼스의 전신)을 설립했다고 얘기했는데, 그 대학이 원래 럼비 부족의 교육을 위한 것이었다. 당시 노스캐롤라이나주는 이들을 다른 원주민들과 구분하여 좀 더 혜택을 주었다고 한다.

하여간, 이 모든 가설이 답이 될 수도 있고 아닐 수도 있다. 마이클은 '어쩌면 이들 정착민들이 각각 자신의 선택을 따라 다른 길을 갔을 수도 있다'고 한다. 그럼 모두가 정답일 수 있다. 어쨌거나 나였다면 안전한 선택지인 남쪽으로 갔을 거다.

이곳 롤리요새 유적지는 또 다른 역사적 사실을 다루고 있는데, 남북전쟁 당시의 흑인 노예 해방지로서 활용되었다는 것이다. 당시 북부는 남부연합의 보급을 차단하기 위해 남부 지역 해안을 봉쇄하는 작전을 수립하는데, 그 첫 작전 지역이 바로 이곳 노스캐롤라이나 해안이었다. 로어노크섬에 북군이 상륙하자, 노스캐롤라이나 남부연합 지역의 흑인노예들 사이에서 로어노크섬으로 가면 자유를 누릴 수 있다는 소문이 퍼지고 이들이 백인농장주의 눈을 피해 이곳으로 하나둘씩 숨어들어 한때는 그 숫자가 3천 명을 넘었다고 한다.

숙소가 있는 윌리엄즈버그(Williamsburg)로 가기 위해 북서쪽으로 향한다. 여행을 시작한 이래 북서 방향으로 이동하는 것은 처음인데, 햇살이 매우 강해서 운전이 피곤하다. 앞으로 미 대륙을 서쪽으로 다시 횡단해 가야 하는데, 슬슬 걱정되기 시작한다.

오늘 숙소가 있는 윌리엄즈버그는 마을 분위기가 아주 고급지다. 모든 건물의 외관이 식민지 시대 버지니아풍(흰색나무와 빨간 벽돌)으로 관리되고 있다. 심지어 타이어 가게조차. 이곳에는 많은 식민지시대 건물들이 제대로 보존되어 있는데, 우리로 따지면 경주 같은 분위기랄까. 내일은 로어노크의 실패를 딛고 성공한 식민지인 제임스타운을 방문하고, 워싱턴 DC로 가는 길에 파문키(Pamunkey) 부족의 박물관을 들러 볼 생각이다. 파문키는 제임스타운 정착민들과 밀접한 관계가 있었던 원주민 부족이다. 그리고 드디어 워싱턴 DC 입성이다!

 여행 팁

**로어노크(Roanoke) 식민지**

노스캐롤라이나주 해안에 위치해 있다. 노스캐롤라이나주 롤리(Raleigh)로부터 차로 3시간(190마일), 버지니아주 노포크(Norfolk)로부터 차로 1시간 반(90마일)의 거리이다. 식민지터의 공식 명칭은 Fort Raleigh National Historic Site(연중 무휴, 무료 입장)이다. 내비게이션에 Roanoke Colony를 찍으면 Roanoke Island Festival Park로 안내되기도 하는데, 이곳은 초기 식민지 모습과 인디언 마을, 그리고 영국에서 로어노크로 항해했던 배 등이 복원되어 있는 유료 관광지이다(입장료 $11).

공원 비지터센터에서는 로어노크 식민지 역사에 대한 17분짜리 비디오가 상영되며, 여름 시즌에는 파크레인저가 진행하는 대화의 시간이 운영된다. 또한 6월-8월 기간에는 야외극장에서 진행되는 Lost Colony 연극이 펼쳐진다(월-토요일 저녁 7:45).

로어노크섬은 그리 크지 않은데, 섬의 중심가인 맨테오(Manteo)에 몇 개의 식당과 패스트푸드점, 그리고 기념품 상점이 있다. 로어노크섬 동쪽으로는 여러 개의 섬들이 띠처럼 이어져 있는 해테라스 해변(Cape Hatteras Seashore)이 펼쳐지는데 그 길이가 남북으로 70마일에 이른다. 해변 남쪽 끝에는 미국에서 가장 높은 등대가 세워져 있다. 이 해변을 따라서도 다수의 숙소, 식당과 상점들이 위치해 있다. 라이트형제가 1903년에 인류 최초로 동력 비행기의 비행에 성공한 장소인 키티호크(Kitty Hawk)도 이 해변에 위치해 있는데(유적지에서 20분 거리), 당시 비행기 원형을 복원한 모형이 전시된 기념관이 운영 중에 있다.

# 영국인들의 회사가 신대륙에 터를 닦다

; 문제 많았던 식민지
제임스타운(Jamestown)

어제 우리가 묵은 윌리엄즈버그(Williamsburg)에서 제임스타운(Jamestown)은 차로 약 15분 거리에 있다. 윌리엄즈버그는 1699년부터 버지니아 식민지의 수도 역할을 제임스타운으로부터 넘겨받은 곳이다.

제임스타운 거주지(Jamestown Settlement)라는 곳을 찾아갔더니, 이곳은 원래 식민지가 건설된 장소가 아니라 당시 모습을 재현해 놓은 곳이며, 원래 식민지터는 좀 더 안쪽으로 들어가야 한단다. 어제 로어노크섬에서도 똑같은 경험을 했었는데. 도로에 있는 안내판을 따라가다 보면 방문객들은 원유적지가 아니라 상업적 목적으로 인위적으로 재현된 마을로 먼저 안내된다. 돈의 힘이라고나 할까? 표지판만으로는 둘 사이의 구분이 어렵다. 원래의 식민지터는 역사적 제임스타운(Historic Jamestowne: 이후 '제임스타운 유적지'로 설명)이라는 명칭으로 되어 있고, 국립공원서비스

제임스타운 유적지

에서 관리하고 있다.

로어노크와 마찬가지로 방문객 센터에는 제임스타운의 역사 및 발굴된 유적에 대한 소개와 영화가 준비되어 있고, 가이드투어가 진행된다. 차이가 있다면 그 규모나 방문객 숫자가 이곳이 훨씬 많다는 것이다. 2년 만에 사라져 버린 로어노크와 달리, 제임스타운은 오늘의 미국이 완성되기까지 지속되고 발전되어 온 곳이기에 이곳의 역사는 곧 미국의 역사가 되고, 그러다 보니 다루어지는 내용도 방대하다.

유적지 이곳저곳이 어수선하다. 제임스타운은 1619년에 주민들의 투표를 통해 식민지 의회를 구성하는데, 선거를 통한 의회 구성은 서구 역사상 최초의 일이었다. 이 400주년을 기념하여 트럼프 대통령이 어제 제임스타운을 방문했단다. 우리 일정이 하루 빨랐더라면 그를 볼 수 있었을까? 아님, 아예 제임스타운 입성도 어려웠으려나? 어쨌건,

Jamestown
The People
The Evidence
Different Viewpoints
Atlantic
in 1607

American Indian: Our Virginia Indian ancestors had lived in this area

비지터센터 내부 전시물

그는 원래의 유적지가 아닌 복원된 마을 제임스타운 거주지(Jamestown Settlement)를 방문하고 연설했다는데, 좀 의아하다. 제임스타운 의회는 제임스타운 유적지(Historic Jamestowne)에 잔해가 남아있는 당시 교회에서 최초로 소집되었었다. 이곳에서는 대통령 연설이 아닌 다른 기념행사가 열렸단다.

12시에 시작한 가이드와의 대화시간은 1시 40분이 다 되어서야 끝났다. 우리의 가이드 테일러는 5년차라고 하는데, 100분이라는 시간 동안 엄청 빠른 말로 제임스타운의 탄생 및 초기의 위기 상황과 관련한 얘기들을 상세하게 훑어간다. 그럼에도 100분 동안 1607년부터 1620년대까지밖에 다루지 못했다. 그만큼 할 얘기가 많은 것이다. 이제 다시 나의 차례이다. 이 방대한 내용을 간단하면서도 재미있게 풀어내야 한다.

가이드는 우선, 제임스타운이 영국이 건설한 가장 오래된 미국 식민지로서 현재의 미국을 있게 한 장소임에도 불구하고, 꽤 오랫동안 메이플라워호가 도착한 플리머스(Plymouth)가 그 위치를 차지하고 있었던 아이러니에 대해 얘기한다. 자신도 메이플라워호와 청교도의 도착을 미국의 시작이라고 학교에서 배웠는데, 그동안 미국의 학술과 교육을 주도했던 곳이 뉴잉글랜드 지방이었던 것이 그 원인의 하나라고 생각한단다.

하지만 그것만으로는 부족하지 않을까 싶다. 제임스타운은 설립된 초기부터 많은 문제점에 직면하고 이로 인한 각종 흑역사가 넘친다. 미국인들이 자신들의 선조로 삼기에는 부족함이 많은 것이다. 이에 비해, 숭고한 목적과 경건한 삶 그리고 추수감사절에 원주민들과 함께하고 나누는 풍습 등을 전해 주는 메이플라워호의 청교도들은 자랑스러워

제임스타운 유적지 전경

제임스타운 요새 모형

할 만한 콘텐츠를 가지고 있다. 그래서 미국인들은 제임스타운보다는 13년이나 늦었지만 메이플라워호와 청교도들을 건국의 아버지로 부르고 싶지 않았을까 생각한다.

로어노크 식민지 건설을 주도했던 월터 롤리 경은 엘리자베스 여왕으로부터 상당한 신임을 얻고 있었는데, 이 관계가 악화되는 사건이 발생한다. 그가 여왕의 시녀 하나를 임신시키고 결국 몰래 결혼식을 올려 버린 것이다. 이 내용이 알려지자 여왕은 대노하여 그를 런던탑에 가두어 버린다. 이후 풀려나기는 했지만, 그는 결국 엘리자베스 여왕의 후임인 제임스왕에 의해 역모죄로 처형되고 만다.

하지만, 영국의 신대륙에 대한 관심은 지속되고 있었는데, 이번에는 좀 더 특이한 방식으로 프로젝트가 추진된다. 주식회사를 설립하여 식민지 건설이 추진된 것이다. 주요 상인들이 자금을 투자하고 국왕의 승인을 받아 설립된 버지니아컴퍼니(Virginia Company)는 20년 전에 월터 롤리 경이 봐 두었던 체사피크베이에 식민지를 건설할 개척단을 1606년에 출항시킨다.

버지니아컴퍼니는 105명의 개척단에게 봉해져 있는 두 개의 문서를 전달하고, 신대륙에 도착하면 열어 보도록 했다. 모진 고생 끝에 1607년에 체사피크베이에 도착한 개척단이 열어 본 첫 번째 문서는 이들을 놀라게 했는데, 그 내용은 식민지를 이끌어 갈 지도부 구성에 대한 것이었다.

7명의 지도부 명단이 있었는데, 이 중 6명은 누구나가 예상했던 대로 귀족 계급 출신의 인사들이었다. 그런데 마지막 한 명은 놀랍게도 존 스미스(John Smith)라는 사람으로, 그는 농부의 아들로 태어나 유럽 여러 국가를 전전하며 용병으로 전투 경험을 쌓아 왔던 인물이었다. 해외에서의 경험이 많았던 그는, 영국에서 신대륙으로 오는 항해 도중 귀족들의 의사결정에 이의를 제기하다가 반란죄로 죽을 고비를 넘긴 뒤 수갑에 채워져 항해했던 전력도 있었다. 이 독특한 캐릭터의 인물은 후에 제임스타운 식민지에서 중요한 역할을 하게 된다.

또 다른 문서 하나는 식민지 건설 절차에 대한 매뉴얼이었다. 당시 미 대륙은 스페인이 영유권을 선포하고 있던 상황이었기에, 개발할 식민지 위치는 바다에서 스페인군의 눈에 쉽게 띄지 않도록 강 상류 쪽으로 거슬러 들어간 곳이면서, 원주민들과의 갈등을 피하기 위해 원주민들이 정착하지 않고 있는 땅을 선정하도록 되어 있었다. 그렇게 제임스타운의 위치가 결정되었다. 바다로부터 30마일 안쪽에 위치해 있었고, 원주민들의 마을이 없었다. 원주민들은 이곳을 사냥터로만 이용했는데, 그 이유는 나중에 밝혀진다. 그리고 매뉴얼에 나와 있는 대로 방어용 요새를 우선 건설하고, 내륙 쪽으로 탐사를 진행한다.

제임스타운 식민지 건설은 주식회사에 의해 주도되었다는 것을 주목할 필요가 있다. 회사의 투자사업이기 때문에 가장 중요한 일은 수익을 창출하는 것이다. 당시 버지니아컴퍼니가 투자수익을 올리기 위해 기대하는 가장 큰 아이템은 역시 금과 같은 광물자원이었다. 초기 개척단 105명은 전원 남성으로 구성되었는데, 이는 이들의 목적이 영구 정착이 아닌 자원 확보를 위한 기지건설이라는 점을 시사하는 것이다.

개척단 중에는 농사전문가도 있어서 이들은 영국서 가져온 씨앗을 파

존 스미스가 그린 지도에 등장하는 포와탄왕의 모습

종했지만, 신대륙에 도착했을 때는 이미 파종 시기가 지난 후였고, 또한 이곳 토양 환경에 맞지 않아 식량 수확에 실패하고 만다. 어쩔 수 없이 이들도 자신들이 유럽에서 가져온 잡다한 물품들을 원주민들의 식량과 교환하며 버티는데, 겨울로 접어들면서 원주민들도 식량 교환에 소극적이 된다. 교환할 잉여 식량이 다 떨어졌기 때문이었다. 이로 인해 식민지 정착민들과 원주민들 간에 갈등이 고조된다.

제임스타운 식민지의 문제는, 로어노크 식민지가 상대했던 것과는 전혀 다른 차원의 원주민 집단을 상대해야 했다는 것이다. 제임스타운이 건설된 곳은 강력한 왕이 이끄는 포와탄(Powhatan)연맹의 수도로부터 불과 12마일 거리에 위치하고 있었다. 포와탄왕은 결혼 등을 통해 인근 부족들과의 동맹 관계를 강화하고 궁극적으로 이를 막강한 통치력으로 키워 나가서, 제임스타운이 건설될 즈음에는 15,000명 정도의 부족원을 통치하는 강력한 지배자가 되어 있었다. 포와탄왕은 100명이 넘는 여인과 결혼했다고 하는데, 이 이야기는 결혼으로 호족세력을 휘하로 끌어넣은 왕건을 떠오르게 한다.

제임스타운 식민지의 문제는 이것뿐이 아니었다. 정착지에는 식수가 부족했다. 강물은 바닷물이 역류하여 식수로 사용하기 적합하지 않았고, 정착지 인근의 샘은 탁한 데다가 정착민들이 배출하는 오물 등으로 쉽게 오염되었다. 정착민들 다수가 각종 질병으로 인해 도착한 지 1년 이내 사망하고 마는데, 이는 아마도 깨끗한 물의 부족에서 기인했던 것으로 추정된다. 원주민들이 이곳에 정착하지 않고 단지 사냥터로만 활용했던 것에는 그만한 이유가 있었던 것이다.

이처럼 제임스타운도 식민지 건설 초기부터 이전의 다른 실패한 식민지들과 마찬가지로 여러 문제에 직면하게 되었는데, 어떤 차별점이 제임스타운을 생존하게 할 수 있었던 것일까? 나는 궁극적으로 제임스타운의 성격에 주목하고 싶다. 제임스타운은 어떤 특정 개인이나 국가가 주도한 것이 아니라 여러 투자자의 돈을 모아 집행된 주식회사의 투자사업이었던 것이다. 회사가 주도하는 식민지 운영 방식의 특징은 무엇이었을까?

제임스타운 이야기는 내일로 이어진다. 디즈니 만화로 갑자기 유명세를 탄 포카혼타스가 등장할 계획이다.

오늘 워싱턴 DC에 입성했다. 우리가 반환점으로 생각하는 곳이다. 그리고 이곳에서 방학 동안 인턴십을 하고 있는 딸을 만났다. 이번 주말부터는 미국 인디언 여행 순례자 No. 3로 합류하게 된다. 여행 계획이나 일정 진행에 있어 천군만마의 역할을 해 주기를 기대해 본다. 주말까지는 이곳과 뉴욕에 머물며 장기간 여행에서 지친 심신을 좀 추스를 계획이다. 그리고 DC에서 인디언 관련 장소들을 좀 찾아보려 한다.

내일은 몇 주 만에 늦잠을 자도 괜찮은 날이다. 장거리 운전도 없는 날이다. 신난다.

여행 팁

**제임스타운 유적지(Historic Jamestowne)**

제임스타운 유적지는 윌리엄즈버그(Williamsburg)로부터 15분 거리에 있다. 비지터센터에서는 관련 영상물과 전시물이 제공되고 있고, 당일 진행되는 다양한 가이드투어 프로그램의 시간표를 확인할 수 있으니 시간에 맞추어 참여하면 된다. 입장료는 인당 $20이며, 다른 국립공원과 달리 국립공원 패스가 있는 경우에도 인당 $5을 별도로 지불해야 한다.

제임스타운 유적지 초입에 Jamestown Settlement라는 안내판이 보이는데, 이곳은 당시 식민지 모습을 재현해 놓은 것이다. 유적만이 남아있는 식민지 방문을 통해 충분한 상상력이 소환되지 않는다면 이곳 방문을 통해 당시 식민지 및 인디언 마을의 생활상을 생생하게 느낄 수 있을 것이다. 입장료는 인당 $17.5.

제임스타운 인근의 윌리엄즈버그는 1699년부터 버지니아 식민지의 수도였는데 1700년대 식민지 시대(Colonial)의 건축물들이 많이 남아 있고, 도시 대부분의 건물들도 같은 양식으로 관리되고 있어 그 자체로 방문할 가치가 있는 곳이다. 미국인들에게는 우리로 따지면 경주나 전주 한옥마을과 같은 의미의 도시이다. 워싱턴 DC로부터 2시간 30분 거리에 있다.

# 포카혼타스, 존 스미스, 굶주림의 시기

; 제임스타운 두 번째 이야기,
거듭되는 위기와 극복

오늘은 휴식일이다. 충분히 늦잠을 자고, 몇 가지 사소한 일들을 처리했다. 그중에는 서점에서 지도를 하나 산 것도 포함된다. 아내가, 우리가 소화한 그리고 앞으로 가야 할 긴 여정을 한눈에 보고 싶어 해서다.

여행을 시작한 후 렌터카 주행거리가 이제 5,578마일(8,977㎞)을 돌파했기에, 자동차의 엔진오일이 이대로 괜찮은지 확인하러 워싱턴 공항의 렌터카 회사에 들렀다. 현재 주행 거리를 얘기하고 앞으로 이보다 더 많은 거리를 갈 예정이라고 설명했더니, 두 가지 옵션을 알려 준다. 하나는 이 차를 반환하고 다른 차로 바꿔서 여행을 계속하는 것, 또 하나는 렌터카 회사와 제휴되어 있는 정비소에 들러 오일 교환을 비롯한 기타 점검을 받는 것. 다만, 지금 이곳 지점에는 미니밴이 없는 상황이라 바로 차량 교환을 해 줄 수 없단다. 지금 당장 급한 상황은 아니니

딸아이와의 저녁 식사

추후 좀 더 고민해 보기로 한다.

두 달간의 인턴 생활을 마치는 딸아이가 부모에게 저녁을 대접하고 싶다고 자신이 예약해 둔 식당으로 우리를 데리고 갔다. 여행을 시작한 이래 가장 그럴듯한 식당에서 멋지고 맛난 식사를 했다. 그런데 계산서가 나오는 순간, 딸아이가 지갑이 든 백팩을 차에 두고 왔단다. 그래도 왠지 얻어 먹은 생각이 들며 기분이 좋다. 뿌듯하다.

오늘은 어제 못다 한 제임스타운 이야기를 이어가 보자. 식량 부족과 이로 야기된 원주민들과의 갈등, 그리고 식수원 부족으로 인한 질병 등으로 제임스타운에선 식민지 정착 초기부터 많은 이주민들이 죽어 나갔다. 또한 투자자인 버지니아컴퍼니가 기대하는 귀한 자원의 발견도 이루어지지 않았다. 게다가 정착지 주민들 간의 내분도 끊이지 않아서 원래 1년 임기인 식민지 지도자의 자리가 18개월 동안 세 번 바뀌게 된다.

그리고 마침내 존 스미스(John Smith)가 새로운 지도자로 임명된다.

지도자로 임명되기 전의 일이다. 존 스미스는 정착지의 조달 책임자 역할을 맡아 강 상류 쪽으로 탐사를 나간다. 인근 원주민들도 식량이 부족해진 상황이 되자 더 멀리 내륙 쪽 원주민들을 찾아 나선 것이다. 이 과정에서 그는 원주민들의 공격을 받고 포와탄왕 앞에 끌려오게 된다. 그다음에 벌어진 상황은 두 가지 버전이 존재한다.

먼저 전설적 버전이다. 원주민들이 그를 처형하기 위해 그의 머리를 바위 위에 올려놓고 나무클럽으로 내려치려 할 때, 포와탄왕이 총애하

포카혼타스가 존 스미스를 구하는 모습의 부조작품
- 미국의회 의사당 로툰다홀

는 딸 포카혼타스(Pocahontas)가 그의 머리를 감싸며 아버지에게 눈물로 호소해서 결국 살아나게 되었다는 것이다. 이러한 내용은 존 스미스 본인이 해당 사건 17년 후인 1624년 출간한 자서전에 기록함으로써 세상에 알려지게 되었다.

하지만, 오늘날에 와서 이 장면은 매우 과장된 것으로 여겨지고 있다. 우선 포카혼타스의 나이이다. 그 사건이 발생했을 때, 그녀는 불과 열 살밖에 되지 않았기에 전설이나 만화에서 그려지는 성숙한 처녀(심지어 만화에서는 이 두 사람 사이에 로맨틱한 상황까지 연출된다)처럼 등장하기에는 너무 이른 나이가 아닌가 싶다. 존 스미스가 해당 사건 바로 다음 해에 남겼던 기록에는, 자신이 포와탄왕으로부터 살해 위협이 아니라 극진한 대접을 받은 것으로 나와 있는데, 많은 학자들은 이 드라이한 버전이 사실에 좀 더 가까울 것으로 생각하고 있다.

식민지의 운명이 풍전등화인 상황에서 존 스미스가 지도자로 임명되자 제임스타운은 새 국면을 맞이한다. 그의 취임 후 첫 일성이 "일하지 않은 자, 밥도 먹지 마라."였다. 전체 주민들을 동원하여 무너진 집들과 울타리를 재건하고, 새로 샘물을 파고, 군사 훈련을 실시했다. 또한 원주민 포로들의 도움을 받아 현지 사정에 적합한 농사짓는 법을 배워 나갔고, 버지니아컴퍼니 측에 식민지 생존을 위해 필요한 목수, 농부, 대장장이 등 기술자들을 보내 줄 것을 요청했다(당시 회사에서는 여전히 자원 확보에 대한 미련을 가지고 있었기에 금속제련사와 같은 사람들을 보내고 있던 상황이었다). 그 결과 존 스미스가 지도자로 있던 기간 중에는 사망한 정착민이 거의 없었다고 한다.

하지만, 이러한 조치는 당시 식민지 지배층을 형성하고 있던 귀족 및 상위계급 출신 인사들의 불만을 샀다. '권력과 특권은 출신성분이 아닌 능력에 따라 결정되어야 한다'고 주장하는 존 스미스에 대한 이들의 불만이 고조되어 가던 때에 불행한 사건이 터진다. 강을 따라 여행하던 중 잠이 들었던 존 스미스의 탄약 주머니에 누군가 불을 붙여서 그가 큰 부상을 입게 된 것이었다. 결국 그는 영국으로 후송되고 다시는 제임스타운으로 돌아오지 못하게 된다. 이 사건의 배후는 끝까지 밝혀지지 않았지만 대충 짐작되는 바가 있을 것이다.

존 스미스가 없었더라면 제임스타운은 얼마 가지 않아 붕괴되었을 것으로 보는 시각이 지배적이다. 그래서 이곳 제임스타운 유적지에도 그의 동상이 가장 좋은 위치에 있다. 아직도 귀족이 지배하던 계급사회였던 영국에서 어떻게 존 스미스 같은 귀족계급 출신이 아닌 인물을 귀족들이 포함된 조직을 다스리는 위치로 임명하는 것이 가능했을까? 당시 제임스타운 식민지는 사업이었고, 여기에 투자한 회사의 입장에서는 정치적인 고려보다는 사업적 성공을 최우선으로 두고 적임자를 찾아낸 것이 아니었을까 생각해 본다. 존 스미스는 식민지의 생존을 위해 매우 강압적이고 심지어 독재적일 정도로 주민들을 몰아붙였고, 이로 인해 주민들 사이에서는 인기가 없는 지도자였다고 한다. 인기에 영합하는 지도자가 위대한 지도자가 되기는 힘든 법이다.

존 스미스가 떠나고 제임스타운은 또다시 위기에 처한다. 정착민들은 다시 식량이 부족해지고, 이를 극복하기 위해 원주민들에 대한 공격을 재개한다. 이 장면에서, 제임스타운 역사를 설명해 주는 가이드는

존 스미스 동상

방문객들에게 질문을 하나 한다. "당시 제임스타운의 정착민 수는 대략 500명인 데 반해 포와탄왕 휘하에는 1만 5천 명의 부족민이 있었습니다. 여기서 포와탄왕의 대응 전략은 무엇이었을까요? 1번 전면적인 섬멸전, 2번 포위 지구전."

답은 2번이다. 이에 대한 가이드의 설명은 이러하다. '당시 포와탄 왕국의 입장에서 제임스타운을 쓸어버리는 것은 불가능한 일이 아니었다. 하지만, 이런 방식으로 일을 마무리할 경우 바다 건너로부터 대규모 보복을 받는 것을 우려했을 것이다. 그래서 섬멸보다는 포위를 한

후, 이들이 자발적으로 신대륙을 떠나도록 하는 방법을 택한 것으로 보인다.'

존 스미스가 제임스타운을 떠난 1609년 가을부터 1610년 여름까지의 기간은 대기근의 시대(great starving time)라고 불린다. 당시 먹을 것이 완전히 바닥난 식민지에서는 눈에 보이는 모든 동물을 잡아먹었고(말, 개, 고양이, 쥐 등), 가죽 신발이나 옷깃에 먹인 풀조차 끓여 먹었다고 한다. 가이드가 방문객들의 신발을 보더니, 샌들을 신은 여자들에게 '당신들은 먹을 게 부족했겠다'라고 농담을 던진다. 당시 기록에는 임신한 아내가 죽은 뒤 이를 토막 내어 소금에 절인 일이 발각된 경우도 있었다고 전해지는데, 실제로 2012년에 이곳에서 발굴된 유골을 분석한 결과, 날카

제임스타운 식민지의 위기에 대해 열정적인 설명을 이어 가는 가이드

로운 칼로 잘게 잘려 있는 패턴으로 추론해 볼 때, 해당 유골이 식용으로 활용된 것으로 고고학자들 사이에서 결론지어졌다. 이 겨울을 지나는 동안 500명의 정착민의 수는 60명으로 줄어들게 된다.

원래는 식민지를 향해 보급품과 추가 정착민을 실은 배가 그 이전에 도착할 예정이었었는데, 큰 폭풍을 만나 난파 위기를 겪게 된다. 이로 인해 서인도 제도에서 한참을 지체한 후 이듬해 5월에서야 제임스타운에 도착한다. 이 보급선이 항해에서 겪었던 엄청난 폭풍의 이야기를 소재로 셰익스피어의 명작 『템페스트(Tempest)』가 만들어졌다고 한다. 천신만고 끝에 도착한 보급선은 거의 무너져 가는 식민지의 모습에 아연실색하고, 결국 이들은 다 함께 식민지를 포기하기로 결정한다. 그런데 철수하던 이 보급선이 큰 바다로 들어설 때 또 다른 영국 함선을 만난다. 이 배에는 식민지의 새로운 지도자와 추가 보급품이 실려 있었다. 결국 모두 제임스타운으로 되돌아와 재건을 시작하게 된다.

이 과정을 살펴보면서, 제임스타운이 포기될 수 없었던 절박한 상황을 생각해 본다. 버지니아컴퍼니가 여러 투자자로부터 돈을 모아서 벌인 사업을 쉽게 접을 경우, 회사 경영진은 이로 인한 경제적 손실, 사회적 비난을 감당하는 것이 쉽지 않았을 것이다. 따라서 어떻게 해서든 사업은 지속되어야 했고, 투자도 계속되었을 것이다. 망했다고 소문나면 더 이상 투자자를 끌어올 수 없게 된다. 이 위태로운 사업은 존 스미스로 인해 한 번의 위기를 탈출했지만, 살아남기 위해 또 한 번의 기적을 필요로 했다. 그리고 그 기적은 또 다른 존(John)에 의해 만들어진다. 한 가지 흥미로운 사실은 이 두 명의 존은 제임스타운을 구해 낸 영웅이라는 공통점 외에 둘 다 포카혼타스와 관련이 있다는 것이다.

또 다른 존의 활약상과 포카혼타스의 나머지 이야기는 내일 제임스타운 세 번째 이야기로 넘길까 한다.

그리고 내일은 이곳 워싱턴 DC에서 인디언 관련 장소를 찾아갈 예정이다. 정말 기막힌 곳을 찾아냈다.

# 담배가 구한 식민지, 영국에 간 포카혼타스

; 워싱턴 DC 인디언 박물관,
제임스타운 세 번째 이야기

이틀째 늦잠을 잔 후(행복하다!), 워싱턴 시내에 나가 점심을 먹고 향한 곳은 스미소니언 아메리칸 인디언 박물관. 원래 워싱턴은 딸아이를 만나 우리의 순례길에 합류시키기 위한 장소로만 생각했기에 특별히 이곳에서 인디언 관련 장소를 알아보지는 않았었다. 그러다 어젯밤 혹시나 하는 생각에 스미소니언 박물관을 검색하다가 인디언 박물관이 별도로 마련되어 있다는 사실을 알게 되었다. 오늘은 여행 시작 후 처음으로 뚜벅이 여행을 했다. 워싱턴의 지하철이 꽤 괜찮았다. 그동안 경험해 본 미국 지하철은 뉴욕밖에 없었기에 다 그러려니 했는데, 이곳 지하철과 지하철역은 꽤 쾌적한 편이다.

4층으로 구성되어 있는 인디언 박물관은 4층의 영화 관람부터 시작하도록 추천되어 있다. 다만, 각 부족마다 각기 다른 사연이 있는 아메리카 인디언을 15분이라는 짧은 시간 동안 다루려다 보니 내용이 다소 추상적인 점은 아쉽다. 4층에는 영화관 외에 두 개의 큰 테마관이 있는데, 하나는 몇 개 부족들의 탄생 전설, 문화, 그리고 현재의 모습 등을, 다른 하나는 여러 인디언 부족들이 미국과 맺은 조약들에 대해 소개하고 있다. 특히 몇 개의 주요 조약에 대해서는, 해당 조약이 미국과 인디언 부족 양측에게 어떤 의미이며 그 결과 어떤 일이 생겼는지를 상세히 설명해 준다.

3층에도 몇 가지 주제별로 전시관이 있는데, 첫 번째 전시관은 미국을 상대로 인디언이 대승을 거두었던 1876년의 리틀빅혼 전투(The Battle of Little Bighorn)를 다룬다. '과연 누가 승자라고 볼 수 있는지' 질문을 던지고, 이 사건이 당시 미국 사회에 준 충격을 얘기한다. 설명에 따르면, 이 사건은 미국 역사에서 케네디 대통령 암살에 버금가는 큰 일이었다

쾌적한 워싱턴DC 지하철역

고 한다. 이 전투에서 커스터(Custer)가 이끄는 제7기병대는 쉐이엔족과 수족(라코타족라고도 함)의 마을을 기습 공격했다가 이들 부족의 반격에 거의 몰살된다(커스터를 포함한 268명의 미군 전사).

인디언박물관 입구

물론 이 전투 이후 미군은 더 거센 보복을 통해 결국 인디언들을 굴복시키고 원하는 협정을 체결해 내지만, 미국에 큰 패배를 안긴 이들 부족은 미국인들에게 강한 인상을 심어 주었다. 그리고 비록 이 전투에서 패배했지만 장렬히 전사한 커스터와 제7기병대는 미국 서부개척 역사에서 가장 오래도록 회자되는 영웅이 된다. 리틀빅혼 전장은 우리가 미국의 서부개척로를 따라 서쪽으로 이동하면서 방문할 계획이다. 그때(Day 38) 더 상세히 다루기로 한다.

3층의 두 번째 전시관은 인디언 제거법(Indian Removal Act)에 따른 5개 문명화된 부족의 강제 이주('Day 13'에서 얘기한 바 있음)에 대한 것이었다. 몇 가지 키워드로 정리해 보면, 당시 잭슨 대통령 행정부가 얼마나 졸속으로 이 일을 추진했었는가(50만 불의 예산을 요청했었는데, 실제로는 그 200배인 1억

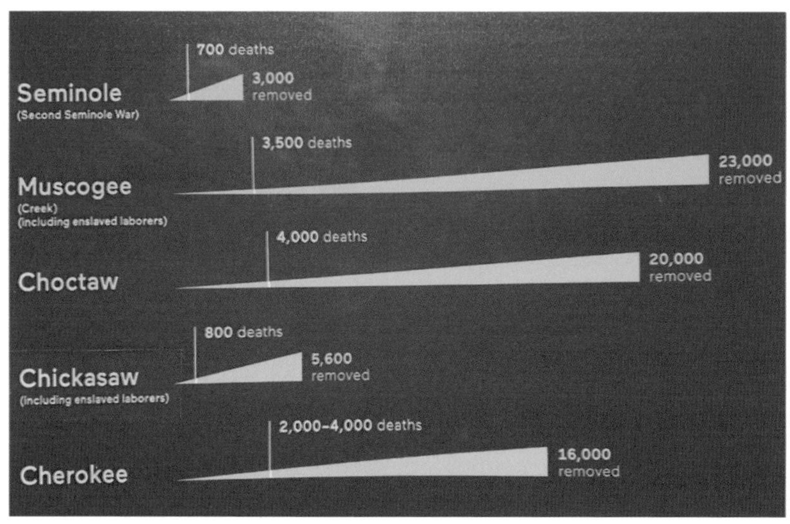

강제 이주 대상이 되었던 동부 5개 부족민들과 희생자 수를 정리한 전시물

불이 소요됨), 또한 얼마나 많은 인디언들이 강제 이주 과정에서 사망했는가, 그리고 동남부 지역 인디언 땅을 차지하게 된 것이 미국의 경제발전에 얼마나 큰 기여를 하게 되었는가에 대한 내용이었다.

이 지역의 비옥한 토양에서 면화농사가 성공함으로써 미국이 세계적 경제대국으로 성장하는 발판이 되었다는 것이다. 이를 보고 있으면 결국 잭슨 대통령은 인디언에게는 끔찍한 인물이었으나 미국인들(백인들)에게는 대단한 인물로 기억될 수도 있겠다는 생각이 든다. 이 인디언 제거법은 미국 하원에서 102대 97로 통과되었다고 하니, 당시 미국인들이 경제적 이익과 양심 사이에서 갈등했던 흔적을 보는 듯하다.

세 번째 전시관은 인디언을 소재로 한 각종 상품들을 소개하는 곳이다. 자동차(체로키), 헬기(아파치, 치눅, 키오와, 코만치, 쇼니: 모두 부족 이름) 그리

인디언을 소재로 한 세계 각국의 상품들 전시관

포카혼타스 관련 전시관

고 순항미사일(토마호크: 인디언들의 손도끼) 등 많은 브랜드들이 거대한 벽의 양면을 채우고 있다. 심지어 한국의 '인디언밥'과자도 전시되어 있다!

네 번째 전시관은 포카혼타스에 대한 내용이다. 그녀는 단지 존 스미스를 구한 것이 아니라 아메리카를 구했다고 소개하고 있다. 그녀를 통해 강력했던 포와탄 왕국과 제임스타운 식민지 간에 평화를 유지할 수 있었다는 내용이다. 이 부분은 뒤에 좀 더 다루기로 하겠다.

그리고 특별전으로 잉카문명 및 문화에 대해 꽤 상세한 전시가 진행되고 있다. 사실 아메리칸 인디언을 얘기하려면 아메리카 대륙을 통틀어 보는 것이 맞는 듯하다. 하지만 이렇게 되면 감당할 범위가 너무 커져서 난 그냥 미국 인디언으로 한정해서 살피려 한다.

이곳에 있는 뮤지엄샵에서는 여러 부족들의 대표적인 상품들을 진열해서 판매하고 있는데, 주로 푸에블로 인디언들의 물품이 많은 편이다. 우리가 주니마을에 갔을 때(Day 5), 가이드가 주니 부족민들이 공예품 제작으로 소득을 올리고 있다는 설명을 해 주었는데, 실제로 이곳에는 주니 부족의 보석공예나 도자기류가 많이 전시·판매되고 있다.

모든 부족의 사례가 포함된 것은 아니지만, 한 장소에서 인디언들과 관련된 전반적인 내용을 살펴볼 수 있고, 몇 가지 주제에 대한 깊은 분석 및 자료를 볼 수 있다는 면에서 꽤 의미 있는 박물관 체험이 된 듯하다.

이제 다시 제임스타운으로 돌아가서 이야기를 마무리할 시간이다. 존 스미스가 영국으로 돌아간 후 다시 극도의 위기에 몰려 있던 제임스타운을 구한 것은 또 다른 존이라고 얘기했었는데, 그가 바로 존 롤프(John Rolfe)이다. 그는 당시 유럽에서 인기를 끌고 있던 서인도제도산 담

주니족 공예품이 판매되고 있는 뮤지엄샵

배 경작을 제임스타운에서 시도하는데, 수차례 실패 끝에 마침내 미국 땅에 적합한 종자를 찾아내고 재배에 성공한다. 그리고 이 제임스타운 산 담배는 영국으로 수출되어 선풍적인 인기를 끌게 되고, 결국 버지니아컴퍼니가 그토록 찾던 금 대신 담배를 통해 제임스타운 식민지는 정착에 성공하게 된다.

식민지에서 담배 재배 붐이 일면서, 더 많은 정착민이 몰려오고 더 많은 경작지가 필요해지게 되었다. 그리고 이는 필연적으로 포와탄 왕국과의 충돌로 이어졌다. 이 와중에 일부 정착민이 포와탄 왕의 딸 포카혼타스를 납치한다. 이들은 그녀를 원주민들이 붙잡아 간 정착민 및 다른 물품들과 교환할 심산이었는데, 이 협상이 지지부진한 가운데, 존 롤프가 제임스타운에서 지내고 있던 포카혼타스와 사랑에 빠지고 만다. 그리고 수많은 논란 끝에 포카혼타스는 세례를 받고 이름을 레베카로 개명한 후, 존 롤프와 1614년에 결혼식을 올린다. 이 결혼을 계기로 포와탄 왕국과 제임스타운 식민지는 7년간 평화를 누리게 된다. 결국 존 롤프는 담배 경작의 성공과 포카혼타스와의 결혼으로, 두 번에 걸쳐 제임스타운의 번영과 평화에 공헌하게 된 셈이다.

1616년에 포카혼타스는 남편 존 롤프, 그리고 둘 사이에 태어난 아들과 함께 영국을 방문한다. 그곳에서 그녀는 극진한 대접을 받았고 런던의 명사가 되었다. 그리고 당시 런던에 머물던 존 스미스와도 재회하는데, 그 자리에서 포카혼타스는 제임스타운의 영국인들은 존 스미스가 죽었다고 말해 왔지만 자신은 그 말을 믿지 않고 있었다고 얘기했다 한다.

당시 포와탄왕은 포카혼타스의 수행원 자격으로 자신의 심복 하나를 딸려 보내 영국을 정탐해 오라고 했다 한다. 정말로 영국이란 나라에 사람이 그렇게 많이 사는지 확인하기 위해 나무 막대기에 눈금으로 사람 수를 표시해 오라고 했다는데, 아마도 이 조사는 도착 첫날 포기하게 되었을 것이다.

영국 왕실 방문 시 그려진 포카혼타스 초상화

이듬해에 존 롤프와 그의 가족은 다시 제임스타운으로 출발한다. 하지만 그 이전부터 병을 앓던 포카혼타스와 그의 아들의 병세가 악화되어, 제임스타운으로 향하는 배가 템즈강을 채 빠져나가기도 전에 강변의 어느 마을에서 포카혼타스는 사망한다. 20대 초반의 나이였다. 제임스타운 유적지에는 존 스미스 동상의 뒤편으로 포카혼타스의 동상이 서 있다. 10대 초반 소녀의 모습이 아니라 20대 초반 숙녀의 모습으로. 포카혼타스는 영국 그리고 미국인들에게 가장 유명한 인디언 여인일지 모른다. 하지만, 제임스타운의 또 다른 영웅, 존 롤프의 동상이 없는 것은 좀 아쉽다. 그에게는 무엇이 부족했던 것일까?

제임스타운 유적지에 있는 포카혼타스 동상

식민지와 평화적 관계를 유지해 오던 포와탄 왕이 죽고 그 자리를 승계한 오페챙커누(Opechancanough)는 식민지를 상대로 대대적인 공격을 전개하여 한때 전체 정착민의 3분의 1에 달하는 350명이 살해당하기에 이른다. 하지만 이 숫자는 지속적으로 유입되는 정착민으로 곧바로 채워졌고, 결국 포와탄 왕국의 붕괴와 함께 대부분의 원주민 부족은 버지니아 인근에서 소멸되는 과정을 밟게 된다.

내일은 미국의회 의사당을 방문한 뒤 뉴욕으로 이동한다. 의사당 원형홀(rotunda)에 가서 찾아볼 내용이 있어서이다. 뉴욕까지의 일정은 아직 휴식 모드이다.

# 그곳에서도 제대로 인정받지 못하는 원주민들

; 미국 의회의사당에서 묘사되는
원주민 인디언의 모습들

미국 의회의사당

워싱턴 일정의 마지막 날, 의회의사당을 방문했다. 미국 의회는 미국 민주주의의 상징과 같은 곳이고, 이곳에는 미국 건국에서부터 오늘날에 이르기까지의 역사와 상징이 표현된 예술 작품들도 전시되어 있다. 예전에도 방문한 적이 있었지만, 이번에는 철저하게 미국 인디언의 관점에서 이들이 어떤 모습으로 그려져 있는지에 초점을 맞추어 보기로 한다.

방문객 센터에는 각 주를 대표하는 인물들의 조각상이 전시되어 있는데, 이 중 인디언들도 여럿 있었다. 먼저 포페이(Po'Pay). 뉴멕시코주의 인물인데, 1680년 당시 뉴멕시코 지역을 지배하던 스페인에 대항했던 푸에블로 항거('Day 10'에서 소개된 바 있음)를 이끌었던 인물이다. 그는 서로 언어도 달랐던 여러 푸에블로들을 통합하여 스페인인들을 뉴멕시코 지역에서 몰아내는 데 성공했다. 그리고 또 다른 인디언 동상들로는, 와이오밍주에는 백인들과 평화를 유지했던 와샤키추장(Washakie), 네바다주에는 교육가였던 사라 위네무카(Sarah Winnemucca), 노스다코타주에는 루이스 클라크 탐사대를 도와주었던 새커거위아(Sakakawea), 하와이주에는 왕국의 통일을 이끌었던 카메하메아 1세(Kamehameha I) 등이 있다.

이들 중 인디언 입장에서 중요한 인물은 포페이 정도일 텐데, 그가 몰아냈던 대상이 미국인이 아니었기에 이곳 의사당에 있는 것이 가능했을 것으로 보인다.

의사당 내 예술 전시물의 핵심은 로툰다(Rotunda)라고 볼 수 있다. 천장의 원형 돔 밑으로 그림들(Frieze)이 둘러져 있는데, 미국 역사의 중요한 순간인 19개의 장면이 프레스코화로 그려져 있다. 흰색과 회색을 사용하여 매우 입체감을 주고 있어서 마치 부조된 조각물처럼 보이기도

로비에 전시되어 있는 각 주를 대표하는 인물들 조각상

한다. 여기에 표현된 장면 중 역사적으로 가장 앞선 사건은 콜럼버스의 서인도제도 도착(1492)이고, 가장 최근 사건은 라이트 형제의 비행기 발명(1903년)이다. 이 돔의 벽화는 1951년에 최종적으로 다 채워졌다고 하니 그 이후의 역사적 장면(예를 들면 달착륙)은 여기에 포함될 기회가 없었을 것이다.

그런데, 콜럼버스의 서인도제도 발견으로부터 시작해서 코르테즈(Cortez)의 아즈텍 정복과 피사로(Pizarro)의 잉카 정복으로 이어지는 처음 3개의 그림은 사실상 미국과 직접적인 관련이 없는데 이들이 포함된 것은 약간 의아한 느낌이 든다. 유럽인들이 아메리카 대륙을 수중에 넣은 것을 기념하는 것일까?

그다음 그림은 미시시피강에서의 데소토의 사망과 포카혼타스가 존 스미스의 생명을 구하는 장면이다. 그리고 청교도(필그림)의 상륙, 윌리

미국 역사의 중요한 순간들이 그려진 로툰다홀 천장

엄 펜(William Penn)과 델라웨어 인디언, 뉴잉글랜드 식민지 건설, 오글소프(Oglethorpe)와 머스코기(Muskogee) 인디언(크리크Creek 부족으로도 불림)의 모습이 이어진다. 이후에는 독립전쟁, 멕시코전쟁, 캘리포니아 금광 발견, 남북전쟁, 스페인전쟁 등이 나오고, 그 사이에 테쿰세(Tecumseh)의 사망 장면이 들어 있다.

윌리엄 펜과 오글소프는 인디언들과 평화적인 협상을 통해 이들의 영토에 합법적으로 펜실베니아주와 조지아주를 만든 사람이다. 미국인들 입장에서는 이처럼 평화로운 방법으로 영토를 획득하고 또 자신들에게 영토를 내어 준 사람들을 기림으로써, 유럽인들의 미국 영토 확보에 정당성을 부여하고 싶었던 것은 아니었을까 생각해 본다. 사실 이들처럼 평화적으로(사실은 일시적인 속임수였을 수 있지만) 유럽인들이 영토를 확보한 사례는 드물다. 그럼에도 이 두 개의 예외적 사례들이 이곳 의회의사당에서 미국의 영토 확보를 정당화하고 있다.

포카혼타스를 제외하면 그림에서 실명으로 등장하는 인디언은 테쿰세가 유일하다. 하지만, 그는 여기서 주인공이 아니다. 테쿰세는 오하이오 지역에 있던 쇼니족 추장으로, 1812년 영국과 미국이 전쟁 중인 틈에 영국군을 활용하여 인디언 부족들을 통합한 국가를 건설하겠다는 비전을 가지고 노력했던, 당시 인디언 지도자로서는 드문 안목을 가지고 있던 추장이었다. 테쿰세가 전투에서 사망하는 장면이 그려진 이 그림의 의미는, 인디언 연합국가 건설의 꿈을 꺾음으로써 인디언 영토의 확보가 원활해진 것을 기념하는 것으로 봐야 할 것 같다. 테쿰세 얘기는 앞으로 그와 관련된 지역을 방문하면서 좀 더 할 기회가 있을 것이다(Day 32).

19개의 미국의 역사적 장면 속에서 인디언들은 여섯 번 등장하는데, 대부분 백인들을 환영하거나, 아니면 평화롭게 협상을 하는 모습들이

포카혼타스가 세례를 받는 장면

다. 미국의 영토 침략에 저항하던 인디언추장(테쿰세)은 제거되는 대상으로 등장하며, 주연 출연은 백인을 살려 주었던 포카혼타스만이 유일하다. '유럽인들이 인디언들이 살던 땅을 확보(혹은 약탈)하여 만든 나라'라고 미국을 정의하면 이렇게 역사를 바라보게 될 것 같기는 하다. 하지만, 인디언들이 이 땅의 주인이었던 점을 생각할 때 왠지 드는 씁쓸한 생각은 어쩔 수 없다.

로툰다홀의 벽면에도 역사적 의미가 있는 사건을 표현한 대형 그림 6점이 전시되어 있는데, 이 중 세 개의 그림에 인디언이 등장한다. 포카혼타스가 세례를 받는 장면, 콜럼버스가 상륙하는 장면, 그리고 데소토가 미시시피를 발견하는 장면이다. 콜럼버스와 데소토가 나와 있는 그림을 보면, 인디언들이 이들을 극진히 반기는 모습으로 설정되어 있는데, 토니 호위츠(Tony Horwitz)가 그의 저서에서 왜곡이 심하다고 지적했던 장면이다. 특히 데소토가 미시시피강을 발견했을 당시, 데소토는 인디언들과의 전투로 많은 병력과 보급품을 잃고 주변의 인디언들의 위협을 피해 몰래 강을 건너는 것을 추진하던 상태였다. 그림처럼 인디언들이 받들고 환영하는 상황은 존재하기 어려웠을 것이다.

비슷한 시기에 코로나도와 데소토가 각각 미국 남서부와 남동부를 탐사했는데, 코로나도는 전혀 등장하지 않는 반면, 데소토는 미시시피의 발견과 죽음이라는 두 장면에 등장한다. 왜 그럴까? 코로나도가 탐사한 땅들은 미국이 추후 멕시코로부터 빼앗은 반면, 데소토가 탐사한 땅들은 미국이 스스로 인디언을 내쫓고 확보한 땅이라 그런 게 아닐까 생각해 본다. 데소토의 미시시피강 탐사를 그 지역 원주민이 반기고 섬기

과장되어 표현된 데소토의 미시시피강 발견 장면 그림

는 그림을 통해, 그때 이미 해당 지역에 대한 유럽인들의 통치권이 인정된 것처럼 보이고 싶었던 것은 아닐까? 그렇게 해서 미시시피강 동부에 거주하던 5대 부족을 강제로 오클라호마로 쫓아낸 행위에 대한 정당성을 조금이나마 얻으려 했던 것은 아닐까?

의사당의 예술품들을 통해 본 인디언들의 모습은 대부분 유럽인들을 환영하거나, 도와주거나, 평화적으로 땅을 내어 주는 역할이다. 그리고 여기에 위협이 되었던 인물은 성공적으로 제거된다.

이미 어느 정도 예상했던 모습이었지만, 이를 다시 한 번 확인하게 되니 씁쓸하다. 미국에게 위협이기도 했지만, 그래도 이제는 같은 국민으로 포용하게 된 인디언의 영웅들도 이곳에 긍정적으로 소개하는 것은 어려웠을까? 이곳에서 보는 미국은 철저하게 백인들의 나라이다.

로툰다홀에서 세 번이나 등장하는 인물이 포카혼타스이다. 천장의 프

포카혼타스가 존 스미스를 구하는 장면이 표현된 벽면 부조

레스코화와 벽에 걸려 있는 그림에, 그리고 벽면 부조에도 존 스미스를 구하는 모습으로 등장한다. 이 정도로 그녀가 부각되는 것이 신기하다.

오늘은 워싱턴을 떠나 뉴욕으로 들어왔다. 중서부의 외진 곳들을 다니다가 동부로 오면서 사람 구경을 한다 싶었는데, 맨해튼은 이제 너무 정신이 없다. 적응에 좀 시간이 필요할 듯하다.

 여행 팁

**연방의회의사당(US Capitol)**

연방의회의사당의 로툰다홀을 들어가려면 입장권(tour pass)을 발급받아야 한다. 요금은 따로 없으며 항상 많은 방문객이 찾는 장소이므로 온라인으로 사전에 예약을 하는 것이 바람직하다. 방문객 센터에 카페테리아가 있어 식사가 가능하다.

# 맨해튼에 뉴암스테르담이 들어서다

; 뉴네덜란드 vs 뉴잉글랜드,
뉴암스테르담 vs 뉴욕

뉴욕은 1994년부터 2000년까지 내가 살았던 곳이다. 그 이후에도 출장 등의 이유로 자주 방문하기는 했지만, 이번처럼 온전히 여행객의 모습으로 와서 지내기는 오랜만이다. 그동안 맨해튼 하면 으레 떠오르는 곳은 엠파이어스테이트 빌딩, 5th Avenue, 센트럴파크, 타임스퀘어, 현대미술관(MOMA: Museum of Modern Art)과 같은 곳이었는데, 이번에는 다른 곳을 방문했다.

허드슨야드(Hudson Yards)와 하이라인공원(High Line Park). 이미 뉴욕의 새로운 관광명소로 많이 알려진 곳이라 이들 장소를 새삼 소개할 필요는 없을 것 같다. 다만, 그동안 서울역 고가차도에 만들어진 공원이 바로 이곳 뉴욕의 하이라인공원을 벤치마킹한 것으로 알고 있었는데, 직접 이 둘을 비교해 보면서, 고가도로에 사람이 걸어 다니도록 했다는 점만을 빼놓고는 완전히 다른 작품이라는 생각이 들었다.

하이라인공원은 2킬로가 넘는 길을 걸으면서도 전혀 지루하지 않도록 공원 구석구석에 재미있는 요소들을 심어 두었고, 일부 구간은 큰 나무들이 우거진 숲길을 걷는 느낌이다. 그야말로 도심 속의 공원이랄까? 그러나 서울역 고가차도에는 이 느낌이 없다. 무언가 성공적인 것을 벤치마킹할 때에는 그것이 성공적인 이유를 이해하고 이를 구현하는 것에 집중해야 한다. 이에 대한 이해 없이 형식만을 베끼면 이같은 차이를 만드는 것 같다.

뉴욕에 온 김에 이곳 역사를 한번 정리해 보고자 한다(관광객 모드인 오늘은 인디언에 대해 할 얘기가 없다고 하니 아내가 제안한 주제이다. 쉴 틈을 주지 않는다).

뉴욕은 1524년 이탈리아인 베라자노(Verrazzano)가 이곳을 항해하면서 처음 유럽인에게 알려진 것으로 되어 있다. 이곳에 살던 원주민들이 유럽인을 처음 마주친 순간이다. 이후 네덜란드가 영국인 허드슨(Hudson)을 고용해서 인도로 가는 새로운 길을 찾기 위한 탐사를 맡기는데, 그는 처음에 스칸디나비아반도 북쪽을 지나는 길을 찾다가 얼음에 막혀 포기한 뒤, 미 대륙을 통해 서쪽으로 나가는 항로를 탐색한다. 이 과정에서 지금의 뉴욕 지역으로 들어와 큰 강을 따라 올라가게 되는데 상류에서 수심이 얕아지면서 결국 탐사를 포기하고 만다. 이들의 이름은 각각 베라자노대교(Verrazzano Bridge: 스테이튼 아일랜드와 맨해튼을 잇는 다리), 그리고 허드슨강(Hudson River)으로 남아 있다.

허드슨은 탐사보고서에 허드슨강 지역의 원주민들이 우호적이고 토지가 비옥한 것으로 기록하였고, 이후 네덜란드는 서인도회사를 설립하여 해당 지역을 개척하기 시작한다. 뉴네덜란드라고 불렸던 식민지의 영역은 한때 뉴욕, 뉴저지, 델라웨어, 코네티컷주를 포함하는 큰 지역이었다. 뉴네덜란드의 초기 사업은 주로 허드슨강 북쪽에 거주하는 원주민들과 동물가죽을 교환하는 것이었고, 최초의 요새도 허드슨강 북쪽에 건설된다. 이후 해상 교역이 중요해지면서 1625년에 지금의 맨해튼섬에 암스테르담 요새(Fort Amsterdam)가 설립되고 이 지역은 이후 뉴암스테르담으로 명명된다.

뉴네덜란드를 관리하던 서인도회사는 정착민들이 땅을 소유하고자 할 경우 해당 지역의 원주민으로부터 구매하도록 규정하고 있었는데, 맨해튼섬은 당시 60길더의 가치에 해당하는 물품을 그곳의 원주민에게 주고 구매한 것으로 기록되어 있다. 60길더의 가치를 달러로 환산하면 24달러라는 기록이 있어서, 이후 맨해튼은 24달러에 거래된 섬으로 알려지게 되지만, 실제로 당시의 60길더의 가치가 오늘날 화폐로 얼마에 해당하는지에 대해서는 논란이 많은 듯하다. 하지만 그래도 그 범주는 수천 달러에서 수만 달러에 불과하므로 헐값임에는 분명한 것 같다.

당시 원주민들은 땅의 소유권에 대한 개념이 없었기에 실제로 이들은 그냥 종이에 그림 그려 주고(서명) 그 대가로 선물을 받은 것으로 이해했을 가능성이 크다. 실제로 이 거래 후에도 원주민들은 이전처럼 수시로 들락거리며 사냥을 하곤 했다고 한다.

뉴네덜란드의 정착민이 늘어 가면서 인근 원주민들과의 갈등도 커져 가는데, 급기야 당시 뉴네덜란드의 총독이 인근 원주민들에게 세금(공물)을 부과하기 시작하자 전쟁이 시작된다. 1655년부터 1664년까지 세

네덜란드인들이 원주민들로부터 맨해튼을 구입하는 장면 그림

차례 전쟁이 있었는데, 이 중 두 번째 전쟁은 한 인디언 여인이 정착민의 과수원에서 복숭아를 가져갔다가 살해되면서 발생한 것으로 되어 있다(복숭아전쟁 'Peach War'라고 불림). 이에 분노한 원주민들이 뉴암스테르담까지 공격해서 결국 그 살해범을 찾아내 죽이고야 만다. 이러한 양측의 전쟁은 서로 상대방의 마을을 파괴하고 학살하는 양상을 지속한다.

이후 북쪽에 설립된 영국의 뉴잉글랜드 식민지가 남쪽으로 확장되어 오면서 뉴네덜란드의 영역은 지속적으로 영국의 위협에 시달리게 되고, 이에 대한 방어책으로 섬의 남쪽에 방책을 두르는데, 여기서 지금의 월스트리트(Wall Street: 장벽거리) 이름이 유래한다. 결국 1664년 영국의 대규모 함대가 뉴암스테르담을 포위하고, 병력에서 열세인 뉴네덜란드 총독은 영국군에 항복한다. 그리고 영국은 이 지역을 뉴욕으로 개명하여 오늘에 이르게 된다. 네덜란드는 1673년에 대규모 함대를 파견하여 일시적으로 뉴욕을 되찾기도 하지만 1년 만에 다시 영국에 내어 준다.

영국의 뉴잉글랜드 식민지가 종교의 자유를 찾아 유럽을 떠나온 이민자들로 시작했지만, 사실 종교의 자유를 다른 종교의 용납이라는 측면으로 본다면 뉴네덜란드가 더욱 관용적이었다. 지금 뉴욕 맨해튼을 보고 있노라면, 미국 건국이념이었던 청교도 정신보다는 네덜란드의 다양한 사상, 종교, 민족의 포용 정신이 더 많이 느껴지기에 어쩌면 이곳의 정신은 뉴욕보다는 뉴암스테르담에 더 가깝지 않은가 생각해 보게 된다.

내일은 뉴욕을 떠나 코네티컷으로 이동한다. 서부로 향하는 대장정을 이틀 앞두고 있다.

아 참, 아내가 맨해튼이 인디언 이름이라는데 한번 알아보라고 한다. 확인해 보니 당시 이곳에 살던 원주민들이 이 지역을 부르던 이름인 만나 하타(Manna Hatta)에서 유래했다고 한다. 원주민말로 '언덕이 많은 섬'이라는 뜻이었다는데 지금은 빌딩 숲에서 언덕의 흔적을 찾기는 힘들다.

# 청교도 도착 이전의 방문객들과 원주민들의 만남

; 뉴욕을 떠나 뉴잉글랜드로,
미스틱 시포트(Mystic Seaport)

뉴욕을 떠나기 전, 아내와 딸은 쇼핑 시간을 가졌다. 그런데 몇 시간을 돌아다니는데도 별로 사는 것이 없다. 아이쇼핑만으로도 괜찮다고 하는데 정말 그런 것이라고 믿어야겠지?

맨해튼으로 입성했던 토요일 저녁, 코리아타운에 식사하러 갔다가 한국 식당마다 현지인들이 밤늦게까지 줄을 서 있는 상황을 보고 놀랐다. 그리고 그곳에서 파는 한식은 외국인들의 입맛에 맞춘 것이 아닌 제대로 만든 한식 그 자체였고 가격도 결코 싸지 않았다. 한식의 밝은 미래를 보는 느낌이었다. 뉴욕을 떠나기 전 다시 한 번 한식으로 맛있는 점심 식사를 하고(다음의 맛난 한식 일정은 언제일지 모른다), 뉴잉글랜드 지방에 해당하는 코네티컷주로 이동했다.

이 지역에 뉴잉글랜드라는 이름을 붙인 이는 제임스타운을 멸망에서 구원했던 바로 그 존 스미스이다. 불의의 사고로 부상을 입어 제임스타운을 떠나야 했던 존 스미스는(Day 21) 이후 이곳 미국의 북동부 해안을 정찰한다. 그는, 이곳의 지형이 험하고 춥기는 하지만 도처에 널린 바위와 울창한 숲은 훌륭한 건축자재가 될 수 있고, 생선과 랍스터, 조개와 같은 수산자원이 풍부하며, 원주민들이 우호적이라 식민지 개척에 적합한 장소라고 기록했다. 그 자신은 이 지역 식민지 개척에 직접 참여하지는 못했지만, 나중에 이곳에 정착한 청교도들은 그가 만든 세밀한 지도를 참조했다.

하지만 실제로 존 스미스가 이 지역을 최초로 정찰한 것은 아니었다. 1602년에 바솔로뮤 고스널드(Bartholomew Gosnold)라는 영국인이 식민지 건설단을 이끌고 오늘날 매사추세츠 지역에 도착한다. 모래톱이 길게 나온 지역에서 생선을 많이 잡게 되어 그곳을 케이프코드(Cape Cod: 대구곶)로 명명하였고, 인근의 아름다운 섬은 딸의 이름을 따서 마서스 빈야드(Martha's Vineyard: 마사의 포도밭)라 이름 붙인다. 이들 명칭은 지금도 그대로 남아 있는데, 뉴잉글랜드 부호들의 별장들이 자리 잡고 있는 곳이다.

이 식민지 건설단은 연안의 섬에서 많은 양의 사사프라스(sassafras)나무를 발견하게 되는데, 이 사사프라스나무는 당시 유럽에서 퍼지기 시작한 매독병의 치료제로 알려지면서 그 가치가 급등하고 있던 식물이었다. 이들의 원래 계획은 이곳에 정착기지를 건설하여 사사프라스나무나 기타 자원을 확보하는 사업을 벌이는 것이었는데, 보급품 부족과 이번에 확보한 사사프라스나무에 대한 이익 배분 등의 문제로 인해 결국 모두 영국으로 돌아가게 된다. 제임스타운에 영국인들이 발을 내디딘 것이 1607년이었으니, 고스놀드 개척단이 계속 정착했더라면 제임스타운의 명성은 이들의 몫이 되었을 수 있다.

당시 뉴잉글랜드 지방 및 그 북쪽의 캐나다 북동부 해안은 대구, 고래 등의 어족 자원이 풍부하여 유럽의 원양어선들이 활발하게 진출하고 있었다. 아직 냉장, 냉동기술이 발달하지 않았던 당시에는 생선이 상하는 것을 방지하기 위해 배에서 바로 소금에 절여 보관하는 것(wet fishing)이 일반적이었다. 하지만 일부 선원들은 해안에 상륙하여 생선을 건조시킨 뒤 다시 유럽으로 운송하는 방식(dry fishing)을 개발하게 된다. 또한 고래의 경우에도 포획 이후에 이를 해체하기 위해서는 육상작업이 필요했다. 이러한 사유로 이미 1500년대 후반부터는 캐나다 북동부 지역에 많은 유럽인들이 여름철에 해안에 상륙하여 기지를 건설하고 머무르게 되

캐나다 뉴펀들랜드 지역의 대구 건조기지 그림

었다. 하지만 이곳들은 영구적인 정착지가 아니라 일시적인 작업기지에 불과했고, 이들이 떠나고 나면 원주민들에 의해 다시 파괴되곤 했다.

이러한 어업기지 활동을 통해 1500년대 후반부터 뉴잉글랜드 지방에서도 원주민과 유럽인의 접촉이 빈번하게 발생하게 되었고, 이로 인한 전염병의 발병이 해안 지역 원주민 마을들에 심각한 영향을 미친다. 또한 일부 원주민들은 유럽 선원들에게 납치되어 노예로 팔려 가기도 한다. 뉴잉글랜드 매사추세츠 해안가에 파툭셋(Patuxet)이라는 원주민 마을이 있었는데, 이 마을 청년이었던 티스콴툼(Tisquantum)은 1614년에 유럽 어선에 붙잡혀 스페인에서 노예로 팔리게 된다. 이 파툭셋 마을과 티스콴툼이 1620년 메이플라워호를 타고 도착하는 청교도들의 구세주 역할을 하게 된다. 이 이야기는 나중에 해당 지역 방문 시에 좀 더 다루기로 한다.

오늘의 숙소는 코네티컷주 미스틱(Mystic)이다. 이곳은 수족관, 해양박물관 그리고 뉴잉글랜드풍의 부둣가 거리로 유명한 관광지이다. 하지만 17세기에는 피쿼트(Pequot) 부족 지역이었고, 1637년 영국인들 및 이들과 연합한 다른 인디언 부족들에 의해 피쿼트 부족민 수백 명이 학살당한 장소이기도 하다. 피쿼트 부족은 당시 영국인들과의 전쟁으로 부족이 거의 소멸 위기에까지 몰리게 된다. 하지만 지금은 폭스우드 카지노(Foxwood Casino)를 운영하는 주체로 다시 번성하는 기회를 갖게 된다. 우리는 피쿼트 부족 박물관을 이틀 후 방문할 계획이다.

이곳을 떠나게 되면 다시 바다를 만날 수 있는 곳은, 대륙을 횡단하고 난 뒤 서해안의 시애틀이 될 것이다. 먼 길이다. 떠나기 전에 해산물을 실컷 먹기로 한다. 저녁 메뉴는 굴, 홍합, 랍스터이다. 식사 후 숙소로 돌아가는 길에 미스틱 피자(Mystic Pizza) 가게가 보인다. 난 본 적이 없는데, 아내와 딸이 줄리아 로버츠가 나왔던 영화 '미스틱 피자'의 배경이 된 가게라고 한다. 영화를 보지 못한 내게는 별다른 감흥을 불러일으키지는 않는다.

내일은 청교도들을 태운 메이플라워호가 도착한 플리머스를 방문할 계획이다.

미스틱 피자 가게

미스틱 시포트의 석양

# 조력자 혹은 적, 청교도에게 인디언이란…

; 플리머스 그리고
플리머스 바위(Plymouth Rock)

플리머스(Plymouth)로 가는 길에 프로비던스 공항에 있는 렌터카 회사를 방문해 차를 교환했다. 처음엔 엔진오일 교환 경고등이 들어왔는지에 대한 간단한 질문만 하더니, 6천 마일을 넘게 운전했고 지금부터 시애틀까지 다시 6천 마일을 갈 예정이라 하니, 그제야 정색을 하며 차를 교환하는 게 좋겠다고 바로 차를 바꿔 준다. 동일한 차종인데, 색깔이 다르고 번호판도 애리조나에서 뉴저지로 바뀌었다. 차가 바뀌고 나니 이제 다시 출발하는 기분이다. 그동안은 서에서 동으로, 이제부터는 동에서 서로.

플리머스는 메이플라워호를 타고 온 청교도들이 상륙한 지점이다. 그동안 코로나도와 데소토의 미국 탐사로 시작해서, 미국에서 가장 오래된 유럽인의 정착지인 세인트오거스틴, 영국인들 최초 정착지였다가 사라진 로어노크, 그리고 성공한 최초의 정착지였던 제임스타운을 방문하면서 역사를 살펴보았다. 사실 청교도(Pilgrim)들을 태운 메이플라워호의 플리머스 상륙은 이들 사건들보다 한참 뒤의 얘기다. 그럼에도 미국인들에게 플리머스와 청교도들의 정착은 마치 미국 건국의 상징인 것처럼 여겨지고 있다.

1620년 12월, 청교도들이 매사추세츠 해안가에 도착해서 상륙할 지점을 찾고 있던 중 정착하기에 적합한 장소가 나타난다. 이곳은 해안사주로 둘러싸여 안전한 항구가 확보되어 있었고, 맑은 강물이 바다로 흘러들고 있었으며, 더구나 다른 지역과 달리 해안가 인근에 나무들이 다 정리되어 있어 곧바로 주거지를 지을 수 있었다. 원래 이곳은 파툭셋(Patuxet)이라는 원주민 마을이 자리 잡고 있었던 곳이었다. 하지만 이전

25일간 1만㎞ 넘게 주행한 렌터카를 교체하다

에 왔었던 유럽인 선원들을 통해 퍼진 전염병으로 원주민들은 몰살되고 마을은 버려진 상태여서('Day 25' 참조) 청교도들은 원주민들과의 마찰 없이 손쉽게 터전을 확보할 수 있었던 것이다.

플리머스의 정착민들이 끔찍했던 첫해 겨울을 견뎌 낸 이듬해 봄, 한 원주민이 나타나서 영어로 말을 걸었다. 사모셋(Samoset)이라고 자신의 이름을 밝힌 그는 이전에 영국 선원들과의 접촉으로 영어를 배웠다고 얘기한다. 그리고 며칠이 지난 후, 또 한 명의 영어를 하는 원주민이 나타나는데 그가 티스콴텀(Tisquantum)이다. 그는 6년 전에 유럽 선원에게 붙잡혀서 노예로 끌려갔다가 스페인과 영국을 거쳐 천신만고 끝에 고향으로 돌아왔는데, 와 보니 자신의 고향인 파툭셋 주민들이 전염병으로 몰살된 이후였다. 갈 데가 없었던 티스콴텀(정착민들은 이를 '스콴토'라는 약칭으로 부름)은 정착민들과 함께 지내며 현지에서 농사짓는 법, 물고기 잡는 법 등을 가르쳐 줘서 이들에게 큰 도움이 되었던 것으로 알려져 있다.

결국 메이플라워호 이전에 이곳을 방문했던 유럽인들은 전염병을 옮기고 노예를 잡아감으로써 의도치 않게 청교도들에게 삶의 터전과 조력자를 마련해 준 셈이다. 청교도들의 입장에서 보면 하늘이 도우신 일로 생각할 수밖에 없을 듯하다.

플리머스에 들어서니 거리마다 400주년을 기념하는 깃발이 붙어 있다. 가만 따져 보니, 2020년이 청교도들이 이곳에 상륙한 지 400년이 되는 해이다. 내년에는 정말 대단한 행사가 벌어질 듯하다. 우선 플리머스 방문객 센터에 들러 정보를 좀 얻기로 한다. 앞서 로어노크나 제임스타운의 경우 원래 정착지는 소멸되어서 현재 고고학적 발굴이 진행 중이었고 국립공원서비스(NPS)에서 관리하고 있었다. 그리고 인근에 정착지의 모습을 재현해 놓은 별도의 관광지가 운영되고 있었다. 하지만 이곳 플리머스의 경우, 원 정착지 자체가 그대로 현재까지 마을을 유지하고 있기에 별도의 유적지는 존재하지 않았다. 대신에 플리머스락(Plymouth Rock: 플리머스 바위)이 이곳을 상징하는 기념물이 되어 있다.

플리머스락은 메이플라워호를 타고 이곳에 도착한 청교도들이 '처음으로 발을 내디딘 바위'라고 알려져 명성을 얻게 되었는데, 그 진행 과정이 흥미롭다. 1620년 처음 이곳에 정착한 청교도들의 기록 어디에도 이들이 미국 땅에 도착했을 때 첫발을 디딘 바위에 대한 언급은 존재하지 않는다. 하지만, 지금은 플리머스 해안의 중심부에 마치 하나의 신전처럼 만들어진 건축물 아래에서 바윗돌 하나가 귀한 대접을 받고 있

플리머스락 기념관 - 하단 수면 위로 플리머스락이 위치해 있다

다. 플리머스락 안내문을 열심히 읽고 있는데, 아내가 빨리 오란다. 가이드인 듯 보이는 사람이 플리머스락에 대한 설명을 막 시작하고 있는 참이었다.

메이플라워 도착 후 120년이 지난 1741년에 플리머스시는 부두를 새로 건설하기로 했다. 그런데 당시 94세인 폰세(Faunce)라는 노인이 해당 부두터에 자리 잡은 커다란 바위를 가리키며, 이곳이 메이플라워호에서 내린 청교도들이 처음 디딘 바위라는 얘기를 본인의 아버지로부터 전해 들었다며, 그 바위가 부두 건설로 사라지는 것을 아쉬워했다고 한다. 그 노인의 아버지는 메이플라워호를 타고 온 최초의 일행은 아니었고, 그로부터 3년 후에 플리머스에 도착한 사람이었다. 즉, 그의 아버지도 직접 목격한 사실은 아니라는 것이다. 이러한 정황으로, 당시에는 폰세 할아버지의 언급이 그냥 하나의 에피소드 정도로 여겨졌다.

그렇게 또 한참의 세월이 흐른 1769년. 당시 뉴잉글랜드 지방에서는 영국의 착취에 대한 정착민들의 불만이 고조되어 가고 있던 중이었는데, 어느 날 이곳 교회에서 목사님이 플리머스락에 대한 설교를 한다. "150년 전, 우리의 선조들이 영국의 제임스왕과 성공회의 폭압을 견디다 못해 자유를 찾아 목숨을 걸고 이곳까지 왔는데, 이곳에서 또다시 영국에 시달리게 된다면 우리 선조들의 그 노력이 모두 허사가 되는 것은 아닌가? 우리 선조들이 저 플리머스락에 발을 디디던 그 정신을 우리가 되찾아야 한다."라고.

이렇게 해서, 당시 영국에 맞서서 독립을 주장하는 세력을 하나로 뭉치게 해 줄 어떤 상징물을 찾던 이들에게 플리머스락은 독립정신을 일

깨우는 하나의 상징물로 등장하게 된다. 주민들은 이 바위의 윗부분을 잘라 30마리의 황소가 이끄는 수레에 실어 마을 광장으로 옮겨 놓고 독립정신을 고양하게 되는데, 이후에 많은 사람들이 이 바위의 조각을 기념품으로 가져가려고 훼손하는 일이 빈번하게 발생하였다. 그러자 결국에는 다시 원래 장소로 가져와 지붕과 울타리를 만들어 보호하게 되었다는 이야기이다.

결국 '20년 전에 어느 90대 노인이, 자신의 아버지가 *전해* 들은 얘기를 마을 사람들에게 *전해 준* 적이 있다는 얘기를 *전해* 들은 어느 목사

플리머스락

님의 설교'가 그냥 평범한 하나의 바위를 미국 독립정신의 상징물로 바꾸어 놓은 것이다. 스토리텔링의 힘이기도 하고, 사람들의 마음을 움직이기 위해서는 추상적인 개념이 아닌 구체적 상징물이 큰 역할을 한다는 증거이기도 하다.

열성적으로 바위에 대한 설명을 해 준 가이드는 제임스타운에 대해서도 언급한다. 남북전쟁 이전만 해도 미국 건국의 시조와 같은 개념이 크게 중요하지 않았는데, 북부 지역(특히 인구 대비 가장 많은 희생을 치른 매사추세츠주)의 입장에서 남부연합 지역인 버지니아의 제임스타운이 최초의 정착지로 부각되는 것을 원하지 않았다고 한다. 해서 제임스타운은 정착 초기의 여러 가지 부정적 이슈들(게으름, 내부 반목, 원주민 충돌, 인육 섭취 등 'Day 20, 21' 참조)로 인해 이들이 지향하는 미국의 정신에 위배된다는 이유로 적극적으로 플리머스와 메이플라워호의 청교도들을 미국 건국의 선조로 부각시켰다는 얘기다. 그러면서, 혹시 여기에 버지니아에서 온 사람이 없길 바란다고 너스레를 떤다.

플리머스락 인근에는 이들 청교도들을 이끌어 성공적으로 정착지를 유지시킨 지도자 윌리엄 브래드포드(William Bradford)의 동상이 서 있다. 그리고 그 뒤편의 언덕 위에는 청교도들이 도착한 첫해에 사망한 정착민들의 명단이 적힌 동판이 위치해 있다. 당시 사망자들을 지금은 콜스힐(Cole's Hill)이라 불리는 이곳에 묻었다고 한다. 그런데 명단을 보면, 여자들의 경우에 '누구의 와이프'와 같은 식으로 별도의 이름 없이 기록되어 있는 경우가 종종 눈에 띈다. 당시 여성들의 위상을 보여 주는 장면이란 생각이 든다.

플리머스 식민지에서 첫해에 사망한 정착민들의 명단이 새겨진 비석
- 여자들의 경우 이름이 없는 경우가 많다

콜스힐 옆으로 '영국인들의 미국'에서 가장 오래된 골목이라는 레이든(Leyden) 스트리트가 있다. 레이든은 청교도들이 출항한 네덜란드의 마을 이름이라고 한다. '영국인들의 미국(British America)에서 가장 오래된' 이라는 표현이 흥미롭다. 그냥 미국이라고 하기에는 두 가지 문제가 있었을 것이다. 우선 아쿠마(Day 8)나 타오스(Day 10) 푸에블로처럼 800여 년 된 미국 인디언 마을들이 존재한다. 그리고 스페인인들이 건설한 세인트오거스틴(Day 18) 또한 플리머스를 앞선다.

레이든 스트리트는 첫 번째 거리(First Street)라고도 불리는데, 현재의 집들은 원래의 것은 없고 모두 그 이후 재건된 상태이다. 각 건물들에는 원래 1620년 식민지 정착 당시 무슨 자리였고, 지금 건물은 언제 지어졌다는 설명이 붙어 있다. 그리고 플리머스 정착지의 원래 모습을 복원한 마을(Plymouth Plantation)이 인근에서 관광객을 기다리고 있다.

이곳에서 인디언과 관련된 장소 세 곳을 발견했다. 우선 첫 번째는 콜스힐에 자리잡은 마사소잇(Massasoit)의 동상이다. 그는 플리머스 인근 지역에 거주하고 있던 왐파노그(Wampanoag) 부족의 추장이었는데, 플리머스 정착민들이 굶주림에 시달릴 때 식량을 제공하고, 이후 인근 호전적인 부족들의 공격으로부터 이들을 보호해 주는 등 우호적인 관계를 지속함으로써 플리머스 식민지의 성공에 기여한 바가 크다.

그 옆에는 조그마한 동판이 하나 서 있는데, '전국 애도의 날(National day of Mourning)'이라는 제목이 붙어 있다. 1970년 청교도 도착 350주년 기념식이 열리던 플리머스의 마사소잇 동상 옆에서 일련의 인디언 그룹이 미국인들의 추수감사절 축하 행사에 반대하는 집회를 연다. 청교도들의 상륙은 원주민들 입장에서 보면 수백만 동족들이 학살당하고, 땅

레이든 스트리트 전경

을 빼앗기고, 문화와 전통을 말살당하게 되는 비극의 시작이라는 것이었다. 그리고 이후 매년 추수감사절에 이들은 이곳에서 애도의 시간을 갖고 있다고 한다. 그리고 플리머스시는 이들의 주장을 공식적으로 인정하여 이곳에 동판을 세운 것이다.

잘못에 대한 사과와 인정이라는 이들의 자세를 보며 이와 대비되는 한일관계가 떠올라 씁쓸하다. 유럽인들의 상륙으로 원주민들의 문명화가 시작되었고, 원주민 토지는 모두 합법적인 조약 체결을 통해 확보하였다는 식의 주장은 이곳에 존재하지 않는다.

콜스힐에서 레이든 스트리트를 따라 마을 광장으로 이동하면 큰 나무가 한 그루 서 있는데, 그 밑에 메타코멧(Metacomet: 메타콤(Metacom)이라고도 불림) 필립왕(King Philip)을 설명하는 동판이 하나 서 있다. 메타코멧은 플리머스 정착민들과 우호적인 관계를 유지했던 마사소잇 추장의 둘

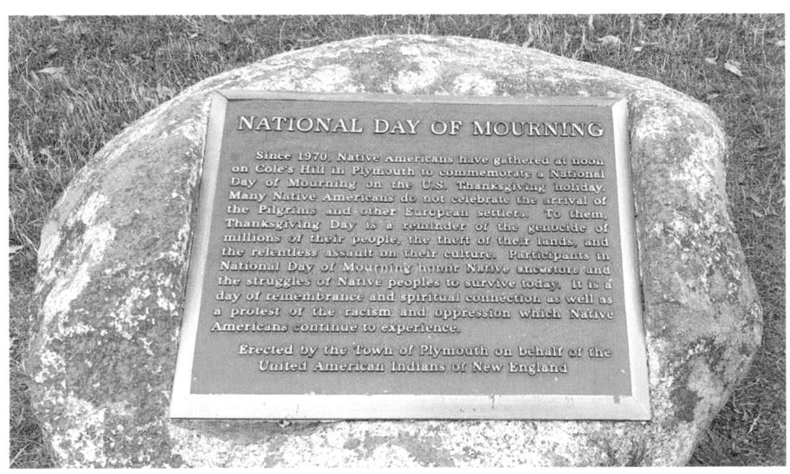

애도의 날을 기리는 동판

째 아들이다. 그는 아버지와 형에 이어 추장 자리에 오르는데, 당시 왐파노그 부족은 확장하는 백인들의 식민지로 인해 땅을 빼앗기는 것은 물론, 기독교 강요로 인한 원주민 전통사회 체제의 위협, 그리고 원주민과 정착민 간의 갈등 해결에 있어서 일방적인 정착민 방식의 강요(백인들의 갈등 해결법은 법과 규정을 근거로 잘잘못을 가리는 것이라면, 인디언의 방식은 갈등 당사자 간의 화해를 궁극의 목적으로 오랜 시간에 걸쳐 전 공동체가 함께 최선의 방법을 찾아가는 방식이다) 등으로 불만이 폭증하고 있었다.

그는 오랜 기간 부족간 갈등 관계에 있었던 인근 나라간셋(Narragansett) 부족을 설득하여 동맹을 맺고 식민지의 정착민들을 몰아내기 위한 전쟁

메타코멧 필립왕 관련 기록 동판

을 일으킨다. 이 전쟁은 '필립왕 전쟁(King Philip's War)'으로 불리는데, 결국은 영국인 및 이들과 연합한 인디언 부족들에게 패하고 필립왕은 전사하고 만다.

동판에는, 그의 머리가 잘려서 꼬챙이에 꽂힌 채로 이곳에서 20년 가까이 전시되었고, 두 팔은 잘려서 하나는 보스턴, 하나는 영국으로 보내졌다고, 그리고 그의 아내와 자식들은 노예로 팔려갔다고 담담하게 기록되어 있다. 아버지와 아들이 같은 마을에서 너무도 다른 방식으로 기억되고 있는 셈이다.

오늘의 마지막 일정은 로드아일랜드주 프로비던스(Providence)이다. 딸아이가 다니는 대학교가 있는 곳이다. 방학 동안 인턴을 하느라 워싱턴에서 지내던 딸아이의 짐을 학기 시작 전에 학교 근처 집으로 옮겨다 주어야 했다. 단둘이 여정을 시작했던 우리가 이 대장정용 차량으로 미니밴을 골랐던 이유도 이삿짐을 나르기 위해 짐을 많이 실을 수 있는 차가 필요했기 때문이었다. 이제부터는 차가 조금은 가벼워질 듯하다. 딸아이가 자기 동네에 왔다며 자신이 좋아하는 카페와 맛집을 데리고 간다. 대학가 분위기는 왠지 모를 낭만이 남아 있다. 잠시 우리의 학창 시절을 떠올리며 옛 추억에 잠긴다. 워싱턴에서 생색만 내고 계산은 하지 않았던(못했던) 딸아이가 여기서는 진짜로 저녁을 대접했다. 워싱턴보다 몇 배나 맛있는 저녁이었다. 진짜로!

내일은 피쿼트(Pequot) 인디언 보호구역을 방문한 후 북쪽으로 이동하여 매사추세츠주의 스프링필드(Springfield)라는 곳에서 숙박할 계획이다. 본격적으로 서쪽으로의 장정이 시작되는 날이다.

**플리머스(Plymouth)**

메이플라워호가 도착했던 플리머스는 보스턴으로부터 50분, 뉴욕 맨해튼으로부터는 4시간 거리에 있다. 플리머스는 작은 도시이므로 관광안내소부터 Plymouth Rock, Leyden Street, Burial Hill까지 도보로 둘러볼 수 있다. 하루에 세 차례, Plymouth Rock에서 공원안내인이 설명해 주는 프로그램이 있으므로 이를 통해 역사적 배경을 이해하면 더 생동감 있는 경험을 할 수 있다. 인근에 위치한 플리머스 플랜테이션(Plimoth Plantation)을 방문하면 필그림들이 건설했던 마을을 복원한 곳에서 당시 생활상을 체험해 볼 수 있다. 입장료는 $28.

# 피쿼트(Pequot) 부족의 위기와 부활

; 마샨터켓 피쿼트 박물관과
폭스우드 카지노(Foxwood Casino)

오늘 방문 예정인 피쿼트(Pequot) 부족 박물관에 가기 전, 이들 부족이 대량 학살을 당한 현장도 살필 겸 미스틱 항구(Mystic Seaport)로 향했다. 가는 길에 두 곳의 방문객 센터를 들렀는데 이 사건에 대해서 아무도 아는 이가 없다. 캔자스에 있던 샌드 크리크 학살터(Day 11)의 경우 국립공원서비스(NPS)에서 직접 관리하고 가이드 투어까지 해 주고 있었는데, 그보다 더 많은 인원이 학살당한 이곳은 지역 방문객 센터에서조차 모르다니 당황스러웠다. 샌드 크리크의 경우 그 가해자가 미군인 반면, 미스틱은 미국의 건국 이전 영국인 정착민들이 가해자였던 것이 그 차이일까? 하지만, 이들 정착민들도 지금 미국인들의 선조임에는 차이가 없다.

마샨터켓 피쿼트 박물관(Mashantucket Pequot Museum)은 매우 멋진 건물에 자리 잡고 있다. 미국에서 두 번째로 큰 폭스우드 카지노를 운영하는 부족의 재력을 보여 주는 듯하다(2007년 오클라호마주의 치카소족이 윈스타(WinStar) 카지노를 세우기 전까지는 가장 큰 카지노였음). 입장료는 20불로 싸지는 않지만 미스틱 방문객 센터에서 받은 쿠폰으로 2불을 할인받았다. 두 곳의 방문객 센터를 들러서 얻은 유일한 수확이다.

박물관 로비에는 거대한 덕아웃(dug out) 카누가 전시되어 있다. 당시 인디언들이 통나무 속을 파내어 카누를 만들었다는 것은 알고 있었지만 그 규모가 생각보다 커서 놀랐다. 하긴, 시위족은 전 부족원이 사슴가죽을 싣고 영국을 향해 항해를 나갈 정도였으니(Day 18), 큰 나무만 구한다면 덕아웃 카누의 크기도 충분히 커질 수 있겠다 싶다.

우선 피쿼트전쟁에 관한 영화를 시청했다. 나름 극영화의 형태를 갖

마샨터켓 피쿼트 박물관 - 코네티컷주

박물관 로비의 커누 전시물

큰 통나무 속을 파내어 만든 덕아웃 커누

추고 재미있게 만들었다. 이제껏 방문했던 박물관이나 방문객 센터에서 보았던 영상물 중에서 가장 나았던 것 같다. 피쿼트 부족은 지금의 코네티컷(Connecticut) 지방에 거주하던 원주민들이다. 1620년의 플리머스(Plymouth) 식민지 건립 이후 영국인들은 지금의 매사추세츠(Massachusetts) 지역으로 식민지를 확장하여 왔고, 네덜란드는 1625년에 맨해튼에 요새를 건설하면서 뉴욕으로 진출했다. 이 두 지역 사이에 끼어 있는 곳이 코네티컷이다. 코네티컷 지역에는 피쿼트 부족 외에 모히간(Mohegan) 부족과 나라간셋(Narragansett) 부족이 주요 세력이었는데, 이 중에서 해안가를 주로 차지하고 있던 피쿼트 부족의 세력이 가장 강했다.

당시 네덜란드와 영국 식민지의 가장 큰 사업은 북쪽에 거주하는 이로쿼이(Iroquois) 부족연맹의 모피를 얻는 것이었고, 이러한 교역에 있어 왐펌(Wampum)이라고 하는 조개껍질로 만든 구슬이 화폐로서의 역할을 했다. 해안가를 장악하고 있던 피쿼트 부족은 왐펌의 주요 공급처였고, 이들 식민지들과의 왐펌 교역을 통해 번성하고 있었다.

하지만, 유럽인들과의 접촉이 빈번해지면서 피쿼트 부족도 다양한 전염병으로 타격을 받고 많은 마을들이 버려지게 된다. 매사추세츠 지방의 영국인들이 남쪽으로 확장을 하면서 피쿼트 부족과의 갈등도 커지는데, 이 와중에 네덜란드 상인들이 피쿼트 부족민을 살해하고, 한 영국 상인이 피쿼트 부족에게 보복 살해를 당하는 사건이 발생한다. 영국인들은 피쿼트 부족에게 살인범과 보상금을 내놓을 것을 요구하고 이들이 거절하자, 인근의 피쿼트마을을 공격하여 주민들을 살해한다. 이에 피쿼트 부족이 다른 영국 정착민 마을을 보복 공격하게 되면서, 결국 영국 식민지는 피쿼트 부족과의 전쟁을 선포하게 된다.

당시 코네티컷 지역의 유럽 정착민 숫자는 그리 많지 않았지만, 이들은 피쿼트 부족과 적대 관계에 있는 모히간족과 나라간셋족을 같은 편으로 끌어들인다. 그리고 공동 작전의 대가는 피쿼트 부족이 누리던 영국과의 교역권과 전쟁으로 잡게 되는 포로를 이 두 부족에게 나눠 주는 것이었다.

1637년 5월 26일, 새벽을 틈타 영국과 인디언 연합부대는 미스틱강 인근에 있던 피쿼트 부족의 핵심 마을을 기습하여 포위 공격하고, 마을에 불을 질러 600명이 넘는 피쿼트 부족민이 살해되고 만다. 부족의 주력 마을이 이 전투로 붕괴된 후, 피쿼트 부족의 다른 마을들도 잇따라 공격을 받게 되고, 대추장이었던 사사쿠스(Sassacus)는 모호크(Mohawk)족

피쿼트 부족에 대한 영국 측의 공격로 – 뉴잉글랜드 지방에서 원주민들을 몰아내기 위한 본격적인 작업의 시작이었다

의 영토로 피신하지만 결국 이들에 의해 살해된다.

모호크족은 사사쿠스의 머리를 잘라 영국군에게 우호의 표시로 보내주었다고 한다. 나머지 피쿼트 유민들은 결국 항복을 하고, 1638년 9월 하트포드조약(Treaty of Hartford)으로 전쟁이 종결된다. 피쿼트 부족에 대한 두려움에 시달렸던 영국은 이 조약을 통해 모든 피쿼트 부족의 땅을 몰수하고 유민들을 모히간족과 나라간셋족에게 넘겨준다. 또한 향후 영구적으로 피쿼트 부족의 이름은 사용하지 못하도록 만든다.

영화가 끝나고 박물관 관람을 시작하는데 전시물의 규모가 정말 대단하다. 당시 피쿼트 부족 마을과 생활상을 넓은 공간에 실물 크기로 현실감 있게 꾸며 놓았다. 재현된 마을 사이로 다니면서 살펴볼 수 있게 구성되어 있는데, 사냥감을 다듬는 장면이라든지 가옥 내부의 모습 등을 아주 상세하게 구현해 놓은 것이 매우 인상적이었다. 실제로 인디언 마을을 걸어 다니고 있는 느낌이었다.

이곳은 피쿼트 부족에 대한 설명을 넘어서서 여러 북미 인디언 부족들의 다양한 탄생 설화를 소개하고, 아메리카 대륙에 사람들이 어떻게 살게 되었는지, 그리고 이와 관련된 고고학적 발굴 자료 소개 등을 별도의 전시관을 통해 제공하고 있다.

다양한 탄생 설화들을 보니, 주니 부족을 방문했을 때의 기억이 떠오른다(Day 5). 그곳 원주민 가이드는 자신들 부족은 땅속에서 틈(그랜드 캐니언)을 타고 올라왔다는 탄생 설화를 믿고 있으며, 시베리아에서 이동해 온 인디언들은 아마도 아파치나 나바호족일 거라고 얘기했었다.

또 다른 전시관에는 빙하기 시대 선조들의 생활상을 실물 크기의 재

전시물 사이를 지나면 실제로 마을을 거닐고 있는 듯한 느낌을 받게 된다

현물과 함께 전시하고 있다. 워싱턴에서부터 합류한 딸아이도 자신의 첫 인디언 탐사 여행 방문지에 매우 만족해하며 흥미있게 구경하는데, 아내가 한마디 한다. "처음부터 너무 기대 수준이 높아질까 봐 걱정이야." 사실 그동안 우리가 방문했던 인디언 부족이 운영하는 박물관 중 이렇게 높은 수준의 박물관은 없었다.

관람하다 보니, 이렇게 몰락한 피쿼트 부족이 어떻게 폭스우드와 같은 큰 카지노를 운영하게 되었을지 궁금해졌는데, 다음 전시물에서 의문이 해소되었다. 인근 부족의 휘하로 편입되고 이름도 못 쓰게 된 피쿼트 부족민들은 궁핍한 처지에서도 부족의 정체성을 지키려 노력하며 살아왔고, 결국 영국 식민지로부터 독립적인 부족의 지위를 다시 확보하게 된다. 다만, 모히간 부족으로 편입되었던 피쿼트족은 마샨터켓(Mashantucket) 피쿼트로, 나라간셋 부족으로 편입되었던 피쿼트족은 포카턱(Pawcatuck) 피쿼트로 나눠지게 되었다.

이후 이들 부족의 땅은 식민지 정부에 의해, 그리고 미국 독립 후에는 코네티컷주에 의해 지속적으로 줄어들게 되는데, 생활이 어려워지자 많은 부족민들은 생계유지를 위해 보호구역을 떠나게 된다. 그 결과 1920년 인구조사 당시 마샨터켓 피쿼트 부족민은 불과 60여 명에 불과했다고 한다. 그리고 1960년대에 이르러서는 단지 3명의 여인들만이 보호구역 내에 거주하면서 부족 정체성을 유지하게 된다.

이렇게 다시 한 번 소멸 위기에 처해 있던 피쿼트 부족은 1970년대에 미국 정부가 인디언 주권을 인정해 주는 방향으로 정책을 바꾸면서('Day 36' 알카트라즈 점거사건 참조) 전환기를 맞이한다. 마침내 피쿼트 부족도 연방 정부로부터 자치권을 가진 부족으로 인정을 받으면서 코네티컷주를 상대로 부당하게 빼앗겼던 땅을 되찾아오게 되고, 결국은 1992년에 당시 기준 미국 최대 규모의 카지노까지 세우게 된다. 현재 부족민의 숫자가 1천여 명에 불과하다고 하니, 인당 기준으로 볼 때 미국 내에서 가장 부유한 원주민 부족 중의 하나가 아닐까 싶다.

여기서 잠깐 인디언 부족들의 카지노 운영이 어떻게 활성화되었는지 살펴보자. 1970년대에 미네소타주의 인디언 보호구역에 거주하던 인디언이 자신에게 재산세를 부과한 주정부를 상대로 연방대법원에 상고를 하는 사건이 벌어진다. 이에 연방대법원은 1832년 대법원 판례(체로키 부족이 조지아주의 강제 이주 명령에 맞서 제기한 소송에서 당시 연방대법원은 주정부는 인디언 부족에 대한 관할권이 없다는 판결을 내린다. 하지만 앤드류 잭슨 대통령은 이러한 대법원 판결에도 불구하고 강제 이주를 실행하고 만다)를 근거로 인디언 보호구역에 대한

피쿼트 박물관 전망대에서 내려다보이는 폭스우드 카지노 전경

주정부의 재산세 부과는 위헌이라는 판결을 내린다.

그런데, 주정부의 관할권 중에는 재산세 부과권 외에 카지노 운영허가권이 있었다. 이 점을 간파한 일부 인디언 부족들이 카지노를 운영하기 시작했고, 이를 규제하고자 했던 주정부들이 법원에서 같은 사유(인디언 보호구역에 대해 주정부는 관할권 없음)로 패소하면서 많은 부족들이 카지노를 설립하여 부족의 재정 확보에 나서게 된다.

그렇다고 모든 카지노가 돈을 버는 것은 아니다. 우리가 방문했던 산칼로스 아파치의 경우, 그다지 크지 않은 카지노의 방문객 대부분은 원주민들로 보였다. 하지만 대도시 인근의 위치라면 얘기가 달라진다. 폭스우드에 최대 규모의 카지노가 들어설 수 있었던 것도 뉴욕과 보스턴 같은 대도시 인근이라는 입지가 큰 몫을 했다. 한 가지 재미있는 건, 피쿼트 부족의 인근에 위치한 모히간 부족도 1996년에 모히간선(Mohegan

Sun)이라는 카지노를 열었는데, 규모는 폭스우드에 미치지 못하지만 나중에 지어진 시설인 만큼 좀 더 고급스런 모습으로 차별화하며 경쟁을 벌이고 있다는 점이다. 오랜 기간동안 서로 싸워 왔던 이웃 부족인 피쿼트와 모히간은 이제 사업으로 경쟁하고 있는 사이가 되었다.

박물관을 떠나기 전에, 안내인에게 피쿼트 부족이 학살당했던 미스틱 마을의 위치를 물어보았다. 그곳에 가 볼 수는 있다고 하는데 본인도 자세한 정보는 가지고 있지 않단다. 내 이메일 주소를 남겨 두면 자신이 전문가를 통해 알려 줄 수 있도록 하겠단다. 내일을 기다려 보자.

오늘 밤 숙박지인 매사추세츠주 스프링필드(Springfield)로 떠나기 전, 잠시 폭스우드 카지노를 방문하여 우리의 행운을 테스트해 본다. 그리고 언제나처럼 수중의 돈은 금방 떨어졌다.

내일 일정은 뉴욕주 북부 지역인데, 구체적 방문지는 아직 미정이다. 지난 26일간의 여행 동안 없었던 상황이다. 원래 여행 계획상 방문하고자 했던 2개의 지역 외에 새롭게 가 보고 싶은 곳이 나타났다. 하지만 내일 예약된 숙소까지의 거리를 감안할 때, 이 장소들을 다 방문하는 것은 쉽지 않아 보인다. 일단 뉴욕주 북부 지역의 강성한 부족이었던 이로쿼이 부족 박물관은 반드시 들러야 할 것 같고, 미국 땅에서 벌어진 프랑스와 영국 간 전쟁의 격전지와 미국 독립전쟁 중 발생한 영국과 식민지 간의 격전지 중 하나를 선택해야 할 듯싶다. 백인들 간의 전쟁터에 관심을 갖는 이유는 인디언 부족들이 이들 전쟁과 밀접하게 관련되어 있기 때문이다. 결국 뭔가 절충이 필요할 듯싶다. 오늘 밤에도 할 일이 많을 것 같다.

 여행 팁

**마샨터켓 피쿼트 뮤지엄(Mashantucket Pequot Museum)**

코네티컷주 레디어드(Ledyard)에 위치한 피쿼트 뮤지엄은 폭스우드 카지노와 같은 단지 안에 있으며, 보스턴으로부터 1시간 40분, 뉴욕 맨해튼으로부터는 2시간 30분이 소요된다. 박물관의 규모가 매우 크고 전시물의 내용도 상당하므로 충분한 시간을 가지고 방문하는 것이 좋다. 피쿼트 부족의 역사에 대한 영화 상영도 볼만하다. 계절에 따라 휴무일과 운영 시간에 변동이 있으므로 사전에 정보를 확인하고 방문하는 것이 좋다. 입장료는 $20인데, 인근의 관광안내소 등지에서 제공하는 할인쿠폰을 이용하면 $2 할인이 가능하다.

# 라스트 모히칸,<br>허구 혹은 사실?

; 윌리엄 헨리 요새(Fort William Henry)와
이로쿼이 뮤지엄

어젯밤 고민 끝에 원래 계획을 변경해서 오늘의 행선지를 윌리엄 헨리 요새(Fort William Henry)로 정했다. 내가 매우 좋아했던 영화 〈라스트 모히칸〉(The Last of the Mohicans)의 영향이 컸다.

1992년에 개봉한 이 영화는 1756년부터 유럽에서 벌어진 7년 전쟁의 일환으로 미국 식민지에서 벌어진 프랑스와 영국 간의 전쟁을 배경으로 만들어졌다. 1757년에 프랑스의 몽캄(Montcalm) 장군이 이끄는 프랑스군과 인디언 부족 연합군이, 먼로(Munro) 장군 지휘하에 있던 영국군의 윌리엄 헨리 요새를 포위한다. 영화는 모히칸 부족과 함께 자란 백인 청년(다니엘 데이 루이스)과 그를 키워 준 모히칸족 아버지와 동생이, 먼로 장군의 딸들을 윌리엄 헨리 요새의 먼로 장군에게 데려다주는 행렬에 합류하면서 벌어지는 상황을 그리고 있는데, 영화의 스토리뿐 아니라 배

경 영상 및 음악까지도 무척 훌륭했다. 예전에 이 영화를 보면서 여러 인디언 부족들이 서로 힘을 합치지 않고, 각각 프랑스와 영국 편이 되어 치열하게 싸우는 상황에 혼란스러웠고, 그 이유가 무엇인지 궁금해했었던 기억이 난다.

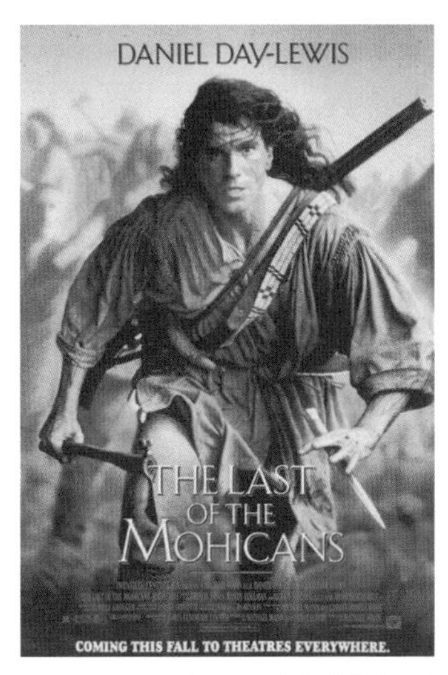

라스트 모히칸 영화 포스터

요새가 있는 레이크 조지(Lake George)는 뉴욕주 주민들에게 사랑받고 있는 여름 휴가지이다. 윌리엄 헨리 요새는 프랑스군의 침입에 맞서기 위해 1755년에 만들어졌는데, 프랑스군에 점령된 후 파괴된다. 이후 오랫동안 방치되고 있다가 1950년대에 과거의 모습대로 재건되어 현재 박물관으로 사용되고 있었다.

11시 15분에 시작하는 가이드와의 대화 시간에 맞추기 위해 숙소에서 2시간 30분 거리에 있는 요새까지 서둘러 달렸다. 요새에 입장하니 당시 영국군 또는 민병대 복장을 한 가이드들이 방문객들을 기다리고 있었다. 나는 우선 영화 얘기를 꺼내고 그 영화가 이곳에서 촬영되었는지를 질문했는데, 영국군 복장을 하고 있는 젊은 가이드가 기다렸다는 듯 영화와 관련된 얘기를 줄줄 늘어놓는다.

"영화 촬영은 노스캐롤라이나 애쉬빌에서 이루어졌다. 영화는 기본적으로 이곳 요새에서 벌어진 역사적 사실을 배경으로 만들어졌지만,

윌리엄 헨리요새의 가이드들

사실과 다른 내용들이 많이 들어 있다. 예를 들어, 철수하는 영국군들을 인디언들이 공격할 때 영국군이 총을 쏘며 대응하는 장면이 나오는데 사실은 이와 다르다. 당시 항복 조건이 '무기는 휴대하지만 화약은 가져가지 못하는 것'이었기에 영국군은 총을 쏠 수 없었다. 또한 그 전투에서 프랑스 측 인디언이 먼로 장군의 가슴을 가르고 심장을 꺼내 먹는 장면이 나오는데, 실제로 먼로 장군은 거기서 죽지 않았다. 그는 무사히 귀환한 후 알바니에서 심장마비로 사망한다. 그리고 먼로 장군에게는 딸이 없었고, 아들만 하나 있었다." 등등.

나의 두 번째 질문은 모히칸족에 대한 것이었다. 모호크(Mohawk)족과 모히간(Mohegan)족은 알고 있는데, 모히칸(Mohican)족은 이들과 다른 것인가? 여기에 대한 설명은 당시 코네티컷 정착민의 민병대 복장을 하고

가이드와의 대화

있는 덩치 좀 있는 가이드가 담당한다. 그는 자신을 인디언 전문가라고 한다.

“모호크, 모히간과 모히칸은 서로 다른 부족이다. 모호크족은 이로쿼이 동맹의 한 부족으로 뉴욕주 북부에 거주, 모히간족은 코네티컷 지역 거주, 그리고 모히칸족(마히칸족이라고도 불림)은 이들 지역의 중간쯤인 뉴욕주 중부와 매사추세츠주 지역에 거주했다. 하지만 현재 모히칸족은 모두 서쪽으로 쫓겨나서 위스콘신주의 보호구역에서 살고 있다.”

그럼 여기서 7년 전쟁의 여파로 북미 대륙에서 벌어진 프랑스와 영국의 전쟁에 대해서 좀 살펴보자.

1700년대 중반 당시 북미대륙은 영국, 프랑스, 스페인 3개국의 각축장이었다. 영국은 뉴잉글랜드로부터 사우스캐롤라이나까지 동부 해안

1700년대 중반 유럽 주요국들의 북미 식민지 상황

을 중심으로 식민지를 건설하였고, 프랑스는 북으로는 캐나다와 오대호지방, 그리고 서쪽으로는 미시시피강을 따라 오하이오부터 루이지애나까지 영국 식민지를 둘러싸는 광활한 지역을 확보하고 있었다. 스페인은 남쪽의 플로리다와 서쪽의 뉴멕시코 지역을 차지했다.

영국 식민지에 거주하던 정착민들은 애팔래치아 산맥을 넘어 서쪽으로 진출을 시도하였고, 이는 해당 지역의 관할권을 주장하던 프랑스와의 갈등으로 이어지고 만다. 당시 버지니아 식민지 민병대 장교로 복무하던 조지워싱턴이 프랑스군을 선제공격하고, 이후 반격하는 프랑스군에게 항복하는 사건이 벌어지면서 유럽의 7년 전쟁 발발에 앞서 북미대륙에서 영국과 프랑스가 전쟁에 돌입하게 된다.

당시 프랑스와 영국은 유럽에서의 전쟁에 주력하느라 이곳 식민지에 큰 신경을 쓰지 못했고, 본국에서 파견된 정규군의 숫자도 많지 않았다. 따라서 식민지에서는 정착민들로 구성된 민병대와 인디언 부족들을 동원하여 전투가 치러졌다. 인디언 부족들도 기존에 가지고 있던 관계에 따라 각각 프랑스 혹은 영국군에 합류하여 전투에 참여했는데, 오대호 인근에 거주하던 많은 부족은 프랑스 편에 가담했고, 단지 모호크족만 영국군에 합류한다. 전쟁 초기에는 영국군이 공세를 펼쳤으나 프랑스의 몽캄 장군이 도착한 이후 프랑스군이 거세게 반격을 시작하는데, 그 전선에 윌리엄 헨리 요새가 있었다. 당시 요새를 지키고 있던 영국군 및 그 연합병력의 규모는 2천 명가량이었는 데 비해, 이를 포위한 프랑스 연합병력은 8천 명가량으로 영국군은 수적 열세에 놓였다.

8월 3일부터 시작된 프랑스군의 포위공격에 영국군은 계속 저항했으나 대포가 부서지기 시작하고, 요새 전역이 프랑스군 화포의 사정거리에 놓일 정도로 포위망이 좁혀지자 결국 8월 9일 항복한다. 우리가 방문한 날이 마침 8월 8일이었는데, '내일' 요새 항복 362주년을 맞이하여 정오부터 행사가 있단다. 우린 하루 차이로 이 장면을 놓치게 되었다(제임스타운에서는 하루 차이로 대통령 방문행사를 놓쳤었는데(Day 20), 언젠가는 이벤트를 딱 맞추는 순간이 있겠지). 당시 몽캄 장군은 영국군에게 매우 관대한 항복 조건을 제시하는데, 전 영국군과 인디언 병력이 자신들의 무기를 지닌 채로(화약은 압수) 후방에 있는 영국군 진지로 퇴거할 수 있도록 허용해 주는 것으로, 조건은 단 하나, 향후 18개월간 프랑스군에게 적대적인 행위를 하지 않는다는 서약을 하는 것이었다.

그런데, 여기에서 문제가 발생했다. 당시 프랑스군과의 연합작전에 참여했던 다수의 인디언 부족은 전투를 통한 노획물(포로와 전리품) 획득을 목적으로 하고 있었는데, 이처럼 영국군과 인디언 전원이 소지품을 가진 채로 돌아갈 수 있도록 하면 노획물이 없어지는 셈이 되는 것이었다. 결국 이들은 영국군들이 철수하면서 요새에 남겨진 부상병들을 살해한 후 철수하는 영국군을 뒤쫓아가서 습격한다. 이를 '윌리엄 헨리 요새 학살(Massacre of Fort William Henry)'이라고 부른다.

가이드의 설명에 따르면, 윌리엄 헨리 요새 전투에서는 프랑스군이 이겼지만, 이 전투로 인해 영국은 미국 식민지에서 승기를 잡는 전기를 만들게 된다. 첫 번째 이유는, 몽캄 장군의 관대한 양보로 실망한 인디언 부족들이 더 이상 프랑스군을 도와 전쟁에 참여할 동기를 잃게 되었다는 것이다.

그리고 두 번째는, 영국이 학살사건을 과대 포장하여 당시 식민지 정착민들에게 공포감을 불어넣음으로써 정착민들이 적극적으로 전쟁에 참여하도록 만들었다는 것이다. 당시 정착민들의 입장에서는 프랑스와 영국 간의 전쟁에서 누가 이기든 큰 관심이 없었다. 그런데 프랑스가 이길 경우 이들과 한편인 인디언들이 정착민들을 상대로 잔혹한 행위를 할 수 있다는 두려움을 갖게 된 것이다. 선동의 힘이다.

실제로 학살사건에서 살해된 영국군은 대략 200명 안팎인 것으로 확인되고 있는데, 당시에는 수천 명이 학살당한 것으로 소문이 났고, 또한 인디언이 먼로 장군의 심장을 꺼냈다는 것과 같은 끔찍한 소문도 이런 배경에서 만들어진 것이 아닐까 싶다. 결국 윌리엄 헨리 요새 전투에서는 프랑스가 승리했지만, 프랑스 인디언 전쟁(French Indian War)이라고 알려진 이 전쟁의 최후 승자는 영국이 되면서 미국과 캐나다의 식민지는 온전히 영국의 관할하에 놓이게 된다.

요새에서는 하루에 네 차례 무기에 관해 설명해 주는 시간이 있다. 설명을 맡은 가이드는 그 말투부터 시작해서 설명하는 내용들이 거의 코미디언급이다. 재치 있는 유머를 적절히 섞어 가면서 설명하는데 관람객들의 웃음이 끊이지 않는다. 그리고 당시에 쓰이던 화승총과 대포를 이용한 발사 시범이 이어진다. 물론 총알이나 포탄을 넣지 않고 화약도 적은 양만을 사용해서 실제 위력보다는 완화된 형태이지만 충분히 흥미로운 시범이었다. 딸아이가 화승총과 대포를 실제로 발사하는 장면을 처음 본다고 얘기하는데, 나도 그렇던가? 기억이 가물가물하다.

두 번째 방문지는 이로쿼이 뮤지엄(Iroquois Indian Museum)이다. 이로쿼이 인디언들의 주거 특징인 롱하우스(long house)의 모양을 본떠 만든 박물관의 외관은 그럴듯했는데, 전시물들이 약간 특이했다. 설명을 듣고 보니,

화승총 발사 시범

화포 발사 시험

이곳은 이로쿼이 부족이 운영하는 것도 아니고 인디언 보호구역에 위치하고 있지도 않았다. 인디언 예술품에 애정과 관심을 가진 한 개인(인디언이 아님)이 운영하는 사설 박물관이었다. 직원에게 이로쿼이 부족이 직접 운영하는 박물관이 있는지 물어보니 아는 바가 없단다. 어쨌거나 괜찮다. 내일 이로쿼이 동맹 중의 하나인 세네카부족의 박물관을 방문할 계획이니 거기서 확인해 볼 수밖에. 그곳은 부디 제대로 된 곳이기를 바란다.

일단 얘기가 나온 김에 이로쿼이에 대한 간략한 설명을 하고 가는 편이 좋을듯 싶다. 실상 이로쿼이는 하나의 부족이 아닌 5개 부족의 동맹체를 가리키는 말이다. 문화적, 언어적 유사성을 가지고 있는 뉴욕주 북부 지역의 5개 부족(세네카Seneca, 카유가Cayuga, 오논다가Onondaga, 오네이다Oneida, 모호크Mohawk)은 연맹체를 결성하고, 각 부족들의 대표들이 모여

이로쿼이 인디언 뮤지엄 전경

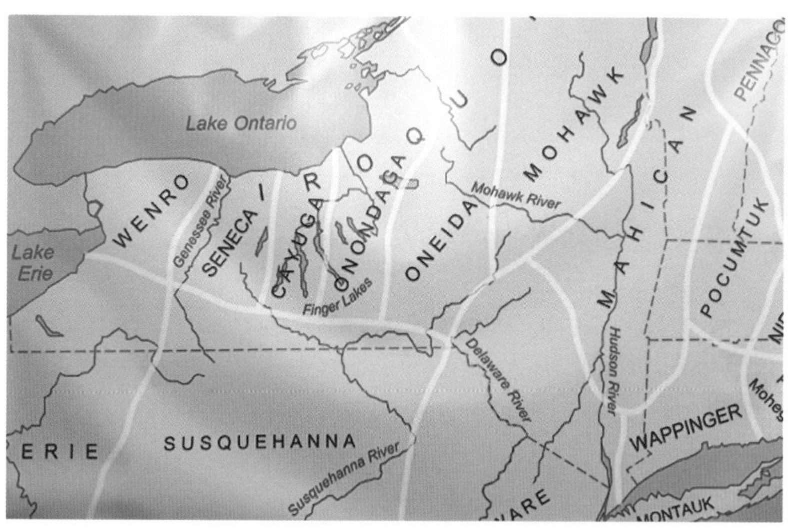


이로쿼이 동맹 5개 부족 및 인근 부족들의 위치

전체 동맹체의 주요 결정을 내리는 일종의 대의 민주정치 체제를 구축하게 되었다(추후 투스카로라(Tuscarora) 족이 합세하여 6개 부족 동맹체로 확대됨). 식민지 13개 주가 독립하여 연합국가를 만드는 과정에서 당시 미국의 지도자들이 이로쿼이 정치체제를 참고했다는 얘기도 전해진다.

이로쿼이 동맹의 얘기는 내일 본격적으로 펼쳐질 예정이다. 이로쿼이 동맹의 부족들은 미국 식민지가 영국을 상대로 벌인 독립전쟁에 휩쓸리게 되고, 그 결과 미국이 승리하면서 결정적인 타격을 받게 된다. 영국과 모호크족의 연합군이 뉴타운전투(Newtown Battle)에서 패배하면서 이로쿼이 동맹부족 지역은 미군에 의해 초토화되는데, 우리는 내일 이 전투지를 방문할 예정이다. 그리고 이로쿼이 동맹 부족 중의 하나인 세네카 박물관도 방문한다.

여행 팁

**윌리엄 헨리 요새(Fort William Henry)**

뉴욕주 북부 레이크 조지(Lake George)에 있는 Fort William Henry는 5월부터 10월의 기간 동안만 운영하는데, 제공하는 다양한 프로그램들의 스케줄이 다르므로 미리 일정을 확인하고 방문하는 것이 좋다. 화승총과 대포의 발사 시범은 금요일과 토요일에만 진행되고, 가이드와의 대화 프로그램은 7–8월 기간 중에만 제공된다. 입장 요금은 인당 $19.5.

레이크 조지는 매우 큰 호수의 이름이기도 한데, 여름철에는 뉴욕 주민들의 인기 많은 피서지이다. 호수 인근으로 다양한 숙소와 여행 편의시설들이 다수 있다. 맨해튼이나 보스턴에서는 3시간 30분, 캐나다 몬트리올에서는 2시간 30분 정도 소요된다.

# 이로쿼이의 고민, 누구와 손잡을 것인가?

; 뉴타운 전적지(Newtown Battlefield),
세네카 박물관(Seneca Museum)

어제와 오늘 우리가 방문하는 지역은 뉴욕주 북부로, 이로쿼이연맹(Iroquois Confederacy)에 속한 부족들의 주 근거지였던 곳이다. 오늘 첫 방문지는 뉴타운 전투(Newtown Battlefield) 기념공원이다. 미국 독립전쟁 기간 중인 1779년, 영국과 이로쿼이 인디언 연합군이 이곳에서 패배하면서 미국 군대가 이로쿼이 연맹 부족 마을들을 초토화하는 통로가 열리게 된다.

기념공원은 당시 전투가 벌어졌던 뉴타운 지역이 내려다보이는 언덕 정상에 자리 잡고 있고 중앙에 기념비가 세워져 있다. 이곳에 새겨진 동판은 전투에서 숨진 미군뿐 아니라 영국군과 이로쿼이 인디언들을 함께 추모하고 있으며, 전망대에는 몇 개의 안내판으로 당시 전투 상황을 설명하고 있다.

어제 언급했듯이 이로쿼이 연맹은 세네카, 카유가, 오논다가, 오네

뉴타운 전투 기념공원

이다, 모호크의 다섯 부족으로 구성되었고, 나중에 투스카로라족이 합류하여 6개 부족의 연맹체로 확대되었다. 이로쿼이는 처음에 이들을 상대했던 프랑스가 붙여 준 이름으로, 이들 부족은 스스로를 호데노소니(Haudenosaunee)라고 부르는데 이는 '롱하우스(longhouse)에 사는 사람'이라는 뜻이다.

이들은 1620년대부터 뉴욕에 진출한 네덜란드 및 뉴잉글랜드에 진출한 영국 식민지와 모피 교역을 시작했는데, 모피 사냥터를 두고 오대호 북쪽 캐나다 지역에 거주하던 휴론(Huron)족과 잦은 마찰을 빚었다. 당시 휴론족은 세인트로렌스강(St. Lawrence River)을 따라 진출한 프랑스와 모피 교역을 하고 있었고, 결국 프랑스는 휴론족, 영국은 이로쿼이족을 지원하는 양상을 띠게 되었다. 그리고 이러한 제휴 관계가 어제 얘기한 바와 같이 이들 부족이 두 유럽 국가의 전쟁에 참여하는 배경이 된다.

이 전쟁에서 영국이 승리한 이후 이로쿼이 연맹은 미국 식민지를 통치하는 영국 정부와 밀접한 관계를 맺게 되고, 다른 인디언 부족과의 전쟁에도 영국을 도와 참여한다. 하지만, 1775년부터 미국 식민지가 영국과 독립전쟁을 하게 되면서 이로쿼이 연맹도 갈등에 빠지게 된다. 초기에 이로쿼이는 이 전쟁을 영국인들 간의 내부 갈등으로 여기고 중립을 지키고자 했으나, 영국과 미국 양측은 자신들 편에 서지 않을 경우 적으로 간주함으로써 이들의 중립을 허용하지 않았다.

당시 모호크족의 젊은 지도자 중에 조셉 브랜트(Joseph Brant)라는 인물이 있었다. 그는 젊은 시절 영국의 인디언 감독관에게 발탁되어 영국식 교육을 받고, 영국군을 도와 다른 인디언과의 전투에도 참가하여 인정을 받는다. 또한 유력한 모호크 추장의 딸과 결혼하여 부족 내에서도 영향력이 있었다. 그는 1776년에 영국을 방문하여 조지 국왕(King George)과 면담하고 정식으로 영국군 장교 직급도 받는다.

영국 방문 시 그려진 조셉 브랜트의 초상화

영국과 미국 식민지 간의 전쟁에 대한 부족연맹의 입장을 결정하는 회의에서 브랜트는, 영국이 승리해야만 이로쿼이 부족이 독립을 유지할 수 있음을 역설하고 4개 부족(세네카, 카유가, 오논다가, 모호크)으로부터는 동의를 얻어 내지만, 나머지 2개 부족(오네이다, 투스카로라)은 결국 미국 식민지 편에 붙게 된다. 원래 이로쿼이 연맹의 의사결정 원칙은 다수결이 아닌 만장일치에 이를 때까지 끊임없이 토론하고 절충점을 찾는 것이었는데, 이 회의 후 이로쿼이 연맹의 합의 전통은 깨지고 연맹 부족 간에 전쟁을 벌이는 상황이 된다.

이러한 이로쿼이 연맹의 상황은 19세기 말 조선시대를 떠오르게 했다. 청나라, 일본, 러시아, 미국, 영국 등의 세력 다툼 속에서 자주독립을 유지하기 위해 누구와 손잡을지를 놓고 벌어지는 내부 갈등의 상황이 그러하다. 이로쿼이의 경우에도 처음에는 네덜란드와 영국 사이에서, 그다음에는 프랑스와 영국 사이에서, 그리고 다시 영국과 미국 사이에서 끊임없이 고민하고 갈등했다. 하지만, 결국 운명은 이들이 어떤 결정을 하는가와 상관없이 주변 열강들 간의 싸움과 절충의 결과로 결정된다.

전쟁 초기에 영국군과 인디언 연합군은 뉴욕주 북부 지역에서 미국에 대한 성공적인 공세를 전개하였고, 이에 미국의 조지워싱턴(George Washington) 장군은 설리번(Sullivan) 장군에게 대병력을 맡겨 이로쿼이 지역을 평정할 것을 명령한다. '모든 마을을 초토화하여 이들이 더 이상 살 수 없도록 하라'는 것이 당시 워싱턴의 명령이었다. 그리고 앞서 언급한 뉴타운에서 설리번 장군의 병력이 영국과 인디언 연합군을 격파함으로써 이 작전은 차질 없이 완수된다.

살고 있던 마을, 경작지와 비축한 식량이 모두 불타 버리면서, 많은 이로쿼이 연맹 부족민들은 영국 통치하에 있던 캐나다로 도피해야 했고, 남아 있던 부족들의 경우 수차례의 조약을 통해 대폭 축소된 뉴욕 주 내의 보호구역에 머물다가 위스콘신이나 오클라호마 같은 먼 지역의 보호구역으로 이주해야 했다.

다음 방문지는 세네카(Seneca) 이로쿼이 뮤지엄이다. 세네카는 이로쿼이 연맹 5개 부족 중 가장 서쪽에 위치했던 부족이니(닉네임도 '서쪽 문을 지키는 부족'이다), 동에서 서로 이동하는 우리 입장에서는 이로쿼이 인디언 연맹 지역에서 마지막으로 만나게 되는 부족이다. '지금 세네카 네이션(Seneca Nation)에 들어왔다'는 안내판과 함께 이정표, 교통 표지판이 영어와 세네카말로 동시에 표기되기 시작한다. 이전에 나바호 네이션에서도 이와 비슷한 경험을 한 적이 있었다(Day 6).

세네카네이션 뮤지엄

뮤지엄의 전시 내용은 이로쿼이 연맹 및 세네카 부족에 대한 간략한 설명으로, 좀 더 심도 깊은 자료를 기대했던 나는 아쉬웠다. 안내인에게 이로쿼이 연맹에 대한 역사 등을 체계적으로 소개해 주는 박물관이 따로 있는지 물어보니, 자신도 잘 모르겠단다. 우리가 관람하는 동안 찾아서 알려 주겠다고 하는데, 결국 확인해 준 장소는 어제 방문했었던 이로쿼이 인디언 박물관이다. 결국 6개 부족 연맹체로서의 이로쿼이는, 각 부족들이 뿔뿔이 흩어져 버린 이후에는 상징적인 의미로만 남아 버렸고, 이로쿼이 박물관 같은 것을 운영할 수 있는 주체조차 존재하지 않는다고 봐야 할 것 같다. 한때는 13개 주가 연합하여 탄생한 신생국가 미국의 정치체제 시스템 설계의 벤치마킹 대상이 되기도 했던 존재였었는데….

그런데 박물관 전시물 중에서 확인하게 된 한 가지 특이한 사안이 있었는데, 라크로스(Lacrosse)와 관련한 부분이었다. 우리나라에는 잘 알려져 있지 않은 스포츠 종목 중 하나인데, 막대기 끝에 그물이 달린 채를 이용하여 공을 잡고 패스하거나 던져서 골에 집어넣는 경기이다. 미국에서는 학교 스포츠로 활성화되어 있는데, 이 스포츠가 인디언들의 운동에서 유래된 것이라고 한다. 이로쿼이 연맹부족민들 사이에서도 라크로스는 인기이고 선수들 실력도 수준급이어서 근래 들어 국제경기에 이로쿼이 연맹의 이름으로 참가하고 있다고 한다. 이들이 해당 운동의 원조임을 감안한 국제사회의 배려로 보인다.

1980년대에 이로쿼이네이션(Iroquois Nation)이 공식적으로 설립(엄밀히 말하면 선언)된 이후, 선수들은 이로쿼이네이션에서 발행한 여권을 이용해

라크로스 세계 선수권대회에 이로쿼이네이션 이름으로 참가하는 이로쿼이 연맹 대표선수들

서 해외여행을 해 왔다고 한다. 그런데 2010년 영국에서 개최된 세계 선수권 대회에 참가하러 갔을 때, 영국이 이로쿼이네이션 여권을 인정하지 않겠다고 통보함으로써 입국이 무산되었던 상황을 박물관 전시물은 상세하게 설명하고 있다. 안내인의 설명으로는 최근에 이스라엘에서 경기가 열렸는데, 경기 시작 몇 시간 전에야 승인이 나서 입국할 수 있었단다. 그럼에도 동메달을 땄다고 하니 이들의 실력은 인정해야 할 것 같다. 딸아이가 중고등학교 시절에 라크로스팀에서 활동해서 나도 여러 차례 경기를 관람할 기회가 있었는데, 사실 내게는 관전하기에 그다지 흥미진진한 스포츠는 아니었다.

미국 내에서 인디언 자치권의 범위에 대해서는 논란이 많지만, 기본적으로 영국 및 이를 승계한 미국이 이들 부족과 각종 조약으로 영토 및

20년간 국제적으로 통용되었던 이로쿼이네이션 여권이 2010년 영국대회에서 입국이 거부된 사건에 대한 전시물

보상 문제를 해결했다는 면에서 하나의 독자적인 국가로 인정받은 것으로 볼 수도 있을 것 같다. 하지만 실질적으로 인디언 부족들의 모든 자치권은 연방정부가 허용하는 범위 내에서만 행사가 가능하다는 면에서, 나는 인디언 네이션의 위상을 미국의 50개 주와 동등한 정도로 생각하고 있었다. 그런데 자체적인 여권으로 해외여행을 한다는 새로운 뉴스를 접하니 인디언네이션 자치권의 범위에 대해 궁금해진다.

자료를 좀 더 찾아보니 이들 이로쿼이 연맹 공동체는 이미 1923년부터 여권을 발행해 오고 있었고, 제 1·2차 세계 대전 당시에 독일을 상대로 선전 포고도 한 적이 있었다. 독자적인 주권국가로서의 행위를 시도했던 것이다. 하지만 이러한 행위는 미국 정부가 용인할 수 있는 범위에 한해서만 인정된 것으로 보이며, 지금까지는 미국 정부가 우려할 만한 사항은 아닌 것으로 보인다.

이로쿼이 연맹의 다른 부족들은 대다수가 캐나다로 쫓겨나거나(모호크족), 위스콘신주에 영토를 확보하여 이주하거나(오네이다족), 혹은 반강제적으로 오클라호마주의 인디언 보호구역으로 이주하게 되고, 남아 있던 부족민들도 미국인들에게 보호구역 땅의 대부분을 헐값에 매각하는 상황으로 몰리게 되었다. 하지만 세네카족의 경우, 부족 영토를 빼앗기게 된 각종 조약의 부당함에 대한 소송에서 승리하면서 일부 영토를 되찾아 지금의 보호구역을 유지할 수 있게 되었다고 한다. 뉴욕주 북부를 여행하면서 세네카 네이션만 표지판에 등장하는 이유가 이해되는 장면이다.

박물관의 모든 안내 자료는 세네카 언어가 우선, 영어가 나중에 적혀 있다. 안내인은 많은 세네카 부족민들이 아직 세네카 말을 쓰고 있으며, 6개 부족연맹의 언어들은 서로 유사한 단어가 많기는 하지만 직접적인 대화는 어렵고 통역을 통해서 커뮤니케이션을 해야 한다고 설명해준다. 이런 부족들끼리 수백 년 동안 전원합의제의 연맹 의사결정 체제를 유지해 올 수 있었다는 것이 놀랍다.

오늘은 서쪽으로 이동해서 오하이오주 클리블랜드(Cleveland)로 진입했다. 이곳 야구팀 이름이 인디언(Indians)이다! 추신수 선수가 처음 뛰었던 팀이기도 하다. 원래 예정했던 몇 개의 방문을 취소하고 나니 여유가 좀 생겨서 내일은 클리블랜드를 좀 둘러보고 서쪽의 톨리도(Toledo)로 이동해서 묵을 예정이다.

오하이오 지역은 미국이 독립전쟁(1775-1783)에서 승리하여 독립한 이후 가장 적극적으로 인디언 부족 땅에 대한 착취가 전개된 곳이다. 그리고 그 결과, 1812년에 영국과 미국 간 전쟁이 또다시 벌어지자, 인디언 부족들이 대거 영국군과 연합하여 전투를 벌인다. 유명한 인디언 전사 테쿰세가 등장하는 시기이다.

내일이 아빠 생일이라고 딸아이가 저녁 먹을 장소를 알아보겠다고 하더니 고민을 많이 한다. 톨리도가 특별한 관광지도 아니고 대도시도 아니라 뭔가 애매하단다. 게다가 범죄 발생율도 높은 도시라고. 여행을 계획하면서 생일날 어디서 지낼지까지는 생각해 보지 않았었다. 사랑하고 축하해 주는 가족과 함께하는 것만으로도 충분히 감사하고 즐겁지 않을까?

# 홍인종 명칭은 사용 가능,
# 얼굴 그림은 사용 불가

; 클리블랜드 아트뮤지엄,
클리블랜드 인디언즈, 아케이드(The Arcade)

생일인 오늘은 휴식을 취하기로 하고, 언제 또 오게 될지 모를 클리블랜드에서 충분히 시간을 보내기로 했다. 딸아이 친구 중에 클리블랜드 출신이 있어 가 볼 만한 곳 몇 군데를 추천받았다.

맨 처음 들른 곳은 클리블랜드 아트 뮤지엄이다. 미국 내에서 가 볼 만한 뮤지엄으로 2위에 올랐다고 한다(1위는 뉴욕 메트로폴리탄 뮤지엄). 시내에서 조금 떨어진 유니버시티서클(University Circle)에 위치해 있는데, 주변 풍경과 박물관 건물의 조화가 참 멋지다.

간단히 둘러볼 생각으로 들어갔는데, 전시 내용이 풍부해서 많은 시간을 보내게 되었다. 메트로폴리탄 미술관이나 대영박물관과 마찬가지로 고대 그리스 로마시대 건축물의 일부분(벽화 혹은 기둥)까지 옮겨져 전시되고 있었고, 유럽 미술품을 비롯해서 이집트, 이란, 중동 지방은 물

클리블랜드 아트 뮤지엄

론 한국을 포함한 아시아 미술품과 아프리카 미술품까지 전시물이 다양했다. 다만 현대 미술은 상대적으로 전시물이 많지 않아 보였다.

미국 인디언 원주민 예술품 섹션도 있는데, 도기제품 위주로 적은 양이 전시되어 있다(우리가 방문했던 주니 부족의 도기가 전시되어 있다!). 미국 인디언 예술품을 보고 싶다면 워싱턴에 있는 스미소니언 미국 인디언 박물관이 최고인 듯하다.

전시실 중 하나는 중세시대 기사 갑옷에 관한 것이었는데, 이 갑옷들을 보면서 코로나도와 데소토의 북미 탐사 장면이 떠올랐다. 온몸에 빈틈이 없도록 철갑 혹은 사슬갑옷을 두르고 거대한 말을 탄 스페인 기사들을 맞이했을 원주민들의 당황과 공포감은 대단했을 것이다. 원주민들이 가진 나무곤봉이나 돌도끼, 화살은 스페인 기사들의 장갑을 당해낼 재간이 없었을 것이고, 맨몸의 인디언 전사들은 이들 기사의 날 서

중세갑옷 관련 전시관

린 칼날에 하릴없이 쓰러졌을 것이다.

이처럼 수많은 작품들을 소장한 박물관의 존재는 클리블랜드의 경제력과 문화적 수준이 대단했었음을 보여 주는 것이라고 본다. 한때 미국 내 5대 도시의 위상을 누렸으나 이후 성장이 정체된 상황이지만, 별도의 입장료도 없이 이런 박물관을 운영하고 있는 클리블랜드의 저력이 감동스럽다.

다음 목적지는 클리블랜드 인디언즈의 홈구장인 프로그레시브 필드(Progressive Field)이다. 추신수 선수가 뛰었던 팀으로 우리에게는 친숙한 팀인데, 경기장은 바로 시내에 있다. 그런데 뭔가 이상하다. 경기장 주변에 팀 마스코트인 인디언의 모습이 보이지 않는다. 인터넷을 검색한 아내와 딸이 2015년부터 인디언 얼굴의 마스코트 그림을 사용하지 않고 있다고 알려 준다. 유머 있게 그려진 인디언 얼굴이 모욕 내지 조롱의 의미로 비춰지는 것을 피하기 위한 노력으로 보인다. 어쨌건 꽤 귀엽고 친숙했던 마스코트였는데 보지 못하게 되니 아쉽다. 내가 아직 이 땅의 인디언들에게 충분한 감정 이입이 되지 못해서일까? 예전의 그 마스코트 그림을 찾아볼 요량으로 한참을 경기장 밖 여기저기를 기웃거리다가 기념품 상점에서 몇 개 찾아내니 많이 반갑다.

클리블랜드의 야구팀은 창단 초기에 이름이 여러 번 바뀌다가 팀에서 활약했던 최초의 인디언 출신 선수를 기념하여 인디언즈로 바뀌어 오늘에 이르렀다고 한다. 혹시나 하는 생각에 경기 일정을 확인해 보니 오늘은 원정 경기가 있는 날이라 이곳에서는 경기가 없다. 그런데, 바로 엊그제 여기서 텍사스 레인저스와 경기가 있었다. 우리의 방문이 하루만 빨랐더라면 인디언즈 구장에서 추신수 선수를 볼 수 있을 뻔했기에 안타까움이 크다. 요즈음 계속 하루 차이로 놓치는 일들이 생긴다.

클리블랜드 인디언즈 야구장

지금은 사용이 중단된 인디언즈팀의 인디언 얼굴 마스코트

사실 스포츠팀과 인디언 인권 옹호단체와의 갈등은 워싱턴 DC의 프로풋볼(미식축구)팀 레드스킨즈(Red Skins) 이름을 둘러싸고 최고조에 달했었다. 레드스킨이라는 단어는 인디언들을 비하하는 '홍인종'이라는 의미를 품고 있다. 인디언 인권단체는 해당 이름의 사용이 인종 차별적이라는 이유로 대법원에 상고까지 했으나, 미국 연방대법원은 '차별적이지 않다'라고 최종 판결하여 아직도 그 이름은 사용되고 있다. 귀여운 인디언 그림은 사용이 중지되고 홍인종(Red Skins)이라는 부정적인 단어는 계속 사용되는 상황이 아이러니하게 느껴지는 건 나만의 심정일까?

딸아이 친구가 추천한 시내 인근의 오하이오 시티(Ohio City)라는 곳으로 이동하여 늦은 점심을 하게 되었다. 그런데 이곳이 뜻밖의 세렌디피티(Serendipity)가 되었다. 타운홀(Townhall)이라는 식당은 건강식을 주제로 한 매우 창의적인 메뉴들을 제공하고 있었는데, 나는 비빔밥(Bibimbap)이

클리블랜드에서의 생일 점심

라는 반가운 메뉴를 시도해 보았다. 음식의 형식은 한국의 비빔밥을 차용했으나 그 내용물은 쌀 대신에 컬리플라워 가루에 김치로 간을 하였고, 들어간 야채도 하나같이 독특한 것이 인상적이었다. 파란 하늘과 노란 파라솔 밑의 야외 테이블에서 너무도 근사한 식사를 하게 되었고, 딸아이가 종업원에게 생일 얘기를 해서 촛불이 꽂힌 디저트까지 받게 되니 금상첨화이다.

클리블랜드에서의 마지막 방문지는 시내에 위치한 아케이드(the Arcade)이다. 미국에서 가장 오래된 실내 쇼핑몰 중의 하나라고 하는데, 겉보기와 다르게 건물 안으로 들어서니 탄성이 절로 나온다. 건축물이 아름답다는 표현을 이럴 때 쓸 수 있을 것 같다. 우리가 방문한 시간에 결혼식이 열리고 있었는데, 막 신부가 입장하고 있었다. 현재 이 아케이드는 하얏트 호텔로 사용되고 있었다.

클리블랜드에서 하루를 충분히 보내고 저녁 즈음에 톨리도(Toledo)로 들어왔다. 우려와는 달리 우리의 숙소가 있는 웨스트게이트(Westgate) 지역은 정리가 잘되어 있는 신도시 느낌이다. 숙소 바로 옆에 홀푸드마켓(Wholefood Market)도 있다. 근래에 아마존이 인수해서 더 화제가 되었던 슈퍼체인인데, 일단 홀푸드가 있다는 건 그 동네 수준이 괜찮다는 의미로 해석된다.

늦은 점심을 잘 먹었기에 저녁은 패스하기로 했는데, 아내와 딸아이가 생일 저녁 촛불은 붙여야 한다며 컵케이크와 생일용 초를 사서 숙소로 들어왔다. 그런데, 생각해 보니 성냥이 없다. 딸아이가 성냥을 구하

클리블랜드의 아케이드

러 프론트에 갔다가 성냥은커녕 객실에서 불을 붙이면 화재 경보가 울린다고 우려 섞인 얘기를 듣고 온다. 그 점을 미처 생각 못 했다. 호텔 정원으로 나와 조촐한 생일 축하행사를 가졌다. 충분히 행복하다. 컵케이크 위에 놓인 숫자 '54'가 많이 무거운 느낌이기는 하지만.

내일은 이곳 톨리도 인근에 있는 폴른 팀버즈 전투지(Fallen Timbers Battlefield)를 방문하고 인디애나주로 이동하여 프로페츠타운(Prophetstown) 공원과 티페카누 전투지(Tippecanoe Battlefield)를 방문할 계획이다. 이들 지역은 쇼니족(Shawnee)의 위대한 추장 테쿰세(Tecumseh)의 자취가 서려 있는 곳이다. 그는 인디언 부족들이 연합하여 강력한 인디언 국가를 건설하는 것만이 미국인들에 의한 영토 침탈을 막는 방법이라고 생각하여 이를 달성하기 위해 혼신의 힘을 다했던, 그리고 외세의 힘(영국)까지 동원하려 했던 선각자이자 행동가였다.

워싱턴에 있는 미의회 의사당 로툰다(rotunda) 장식 예술품에 등장하는 인디언은 단 두 사람인데, 포카혼타스와 테쿰세 추장이다(Day 23). 여기서 테쿰세는 주인공이 아니라 전사하는 장면으로 등장하는데, 이 모습은 그의 장렬한 죽음을 기리기보다는 미국인들이 장애물을 제거하고 서부 개척의 길을 닦게 된 순간을 기념하는 의미로 해석된다.

이번 여행을 계획하며 의아했던 것 중의 하나가, 테쿰세 추장에 대한 박물관을 찾을 수가 없다는 것이었다. 미시간주 디트로이트 인근에 그의 이름을 따온 마을이 존재하기는 했지만, 그곳에서도 그를 기리는 장소는 찾을 수 없었다(대신 영국령이었던 캐나다에는 그를 기념하는 장소가 여러 곳 있다). 그가 미국에 대항하여 영국 편에서 싸웠기 때문에 미국인의 입장에서는 그를 기념할 이유가 없었던 것일까? 그의 쇼니족 후손들은 이 지역에서 모두 쫓겨났기에 어찌할 도리가 없었던 것일까? 내일 전투지 기념공원을 방문해 보면 좀 더 실마리가 풀릴지 궁금하다.

오늘이 30일차이다. 어느새 꽉 한 달을 채운 여행이 되고 있다. 일행 모두 크게 아프지 않았고, 특별한 사고도 없었으니 감사할 일이 많다. 나머지 일정도 무난하게 진행될 수 있기를 바라본다. 지도를 펴 놓고 그동안의 여정을 그려 보았다. 아내가 예전부터 요청했던 작업이었으나 처음엔 구입했던 지도를 한 번 잃어버렸고, 다음엔 지도에 경로를 색칠할 형광펜을 구입하는 데 시간이 오래 걸려 이제야 완수하게 되었다. 정말 이곳저곳 많이도 돌아다녔다. 하지만 아직 태평양까지는 꽤 많이 남아 있다. 현재 이동한 거리는 7,000마일(11,300㎞)을 넘겼다.

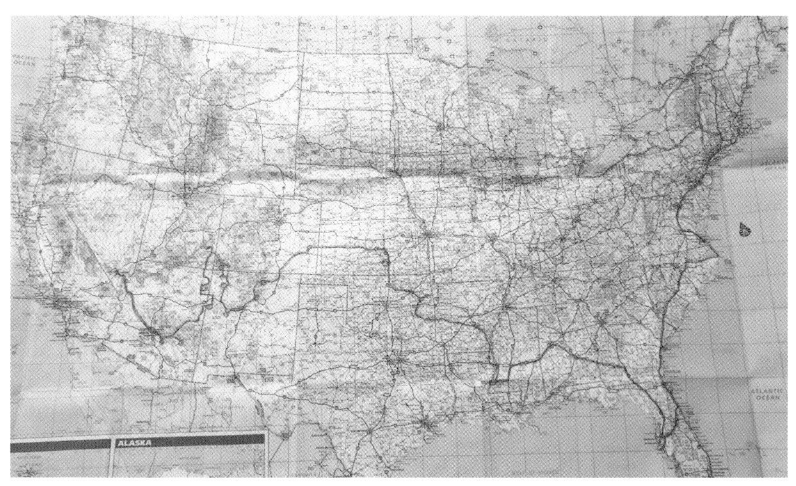


현재까지의 경로 - 아직도 갈 길이 멀다!

# 영국의 배신,
# 스러진 인디언 연합국가의 꿈

; 폴른팀버즈 전투유적지
(Fallen Timbers Battlefield)

톨리도 인근 모미(Maumee)라는 마을에는 세 개의 역사공원이 있다. 폴른팀버즈(Fallen Timbers) 전투유적지와 폴른팀버즈 기념공원(Memorial Park), 그리고 마이애미스 요새(Fort Miamis) 유적지이다.

우리는 우선 폴른팀버즈 전투유적지로 향했다. 입구 안내판을 따라 방문객 센터로 가 보니, 건물 앞에 '렌탈용 시설'이라고 적혀 있다. 이 공원의 관리를 맡고 있는 톨리도(Toledo)시에서 원래 방문객 센터를 설립해 운영하려고 했으나, 사정이 여의치 못해 오픈을 미루고 이렇게 활용하고 있는 것이 아닐까 짐작해 본다.

유적지는 1.5마일의 산책로를 따라가면서 당시 전투에 대한 설명을 볼 수 있도록 중간중간 안내판이 설치되어 있다. 입구 갈림길에는 별도의 안내문이 없어서 우리는 왼쪽으로 진입하여 시계 방향으로 돌았는

폴른팀버즈 전투 유적지

산책로를 따라 당시 전투 상황에 대한 안내문이 마련되어 있다

데, 전투 종료 이후에 벌어진 일들부터 시작해서, 전투 진행, 준비, 배경 등 설명 내용이 시간상 역순이다. 어쩐지 반대 방향에서 오는 사람들이 많이 보인다 싶었는데, 입구부터 시작을 잘못한 거다. 타임머신을 타고 시간을 거슬러 가는 느낌이다.

폴른팀버즈 전투의 본론으로 들어가기 전에 미국 북서 지역(North West Territory)에 대한 얘기부터 하는 것이 좋을 것 같다. 유럽 본토와 해외 식민지 전역에 걸쳐 벌어진 영국과 프랑스의 7년 전쟁(미국에서는 프렌치 인디언 전쟁이라고 불림, Day 28) 결과, 아메리카 식민지에서 프랑스는 손을 떼고 영국이 통제권을 장악하게 된다. 하지만, 영국은 미국 동부 지역에 정착한 유럽 이민자들과 원주민들 간의 충돌로 인해 골머리를 앓게 되고, 광범위한 식민지 전역의 평화 확보를 위해서 대규모의 병력과 상상을 초월한 비용을 필요로 하게 된다. 결국 영국 국왕 조지 3세는, 1763년에 캐나다의 노바스코시아로부터 남쪽의 플로리다까지 애팔래치아 산맥을 따라 경계선(1763 proclamation line)을 선포한다(Day 11). 이 선을 경계로 서쪽을 인디언 구역, 동쪽을 정착민 구역으로 나누고 서로 상대방 영역을 침범하지 말도록 규정한 것이다.

경계선 서쪽인 지금의 오하이오, 인디애나, 미시간, 일리노이, 위스콘신주는 인디언 지역에 해당하였고, 당시에는 북서 지역이라고 불렸다(이런 연유로 Northwestern 대학교가 이제는 중부 지방인 시카고에 위치해 있다). 하지만 식민지 정착민들은 토지가 평평하고 비옥하여 농경과 정착에 최적인 북서 지역에 대한 욕심을 버리지 않았고, 경계선을 넘어 진출하여 원주민과 잦은 충돌을 일으켰다. 이 선을 넘지 못하도록 규제하는 영국에 대

1763 선포선

한 반발이 미국 식민지가 반란을 일으킨 원인 중의 하나였다고도 한다.

1775년 미국 식민지와 영국 간의 독립전쟁이 발발하자, 대부분의 원주민들은 자신들의 영토를 침탈해 온 정착민들에 맞서기 위해 영국 편을 들게 된다. 하지만 결국 식민지 반란군이 승리하고 미국은 독립한다.

여기서 잠깐 생각해 본다. 만약 미국의 독립전쟁이 실패로 돌아갔더라면, 이들 지역은 영원히 인디언들의 영토로 남을 수 있었을까? 아마도 힘들었을 것이다. 설사 영국이 승리했더라도 식민지 정착민들의 환심을 사기 위해서는 인디언 영토의 할당은 불가피했을 것이기 때문이다. 하지만, 독립 이후에 미국이 저지른 것과 같은 폭압적인 방법보다는 좀 더 합리적이고 질서 있는 과정을 거치지 않았을까 상상해 본다.

이후 미국은 영국과 체결한 파리조약을 근거로, 북서 지역에 거주하고 있던 원주민 부족 추장들을 불러 모아 이들 영토의 상당 부분을 미국 정착민에게 양도하는 문서에 서명하게 한다(Fort Stanwix 조약). 하지만 대다수 부족들은 해당 조약의 효력에 이슈를 제기하며 영토 양도를 부정하고, 서로 연합하여 미국인들의 침략에 대응하는 공동전선을 구축한다. 이는 쇼니족(Shawnee), 마이애미족(Miami), 델라웨어족(Delaware), 오지브와족(Ojibwa), 오타와족(Ottawa), 와이언도트족(Wyandot), 포타와토미족(Potawatomi) 등이 연합한 대규모 동맹체였다.

미국은 북서 지역의 앞마당인 오하이오 지역을 안정시키기 위해 군대를 진출시키고, 인디언 연합부대는 1791년과 1792년 두 차례의 미군 진출을 모두 효과적으로 저지한다. 특히 1792년의 생클레어(St. Clair) 장군의 원정은 부대원의 90%가 넘는 630명이 전사하는, 미군 역사상 인디언과의 전쟁에서 가장 많은 희생자가 발생하는 패배로 기록된다.

이러한 일련의 전투 이후 미국은 좀 더 치밀하게 북서 지역 원정부대를 준비하고, 마침내 1794년 웨인(Wayne) 장군 휘하의 3천 명이 넘는 대규모 원정대가 다시 오하이오 지역으로 출정한다. 당시 캐나다 지역의 식민지를 확보하고 있던 영국은 미국의 확장을 견제하기 위해 인디언 부족을 활용하고 있었는데, 미군의 캐나다 지역 진출을 저지하기 위해 톨리도 인근에 마이애미스 요새를 짓고 인디언 연합부대에 대한 지원을 강화한다. 그리고 인디언 연합부대도 이 요새 인근에서 진출해 오는 미군에 맞설 준비를 한다.

인디언 부대가 전장으로 선택한 장소는 토네이도로 인해 많은 나무들

전투지에서 발견되는 쓰러진 나무들

이 쓰러져 있어서 '폴른팀버즈'(Fallen Timbers: 쓰러진 나무들)라고 불렸는데, 쓰러진 나무들은 방어에 좋은 엄폐물이 되었다. 공원 산책로를 걷다 보면 안내문이 있는 일부 지역에 쓰러진 나무들이 많이 보이는데, 당시 이곳의 분위기를 느끼게 할 요량으로 일부러 설정해 둔 장면이 아닐까 싶다.

안내문 중 하나에는 전투 발생 당시 인디언 부대가 충분히 대비되어 있지 못했다는 설명이 있는데, 그 이유가 다소 황당하다. 당시 이들은 큰 전투에 대비하여 전통적인 방식에 따라 금식을 하고 있었다고 한다. 그런데 곧 들이닥칠 줄 알았던 미군은 이틀간 나타나지 않았고(미군은 도중에 보급기지를 설치하는 관계로 이틀을 지체하게 되었다), 매복 기습 공격 기회를 기다리다 허기에 지친 인디언 부대 중 다수는 인근에 있는 영국군의 마이애미스 요새로 보급품을 받으러 떠나 있었다고 한다. 바로 그 시기에 미군이 들이닥친 것이다. 허기에 지치고 일부가 이탈되어 있던 인디언 병력은 그렇지 않아도 수적으로 우세였던 미군에 밀리고 패주하게 된다.

이들은 자신들의 우군인 영국군이 지키고 있던 마이애미스 요새로 후퇴하는데, 영국군은 미군과의 교전을 우려하여 이들 인디언들을 받아들이지 않는다. 결국 전투에서 패배하고 영국의 지원도 끊긴 인디언 연합은 이후 미국을 상대할 힘을 잃고, 결국 1795년 그린빌(Greenville)조약으로 오하이오를 비롯한 북서 지역의 대부분의 영토를 미국에 빼앗기게 된다. 이곳 폴른팀버즈에서의 승리는, 미국이 독립전쟁에서 승리하고도 진출하지 못했던 북서 지역을 인디언들로부터 확보하는 결정적 계기가 된다.

폴른팀버즈 전투 기념비가 세워져 있는 기념공원은 전투유적지에서 약간 떨어져 있는데, 보행 전용 육교를 통해 고속도로를 건너야 한다. 이 공원은 당시 전투에 직접 참가하지 않았던 어느 영국군 병사의 기록과 지도를 참조하여 전투가 발생한 곳으로 추정되는 위치에 조성되었다. 하지만 이후 추가적인 조사 결과, 실제 전투지는 공원으로부터 수백 미터 떨어진 곳으로 확인되었고, 그곳에 좀 전에 우리가 다녀온 전투유적지가 새로 조성된 것이다. 기념비 위에는 웨인 장군, 전투에 참여한 민병대원, 그리고 미군 측 인디언 가이드의 동상이 나란히 서 있고, 기념비에는 이들뿐 아니라 전투에 맞서 싸운 인디언 전사들 및 북서 지역의 개척자들 모두를 기리는 글이 적혀 있다.

이곳에서 몇 마일 북쪽으로 올라가면 마이애미스 요새 유적지가 나오

폴른팀버즈 전투기념비

는데, 그야말로 유적지이다. 우리가 이전에 방문했던 윌리엄 헨리 요새(Day 28)는 당시의 모습으로 재현되어 박물관으로 사용되고 있는 데 비해, 이곳은 요새터만 휑하니 남아 좀 아쉽다. 견고하게 구축되었던 요새에는 대포까지 여러 문 배치되어 있어서 당시 미국의 웨인 장군은 공격을 포기했다고 한다. 이러한 요새가 버티고 있음에도 이를 활용하여 항전하지 못하고 패퇴해야 했던 인디언 전사들의 안타까움과 영국에 대한 배신감은 매우 컸을 것이다. 이후 영국군은 이곳에서 철수했다가 1812년 미국과의 전쟁이 재발하자 다시 이곳에 진을 치게 된다.

당시 폴른팀버스 전투에 참가했던 이들 중에 미국 측에 윌리엄 헨리 해리슨(William Henry Harrison)이 있었고, 인디언 측에는 테쿰셰(Tecumseh)가 있었다. 이들은 이로부터 20년이 채 안 되어 각각 양측의 사령관으로 다시 만난다.

마이애미스 요새 유적지

오하이오 일정을 마치고 우리는 인디애나(Indiana)주로 들어섰다. 인디애나는 주 이름 자체가 '인디언의 땅'이라는 뜻임에도 현재는 인디언 보호구역이 거의 남아 있지 않다. 하지만, 인디언들의 자긍심을 고취시키고 여러 부족을 단합시켜 미국에 맞서려 했던 쇼니족 정신적 리더 텐스콰타와(Tenskwatawa)와 그의 형 테쿰세가 만들었던 마을인 프로페츠타운(prophetstown)과, 미국과 인디언 전쟁에서 판도를 바꾼 또 하나의 결정적 사건인 티페카누(Tippecanoe) 전투 유적지가 있는 곳이다.

이 장소들을 방문한 후, 인근의 라피엣(Lafayette)이라는 곳에서 오늘 밤 숙박을 하고 시카고로 이동하는 것이 원래 계획이었는데, 라피엣의 모든 숙소가 동이 나는 바람에 40마일이나 떨어진 로건스포트(Logansport)라는 곳에서 묵게 되었다. 딸 아이가 검색해 보더니, 라피엣에 위치한 퍼듀(Purdue)대학교의 신입생 오리엔테이션이 내일이란다. 전국에서 몰리는 신입생들로 인해 모든 호텔이 동이 난 것이다. 우리에게 필요하지 않은 이벤트 날짜는 기막히게 딱 맞춘 것 같다.

내일은 시카고로 이동하여 모레까지 휴식하는 일정이다. 인디언 전사 테쿰세 이야기는 내일 이어서 하기로 한다.

 좀 더 알아보기

**폰티악 전쟁과 세균전**

북서지역에서는 비옥한 토지를 탐내는 식민지 정착민들로 인해 미국의 독립 이전에도 인디언들과의 크고 작은 분쟁과 전쟁이 이어졌다. 프랑스와의 7년 전쟁에서의 승리로 영국은 미시시피강 동쪽의 영향권을 확보했지만, 이 지역에 거주하던 인디언들은 영국에 반감을 갖게 된다. 인디언들을 사업상의 파트너로 대했던 프랑스와 달리 영국은 영토를 침범하고 정착지를 건설했기 때문이다. 오대호 연안과 일리노이, 오하이오 지역의 여러 인디언 부족들은 자신들의 영토 침범을 그치지 않는 영국인들을 몰아내기로 뜻을 모으고, 여러 영국군 요새를 동시 다발적으로 공격하여 8개를 파괴시키고 2개를 포위하는 공세를 펼친다.

1763년부터 시작된 이 전쟁은 1766년 평화협정으로 종결되고 승자가 없는 전쟁이 된다. 당시 오타와족 추장으로 전투를 이끌던 폰티악 추장의 활약이 두드러져서 이 전쟁은 폰티악 전쟁으로도 불리는데, 당시 영국은 이처럼 강력히 저항하는 인디언 부족을 무력으로 제압하는 것은 한계가 있다고 판단하여 1763선포선을 강력히 집행하는 방법으로 인디언과 식민지간의 충돌을 최소화하고자 했다. 그리고 식민지인들은 이러한 영국의 정책에 반감을 갖게 된다.

당시 인디언들에게 포위되었던 피트요새(지금의 피츠버그)에서 영국군이 천연두균을 묻힌 담요를 인디언들에게 선물하는 전술을 쓰게 되는데, 미 대륙에서 벌어진 최초의 세균전(의도적인)이라고 볼 수 있다.

# 우리 땅을 돌려다오,
# 테쿰세 vs 해리슨

; 인디애나주 티페카누 전투지
(Tippecanoe Battlefield)

오늘은 인디애나주에서 시카고로 향한다. 사흘 전 뉴욕을 떠나 오하이오주에 들어선 이후부터 창밖의 경치는 큰 변함이 없다. 끝없이 이어지는 옥수수밭, 가끔씩 나타나는 집들과 나무숲. 지도를 펼쳐 놓고 보니 여정상 산지(山地) 풍경을 보려면 사우스다코타주까지 가야 한다. 1천 마일 이상의 거리이다.

자동차 여행에는 산이 보이는 경치가 가장 좋고, 옥수수밭 평원보다는 애리조나나 뉴멕시코의 황야가 더 나은 것 같다. 애리조나에서는 선인장이라도 간간이 보이고, 뉴멕시코에서는 메사(Mesa: 꼭대기 부분이 평평하게 깎인 산지) 경치라도 있으니 말이다. 인디애나주 차량 번호판에는 미국 성조기 무늬가 자주 보인다. 또한 뒤쪽 창을 성조기로 장식한 차들도 종종 보인다. 자신들의 주를 하트랜드(Heart Land)라고 하는데, 미국의 핵

끝없이 이어진 옥수수밭 - 미국 중부 오하이오주

심부라는 뜻일까? 이제까지 지나온 지역 중 가장 열렬한 애국심을 보여 주는 지방이라는 생각을 갖게 한다.

시카고는 미국에서 뉴욕, LA에 이어 세 번째로 큰 도시라고 하는데, 우리 모두 처음 방문이라 들떠 있다. 사실 오래전에 업무상 출장을 온 적이 있었지만, 당시 시카고에 머물렀던 시간이 하루도 채 안 되고 호텔과 사무실에서만 지내서 미시간 호수조차 볼 겨를이 없었다.

시카고로 들어가는 길에 시카고대학(University of Chicago) 안내판이 보여 들러 보기로 했다. 그런데 학교 캠퍼스가 커다란 공원 옆에 붙어 있어서 공원인지 학교인지 구분이 쉽지 않다.

일단, 일반적으로 대학교에서 외부인에 대한 안내가 제공되는 대학 입학처(Admissions Office)를 찾아갔다. 그런데 마침 입학에 관심 있는 학생과

시카고 대학 캠퍼스투어 모습

부모들을 대상으로 진행되는 캠퍼스투어(campus tour)가 출발하고 있었다.

아내가 예전 우리 아이들과 캠퍼스투어를 하던 추억이 떠올랐는지 한번 따라가 보자 한다. 계획에 없던 학교 가이드투어를 하게 된 셈이다. 진지하게 투어에 참여하고 있는 학생들과 그 부모들을 보면서 그때의 우리 모습이 그려졌다. 시카고대학은 도서관 내부가 무척 아름답다고 하는데, 아쉽게도 캠퍼스투어 프로그램에는 내부 관람이 포함되어 있지 않았다. 도서관 내부를 보고 싶은 기대감이 이 투어를 따라나선 이유 중의 하나이기도 했는데. 대학 졸업반에 올라가는 딸아이가 예비 대학생들 사이에 끼어 있는 게 어색한지 투덜대서(심지어 딸아이는 본인 학교 이름이 큼지막하게 박힌 후드티를 입고 있었다), 우리는 중간에 빠져나왔다. 짧지만 유쾌한 경험이었다.

근처의 스타벅스를 찾다가 우연히 발견한 건물이 경제학과였다. 시카고 대학은 소위 시카고 학파라는 단어를 탄생시킨 신고전주의 경제이론(시장의 작동원리에 의한 자원배분의 효율성을 중시하여 정부의 개입보다는 민간 부문의 역할을 강조)의 산실이었고, 미국 레이건 대통령이나 영국의 대처 수상의 경제정책에 큰 영향을 미친 것으로 알려져 있다. 건물 1층에는 밀턴 프리드먼(Milton Friedman)과 조지 스티글러(George Stigler) 교수 등 시카고 경제학의 거두들과 시카고 경제학의 업적을 소개하는 기념관이 마련되어 있었다.

비가 흩뿌리기 시작한 시카고 시내로 들어가 미시간 호수 변에 자리 잡은 네이비 야드(Navy Yard)라는 곳을 들러 봤는데, 아직은 뭔가 정돈이 충분치 않은 느낌이다. 다만 멀찌감치서 시카고 시내 스카이라인을 감

네이비 야드에서 바라보는 시카고 스카이라인

시카고 아이스하키팀인 블랙호크스의 인디언 로고

상할 수 있는 기회는 되었다. 상점 중의 한 곳은 시카고를 근거지로 하는 프로스포츠 팀들의 기념품을 팔고 있었는데, 이 중에 인디언의 모습이 눈에 띈다. 여행을 시작한 이후로 인디언 관련 그림에는 무조건 눈길이 간다. 확인해 보니 시카고의 프로아이스하키리그(NHL) 팀 이름이 블랙호크스(Blackhawks)였다. '검은 매'라는 뜻이기도 하지만, 일리노이주에서 소크족(Sauk)을 이끌던 추장의 이름이기도 하다. 블랙호크 추장에 대해서는 이틀 후 관련 장소를 방문하면서 더 다루게 될 것이다.

본격적인 시내 구경은 내일로 미루고, 숙소 근처에서 한식당을 검색했다. 그렇게 찾아간 곳이 대박! 식당 이름이 '대박BBQ'였고 실제 느낌도 '대박'이었다. 차이나타운의 중국 음식점들 사이에 위치해 있어서 처음엔 그 분위기나 맛이 의심스러웠는데, 홍대 앞의 맛난 삼겹살집에서 식사를 하는 느낌이었다. 월요일 저녁임에도 현지인들이 줄을 서서 기

시카고에서의 대박 식사

다리는 모습을 보니 뿌듯하다.

오늘은 어제 방문했던 인디애나주의 티페카누 전투지(Tippecanoe Battlefield)에 대해 못다 한 이야기를 이어서 하고자 한다. 폴른팀버즈 전투(Fallen Timbers Battle)에서 인디언 연합군이 패하면서 그린빌 조약(Greenville Treaty)이 체결되고, 인디언들은 오하이오 지역 대부분의 영토를 미국에 빼앗긴다. 미국은 이후로도 북서 지역의 인디언들에게 지속적으로 영토를 요구했으며, 강압적이거나 기만적인 여러 조약을 통해 미시간, 인디애나, 일리노이, 위스콘신 지역의 땅들을 차지해 간다.

당시 많은 인디언들은 이러한 조약들의 유효성을 인정하지 않고 자신들의 영토를 계속 지키고자 했는데, 이들 중에 쇼니(Shawnee)족의 테쿰세(Tecumseh)와 텐스콰타와(Tenskwatawa) 형제가 있었다. 이 두 사람은 일찍이 아버지를 백인들의 손에 잃었고, 이후 텐스콰타와는 실의에 빠져 술에

티페카누 박물관에 전시된 테쿰세와 텐스콰타와 초상화

의지해 살아가던 중, 꿈에서 인디언의 위대한 정령의 계시를 받게 된다. 그리고 그 가르침을 주변 인디언들에게 설파하면서 영적 지도자로서의 위상이 높아지게 되었다. 그의 가르침은 인디언들이 백인들의 문물을 배격하고 예전의 생활로 돌아가야만 다시 옛날의 영광을 찾고 백인들을 몰아낼 수 있게 된다는 것이었다. 특히 당시 백인 사회로부터 유입된 알코올로 인한 문제를 심각하게 지적했다.

그의 형인 테쿰세는 어린 시절부터 전투에 참여하여 뛰어난 공을 세웠을 뿐 아니라, 화려한 언변과 구체적 비전의 제시로 많은 이들을 감동시켰는데, 어린 시절 사귄 백인 친구를 통해 미국과 세계사를 공부한 것도 도움이 되었을 것이다. 당시 그의 주장은 크게 두 가지로 요약되는데, 하나는 인디언 부족원 중 어느 누구도 인디언의 땅을 팔 권리가 없다는 것이었다. 땅이라고 하는 것은 인디언들이 공동으로 사용하는 것이지 어느 누구의 배타적인 소유권이 되어서는 안 된다고 주장하고, 그린빌 조약에 서명한 인디언 추장들을 비판하였다.

그의 두 번째 주장은, 인디언들이 각각의 부족의 입장이 아닌 전체 인디언의 입장을 우선시하여 함께 단결하고 연합국가를 건설해서 백인들과 맞서야 한다는 것이었다. 인디언 부족들 간의 연합은 과거에도 추진된 적이 있었지만, 범인디언 부족 연대를 통한 연합국가 건설의 꿈을 설파하고 구체적으로 추진한 것은 테쿰세가 처음이었다.

시간이 지나면서 쇼니족뿐 아니라 북서 지역의 다른 부족 인디언들도 이들 형제를 따르기 시작했고 남부 지역의 인디언들까지도 가르침을 들으러 찾아왔다. 이 형제는 자신들을 따르는 인디언들과 함께 인디애나주 티페카누강과 와바시(Wabash)강이 합류하는 지점 인근에 마을을 건설하는데, 이 마을은 '선지자의 마을'이라는 뜻으로 프로페츠타운(Prophetstown)으로 불렸다.

당시 인디애나 지역은 아직 독립적인 주로 인정을 받지 못한 준주(準州 · territory) 상태였는데, 폴른팀버즈 전투(Day 31)에도 참여했던 윌리엄 해리슨(William Harrison)이 정치적 야망을 품고 인디애나 준주의 주지사로 부임한다. 그의 목표는 인디애나의 인디언 영토를 가능한 한 많이 빼앗고, 미국인들을 이주시켜서 성공적인 서부 개척을 완성하는 것이었다. 해리슨은 처음에는 테쿰세의 사상에 깊은 인상을 받고 그를 '천재'라고 묘사하기도 했으나, 이내 그를 미국의 서부 개척에 위협이 되는 존재로 인식하게 된다.

10여 년 전에 벌어진 폴른팀버즈 전투에서 이 두 사람은 서로 적으로

서 맞섰었는데(당시 전투에서 테쿰세의 형이 전사한다), 이제는 협상의 상대가 되어 인디애나에서 몇 차례 만남을 가지게 된다. 끊이지 않는 백인들의 인디언 토지 약탈 행위에 대해 항의를 하고자 해리슨을 찾아간 테쿰세는, 인디언 추장뿐 아니라 어느 부족원도 인디언의 영토를 파는 행위를 할 수는 없으니 인디언 부족을 상대로 토지매수 협상을 하지 말라고 경고하고, 그린빌 조약 이전의 상태로 되돌릴 것을 요구했다. 어떤 때는 이들 양측이 서로 총과 칼을 겨누는 일촉즉발의 순간이 있을 정도로 상호 긴장감이 팽팽했다고 한다.

이러한 긴장감 속에서 테쿰세는, 소위 문명화된 5개 부족(Day 13)이라고 불리는 크리크(Creek), 체로키(Cherokee), 촉토(Choctaw), 치카소(Chickasaw)족 등을 자신이 구상하는 통합 인디언 국가 건설로 끌어들이기 위해 남

티페카누 전투지

부 지방으로 떠나게 된다. 그리고 해리슨은 이러한 테쿰세의 행동이 추후 큰 위협이 될 것을 우려하여 그가 없는 동안 그의 근거지인 프로페츠타운을 치기로 결심한다.

때는 1811년 11월. 찬바람이 불어오기 시작할 때였다. 해리슨은 1천명의 병력을 이끌고 프로페츠타운 티페카누 강가에 진을 친다. 테쿰세는 남쪽으로 떠나면서, 자신이 돌아올 때까지 미국과의 무력 충돌을 자제하라고 추종자들에게 당부를 하고 간 상황이었지만, 동생인 텐스콰타와는 자신이 위대한 정령의 응답을 받았다며, 적들의 총알이 전사들의 몸을 피해 갈 것이라고 설득하면서 미군에 대한 기습 공격을 제안한다.

해당 전투가 발생한 유적지에는 윌리엄 해리슨의 동상이 건립되어 있고, 티페카누 카운티 역사협회에서 운영하는 박물관이 운영 중이다. 박물관의 규모는 작지만, 당시 전투의 배경 및 진행 상황과 그 결과에 대한 종합적인 정보와 자료를 충실히 제공해 주고 있었다.

티페카누 전투에 대한 이야기는 내일 마저 하려 한다. 내일은 시카고 시내를 구경하는 날이다.

# 중부 인디언의 별이 지다, 테쿰셰의 전사

; 시카고, 프로페츠타운,
티페카누 전투 두 번째 이야기

간밤에 비가 제법 내렸는데, 언제 그랬냐는 듯 푸른 하늘이다. 33일째 여행하는 동안 날씨로 인해 일정에 차질을 빚은 적이 단 한 번도 없었다. 운전 중 폭우를 만나 잠시 차를 세워야 하는 경우는 몇 번 있었지만 내릴 시간이 되면 기가 막히게 날씨가 개곤 했다. 신기하게도 운이 좋았던 것 같다.

느지막이 시카고 시내로 나가 딸아이가 찾아낸 카페에서 브런치를 먹었다. 시내를 오가는 고가철도의 시끄러운 소음에도 노천카페에서 먹는 식사는 무척이나 만족스럽다. 딸아이가 순례단에 합류한 이후, 숙소나 식당과 같은 선택은 고민 없이 딸아이 몫이다. 그리고 언제나 훌륭한 선택이다. 천군만마임에 틀림없다. 그런데 아내까지 나서서 '딸내미 없었으면 어떡할 뻔했냐'고 얘기할 땐 생각이 좀 복잡해진다. 그동안은

시카고 시내를 가르는 고가트램

많이 불편했었나?

시카고의 명소인 밀레니엄파크(Millennium Park)를 방문했다. 공원의 야외극장에 가 보니 내일 저녁에 무료 콘서트가 열린다는 안내문이 붙어 있다. 우리는 내일 아침 이곳을 떠나니 또 하루 차이로 이벤트를 놓치게 되었다. 공원의 명물이 된 빈(Bean)이라는 콩 모양의 조각품과 영상이 나오는 분수 앞에는 많은 사람들이 사진을 찍느라 바쁘다. 거리를 걷다가 시카고 시내에 호수 외에 강도 흐르고 있음을 처음 알았다. 강에 접해 있는 아름답고 고색창연한 링글리빌딩(Wringley building) 옆에 'Trump' 라는 글씨가 크게 쓰여 있는 통유리 고층 빌딩의 모습은 서울시청 새청사의 낯설고 어색함을 연상시킨다.

강변 계단참을 잘 활용한 애플스토어에 가 봤다. 편안하게 앉아서 강변 경치도 구경할 수 있고, 파워플러그가 곳곳에 비치되어 있어서 PC

밀레니엄파크의 동영상 분수

밀레니엄파크의 명물 빈(Bean)

강변에 위치한 애플스토어

존 핸콕센터에서 내려다보이는 시카고 야경

작업도 할 수 있다. 내가 찾던 곳이다. 여성 동지들이 메그니피션트 마일(Magnificent Mile)이라 불리는 쇼핑거리를 순례하는 동안, 나는 오늘 블로그에 올릴 내용을 미리 작업한다. 블로그의 분량은 몇 페이지 안 되지만 그 글을 위해 들어가는 산고의 시간은 꽤 되는데, 오늘 밤에는 좀 여유를 가질 수 있을 듯하다. 한참을 일에 열중하다 생각해 보니, 애플 스토어에서 LG노트북과 삼성 갤럭시 폰을 꺼내 놓고 계속 이러고 있어도 괜찮은지 약간 뻘쭘해진다.

쇼핑 완료 후, 천군만마의 저녁 일정 선택은 존 핸콕센터(John Hancock Center) 96층에 위치한 시그너처 라운지였다. 이곳에서 멋진 야경을 배경으로 또 한 번의 건배와 저녁 식사를 한 후 시카고 일정을 마쳤다. 아내가 인디언 순례가 너무 관광 모드로 변해 가는 것 같다고 얘기한다. 괜찮다. 원래 계획에 넣었던 순례자들을 위한 휴식 시간이다. 나에게도, 동지 순례자들에게도, 휴식이 필요했다.

어제 마무리 못 한 테쿰세(Tecumseh) 얘기로 돌아갈 시간이다. 티페카누 전투 박물관(Tippecanoe Battlefield Museum)은 미국이 북서 지역의 인디언 영토를 확보해 가는 과정과 테쿰세, 텐스콰타와(Tenskwatawa) 형제 및 윌리엄 해리슨(William Harrison)에 대해 상세히 소개하고 있다. 티페카누 전투의 주요 배경 및 핵심 인물들이다. 이들 형제의 초상화가 여러 점 전시되어 있는데, 테쿰세의 인물이 제법 번듯하다. 그는 키도 꽤 컸다고 하니 당시 외모로도 매우 출중했을 듯싶다. 테쿰세는 여러 인디언 부족간 단결의 필요성을 설파하면서, '나뭇가지 한 개는 쉽게 부러지지만 여러 개를 뭉치면 결코 부러지지 않는다'는 비유를 했다고 한다. 다른 곳에서도 들

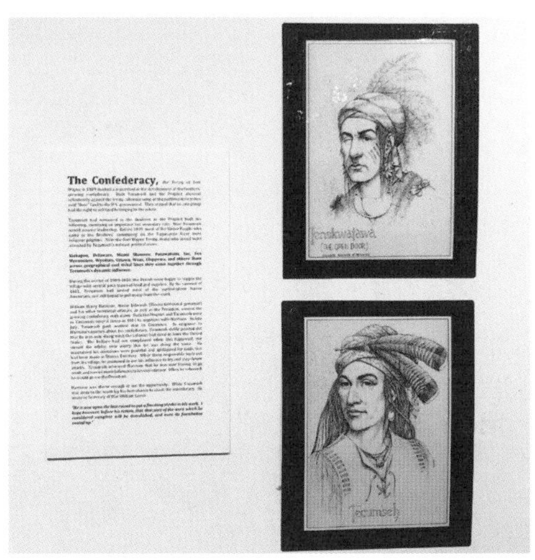


텐스콰타와(위)와 테쿰셰(아래)의 초상

어 본 적이 있는 표현인데, 그가 오리지널 창작자인지 궁금하다.

테쿰셰는 미국인들의 지속적인 영토 침탈에 대한 항의차 해리슨을 만난 자리에서, "인디언의 영토는 위대한 정령이 인디언에게 허용한 땅으로, 그 어느 부족도 이를 팔 권리가 없으니 미국이 개별 부족들과 맺은 모든 조약과 계약은 무효"라고 주장했다. 이에 해리슨이 "정말로 모든 인디언들을 다스리는 위대한 정령이 있다면, 어째서 인디언들은 서로 다른 언어를 쓰는가. 일단 말부터 통일해 오라."라고 조롱조로 대꾸하면서 서로 무기를 겨누는 일촉즉발의 상황도 있었다고 한다.

하지만 기본적으로 테쿰셰는 무력보다는 말의 힘을 더 중요하게 생각했고, 강한 미국에 맞서기 위한 인디언 부족 간의 연대, 그리고 미국에 적대적인 다른 외세와의 동맹을 중요하게 생각했다. 또한 미국인들의 잔혹 행위에 대한 보복으로 인디언 과격분자들이 미국인들에 대해 자행

테쿰세와 해리슨의 일촉즉발 장면 그림

하는 잔혹 행위를 저지하기도 했다.

테쿰세가 남쪽 지역 부족들을 동맹으로 이끌어 내기 위해 자리를 비운 틈을 이용해 해리슨은 대병력을 이끌고 프로페츠타운(Prophetstown)으로 진군한다. 미군이 마을 인근에 진을 치자 테쿰세 동생인 텐스콰타와는 사절단을 보내 협상 준비를 위한 시간을 가질 것을 제안하는데, 양측은 상대방을 서로 신뢰하지 못하고 있는 상황이었다. 결국 인디언 측은 위대한 정령의 계시(Day 32)를 전하는 텐스콰타와의 지시를 따라 다음 날인 1811년 11월 7일 새벽에 미군 진지를 급습하는데, 인디언 측의 진정성을 의심했던 해리슨도 부대의 경계를 늦추지 않고 있었다.

박물관에서는 전광판과 같은 곳에 LED램프를 사용하여 당시 미군의 진지 배치 및 인디언들의 공격 경로를 시간 단위로 보여 주며 전투 상황을 설명하고 있다. 인디언들은 미군 사령관 해리슨을 죽이면 미군이 패

티페카누전투 상황 재현 전시물

주할 것으로 생각하고, 백마를 탄 해리슨을 주 타겟으로 삼았다고 한다. 하지만 기습 상황에 당황한 해리슨은 자신의 말이 아닌 다른 말을 탔고, 그의 부관이 해리슨의 백마를 탔다가 바로 저격당해 사망했다는 일화도 소개해 준다. 처절한 백병전으로 이어진 이 전투에서 상호 간에 많은 사상자가 발생했지만, 결국 미군은 인디언들의 기습을 격퇴해 냈다.

기습에 실패한 인디언들은 프로페츠타운에서 철수해서 북쪽으로 패퇴하고, 한때 범인디언부족 국가 건설이란 비전의 중심 역할을 했던 프로페츠타운은 미군에 의해 불태워진다. 이 전투에서의 패배는 '위대한 정령의 힘으로 미군들의 총알을 피할 수 있다'며 기습 공격을 부추긴 텐스콰타와의 영향력에 타격을 주었고, 그는 이후 캐나다로 피신했다가 미국 내의 인디언 보호구역으로 돌아와서 쓸쓸하게 생을 마친다.

범인디언부족의 연합투쟁에 남쪽 부족들을 합류시키러 떠났던 테쿰셰는 자신의 어머니 출신 부족이기도 하고, 이전에 함께 전투를 치른 인연이 있었던 크리크(Creek)족을 동맹으로 끌어들이는 데는 성공했지만, 다른 부족들로부터는 중립을 통보받는 데 그치고 만다. 파괴된 프로페츠타운을 목격한 이후, 테쿰셰는 북서 지역의 인디언부족 연합군을 이끌며 지속적으로 미국의 북서 지역 정착지에 대한 게릴라전을 전개하여 미국을 괴롭히는데, 이는 결국 1812년 전쟁으로 이어진다.

미국이 독립한 이후 1812년에 영국에 선전 포고를 하게 된 배경으로는 두 가지가 꼽히는데, 그중 하나는 대서양에서 미국의 상선들이 영국 해군에 의해 제어당하면서 통상의 어려움을 겪게 된 것이었다. 다른 하나는 영국이 캐나다 국경 지역의 요새를 통해 인디언들에게 무기와 보급품을 제공함으로써 미국의 북서부 지역 진출을 곤란하게 한다고 생각했기 때문이다.

미국은 영국에 대한 선전 포고와 동시에 디트로이트 요새를 통해 오대호 북쪽 캐나다로 진격하지만, 영국군과 인디언 연합군은 이를 저지하고 도리어 미국의 디트로이트와 디어본(Dearborn) 요새(오늘날의 시카고)를 빼앗는다. 당시 북미 지역에서 동원 가능한 병력의 숫자 면에서는 미국이 영국을 압도했지만, 영국은 캐나다 지역의 정착민들과 인디언 연합군의 지원으로 이를 막아 낼 수 있었다. 당시 인디언 연합군을 이끌던 테쿰셰는 영국으로부터 공식적으로 준장(brigadier general) 계급을 부여받고 활약한다.

해안 지역에서는 영국군의 반격으로 워싱턴의 백악관과 의사당이 불타는 등 미국에 타격이 발생하지만, 오대호 지역에서는 테쿰셰와 찰떡

호흡으로 승리를 이끌던 브록(Brock) 장군이 전사하면서 영국과 인디언 연합군이 수세에 몰리게 된다. 브록 장군의 후임인 프록터(Proctor) 장군은 후퇴에 바빴고, 앞장서서 미군의 진격에 맞서던 테쿰세도 1813년 템즈전투(Battle of the Thames)에서 전사하면서, 그가 꿈꿔 왔던 인디언 연합국가의 꿈도 함께 사라지고 만다.

결국 1812년 전쟁은 미국과 영국 상호 간에 승패 없이 종료되고, 유일한 패자는 인디언연합이 되고 말았다. 역사에 가정을 부여해서, 미국과의 국경지대에 인디언국가를 세워 완충지대로 삼고자 했던 영국의 구상과, 인디언연합 국가 건설을 꿈꿔 왔던 테쿰세의 비전이 의도했던 대로 완수되었더라면 어떠했을까 생각해 본다. 이는 인디언들이 자신들의 땅을 침탈하는 유럽인을 상대로 벌인 수많은 항쟁 가운데에서 가장 현실적으로 실현 가능성이 높았던 시나리오였다. 테쿰세 사망 이후에는 더 이상 범인디언부족 연합국가의 비전도 나오지 못했고, 영국 등 외세의 관심과 지원도 받을 길이 없었기 때문이다.

테쿰세와 같은 인디언 병력의 도움이 없었더라면, 1812년 전쟁에서 영국이 미국의 침략을 막아 내기 어려웠을 것이라는 시각이 지배적이다. 따라서 테쿰세는 캐나다가 독립국가로 탄생하는 데에 핵심적인 역할을 한 것으로 인정받고 있고, 캐나다에서는 그를 기리는 우표와 기념주화가 발매되었다. 하지만, 그가 활동했던 이곳 미국의 중서부 지방에서는 그에 관한 박물관 하나 찾기 어렵다. 한 가지 재미있는 사실은 남북전쟁 때 큰 활약을 한 윌리엄 셔먼 장군의 중간 이름이 테쿰세(William Tecumseh Sherman)라는 것이다. 그의 부친이 테쿰세의 용맹함에 감동을 받

프로페츠타운 공원 입구

아 아들의 이름에 넣었다고 한다.

티페카누 전투지 박물관 관람 후에 우리는 프로페츠타운 주립공원(Prophetstown State Park)으로 향했다. 이곳은 지역 주민들을 위해 조성된 대규모 공원으로, 농장을 주제로 한 구역, 물놀이 구역, 피크닉 구역, 정착지 개척 이전의 초원 상태로 복원한 구역 등 다양한 공간이 마련되어 있다. 우리의 관심사는 당시 프로페츠타운 인디언 마을을 재현한 구역이다.

그런데 그 시설물의 수준이 차마 재현한 곳이라고 부르기에 민망할 정도로 볼품없다. 인디언 연합국가의 꿈이 커 가던 프로페츠타운은 인디애나주 초대 주지사였던 해리슨에 의해 파괴되었고, 그 이름을 간직하고 있는 공간은 이렇게 허무하게 방치되고 있다. 해리슨은 북서 지역의 개척과 1812년 전쟁 승리에 대한 공로로 1841년에 미국의 9대 대통령에 당선된다. 당시 해리슨의 선거 구호가 '티페카누의 영웅 해리슨'이

프로페츠타운 공원에 볼품없이 방치되어 있는 인디언 마을 전시

었다고 하니 티페카누의 승리가 미국인들에게 상당한 의미였음을 알 수 있다. 참고로, 현 미국 부통령인 마이크 펜스(Mike Pence)가 인디애나주의 전 주지사이다.

내일은 서쪽으로 이동하여 블랙호크(Black Hawk) 추장 관련한 유적지를 방문한 뒤, 아이오와주의 워털루(Waterloo)라는 곳에서 묵을 예정이다. 오하이오와 인디애나 지역의 인디언 부족들을 몰아낸 후, 서쪽으로 미국이 향한 곳은 지금의 일리노이, 위스콘신 지역이었고, 이곳은 소크(Sauk)족과 폭스(Fox)족의 영토였다. 그리고 이곳에서 미국에 맞선 이가 바로 블랙호크 추장이다. 우리는 미국의 서부 침략 경로를 따라 이동하고 있다.

# 블랙호크 추장,<br>패배하였으나 용맹함의 전설로 남다

; 일리노이주 블랙호크 사적지
(Black Hawk Historic Sites)

오늘부터는 본격적으로 서쪽을 향해 이동을 시작한다. 아침에 딸아이가 힘들게 일어나며 투덜거린다. '천군만마'가 '천근만근'이 되었다고. 내가 천군만마라고 너무 많은 부담을 주었나 보다. 어제 존 핸콕 타워에서 저녁을 마치고 숙소로 가는 길에 택시를 탔는데, 기사가 갑자기 음악을 틀었다. 그런데 그 음악이 바로 영화 〈라스트 모히칸〉의 주제곡이다. 반가워서 좋아하는 영화냐고 물으니, 아직 못 보았단다. 쩝…. 그런데 오늘 아침 지인분이 유튜브 영상을 보내 주셨는데 이 영화음악을 누군가가(인디언일 것으로 추정됨) 길거리에서 연주하는 내용이다. 우연의 일치일까?

블랙호크 뮤지엄은 일리노이주 서쪽 끝 미시시피강변의 록아일랜드(Rock Island)라는 곳에 위치해 있다. 마을로 들어서면 블랙호크란 이름이

박물관 입구의 블랙호크 조각상

곳곳에서 보이기 시작한다. 블랙호크 주립사적지(Black Hawk State Historic Site) 안내판을 따라 뮤지엄을 찾아가다가 잠시 길을 헤맸다. Watch Tower Lodge라는 간판 밑에 조그맣게 존 하우버그 인디언 박물관(John Hauberg Indian Museum)이라고 적혀 있어 혹시나 하고 주차장으로 들어가 보니, 입구에 블랙호크 추장 동상이 서 있다.

박물관은 매우 작은 규모인데, 일리노이 지역에 거주했던 소크(Sauk) 부족과 메스콰키(Mesquakie) 부족의 역사와 생활상, 블랙호크 추장의 이야기, 그리고 이곳에 박물관이 세워진 계기 등을 소개하고 있다. 이들 부족은 원래 캐나다 동북부쪽에 거주하다가 오대호 지역으로 이동했으나, 이곳에 살던 이로쿼이 연맹 부족들에게 쫓겨서 오대호 서쪽 일리노이와 위스콘신주로 이주했다. 1700년대부터 오대호 지역과 미시시피강을 따라 진출한 유럽 상인들과의 교역을 통해 이들 부족이 사냥한 모

소크부족 마을인 소키눅 재현 모형

피와 유럽의 각종 도구가 거래되었다. 소크족의 경우 한 곳에 대규모로 마을을 이루고 살았는데, 소키눅(Saukenuk)이라고 불렸던 이곳에는 1백 채가 넘는 롱하우스(long house)가 들어서 있었고, 주민도 5천 명가량 되어서 당시 북미 지역에서는 최대 도시 중의 하나였다고 한다.

오하이오와 인디애나의 인디언 연합세력을 물리친 미국은 일리노이와 위스콘신 지역으로 진출한다. 미국과 소크, 메스콰키 부족의 일부 대표단은 이들 부족 영토를 미국으로 양도하는 조약을 체결하지만, 실상 이들은 부족의 정당한 대표가 아니었기에 많은 부족민들은 이 조약의 실효성을 인정하지 않았다. 1812년에 미국과 영국 간 전쟁이 발발하자 많은 부족민들이 영국 편을 들어 전쟁에 참여하였고, 이 중에는 젊은 전투추장 블랙호크도 있었다. 그는 당시 테쿰세의 핵심 부하 중 하나로 활약했다고 한다.

1828년에는 미국 정착민들이 소크부족이 살고 있던 소키눅까지 진출하게 되고, 이듬해 봄, 겨울 사냥에서 돌아온 소크부족 인디언들은 자신들의 마을이 모두 백인들 차지가 되어 있음을 발견하게 된다. 이후 양측의 갈등이 증폭되자 미국은 군대와 민병대를 동원해서 이들 부족을 강제로 미시시피강 서쪽으로 이주시킨다. 당시 에이브러험 링컨이 장교로서 이 작전에 참여했다고 한다.

블랙호크는 끝까지 자신의 땅을 지키려 했으나 수적 우세에 있는 미군을 당해 낼 재간이 없어 일단 강 너머 아이오와 지역으로 이주하는데, 이후 1932년에 자신을 따르는 부족민을 데리고 다시 일리노이 지역으로 돌아온다. 그는 평화적인 방법으로 고향에 다시 정착하고자 했으나, 미국인들의 공격으로 이후 15주에 걸친 블랙호크 전쟁(Black Hawk War)이 이어진다.

하지만, 블랙호크가 이끄는 인디언들이 초기 전투에서 미군을 상대로 올린 약간의 전과와, 이에 고무된 다른 인디언 부족들이 미국 정착민 습격에 가세했던 몇 주간을 제외하고는, 이 전쟁의 대부분은 미군들이 블랙호크와 그 부족민을 가차 없이 추격하고 학살하는 내용으로 채워진다. 블랙호크 일행은 미시시피강을 넘어 다시 서쪽으로 이주하려

블랙호크 추장의 초상화

했지만, 강에서는 미군 군함이 이들을 공격했다. 결국 1천 명 이상의 부족민이 학살당하고 블랙호크와 그 일행이 사로잡히면서 전쟁이 종료된다. 어떻게 보면, 이 과정은 전쟁이라기보다는 궁지에 몰린 부족민들을 미군이 학살해 가는 과정에 더 가깝다고 볼 수 있다.

블랙호크 전쟁은 미시시피강 동쪽에서 미국과 인디언이 치른 마지막 전쟁이 되었고, 한때 동쪽의 인디언들을 서쪽으로 강제 이주시켜 놓았던 미국은(Day 11) 미시시피강 서쪽으로도 본격 진출하기 시작한다. 블랙호크는 당시 대통령이었던 잭슨에게 끌려가서도 당당하게 인디언들의 권리를 주장하고 백인들의 잘못을 꾸짖었다고 한다. 잭슨 대통령은 블랙호크를 구경거리로 만들어 미국 주요 도시로 순회시키는데, 신기하게도 이 과정에서 미국인들 사이에서는 블랙호크의 용맹함과 당당함이 도리어 인기를 끌게 되었다.

체로키(Cherokee) 전차, 아파치(Apache) 헬기, 코만치(Komanche) 헬기, 치눅(Chinook) 헬기 등 미국인들이 사용하는 인디언 이름의 대부분은 인디언 부족명에서 유래한다. 그런데 블랙호크 헬기는 독특하게도 한 개인의 이름을 따오고 있는데, 이러한 그의 인기 때문이 아닌가 싶다. 테쿰세도 전사하지 않고 포로가 되었더라면 이와 같은 인기를 누리게 되었을까?

블랙호크의 패전 이후 소크부족의 키오쿡(Keokuk) 추장은 아이오와 지역의 부족 영토도 모두 미국에 매각하고, 미국의 지시에 따라 부족민들을 캔자스, 그리고 다시 오클라호마로 이동시킨다. 그리고 그 자신은 캔자스에서 매우 부유하게 잘살았다고 한다.

박물관의 전시 내용은 단순한 편인데, 블랙호크의 실제 얼굴의 본을 떠서 만든 두상과 그가 사용했던 도끼 등이 전시되어 있고, 소크, 메스콰키 부족의 여름 집(long house)과 겨울 집(Wickiup)이 재현되어 있다. 박물관 건립 때 소크부족과 메스콰키부족 인디언들을 초대했으며 전통적인 방법으로 그들이 직접 건축한 것이라고 한다. 소크부족의 도시 소키눅이 있던 것을 기념하기 위해 인디언 박물관이 필요하다는 당시 지역 유력인사 존 하우버그(John Hauberg)의 요청이 받아들여진 결과이다(원래는 이 지역에 주민들을 위한 공원과 롯지가 조성되었었다).

간단하게 블랙호크 박물관 투어를 마치고 나니 아쉬움이 남아 그의 이름을 딴 블랙호크 역사공원의 트레일을 따라 산책을 나섰다. 트레일 중간중간 숫자 표식이 있고, 가이드 책자에 이에 대한 설명이 적혀 있다. 대부분은 주변 자연에 대한 설명이지만, '이 야생과일은 인디언들

블랙호크 박물관에 재현된 소크 부족 전통가옥

이 말려서 먹었고', '여기 개울바닥의 진흙은 인디언들이 도기를 만들 때 사용했고'와 같이 가끔씩 인디언 관련 얘기들도 나온다.

일리노이주를 뒤로하고 미시시피강을 건너 아이오와주로 들어선다. Day 14에 루지애나주에서 미시시피주로 이동한 지 20일 만에 다시 미시시피강을 건너가고 있는 것이다. 숙소가 있는 워털루(Waterloo)로 들어오니 주차된 대부분의 차들의 번호판에 'Black Hawk'라고 적혀 있어 의아해졌다. 철판구이 식당에서 저녁 식사를 하던 중 같은 테이블에 마주 앉게 된 사람들과 인사를 나누게 되었다. 번호판의 'Black Hawk'에 대해 물어보니 이곳 카운티 이름이라고 한다. 아이오와주는 차 번호판에 카운티 표시도 함께 쓴단다. 왜 이곳 카운티 이름이 블랙호크일까?

내일은 사우스다코타로 이동한다. 이번 여행의 하이라이트라고 생각하는 수(Sioux)족의 땅으로 들어가는 것이다. 오늘로 우리의 여행거리가 1만 마일을 돌파했다. 참 많이도 운전했다. 차도 고생이 많다.

# 블랙호크와 테쿰셰를 다시 생각해 보다

; 장거리 이동(아이오와, 미네소타, 사우스다코타), 수폴스(Sioux Falls)

장거리 운전에 있어 가장 큰 적은 졸음이다. 딸아이가 여행에 합류한 이후 아빠의 졸음을 쫓기 위해 여러 프로그램을 진행하는데, 상황에 맞추어 다양한 장르의 음악을 틀어 주고, 요즘 유행하는 노래와 가수도 알려 준다. 차 안은 조용한 발라드 음악이 흐르는 분위기 좋은 카페가 되기도 하고, 어느 순간 몸을 흔들며 큰 소리로 함께 따라 부르는 콘서트장이 되기도 한다. 졸 틈이 없다.

운전 중 어제 주제였던 블랙호크(Black Hawk)에 대해 대화를 나눴다. '어떻게 보면, 블랙호크는 바뀐 세상을 인정하지 않고 자신의 부족들이 원래부터 살던 땅에 그대로 살겠다는 고집을 부린 나머지, 많은 부족민들을 고통스런 상황으로 몰게 된 셈인데, 그게 과연 바람직한 것이었을까?' 딸아이의 질문에 나도 공감이 된다. 당시 소크(Sauk)족이 처했던 상황으로 보면, 미국인들이 차지한 일리노이의 고향으로 돌아가서 다시 예전처럼 터를 잡고 사는 것은 불가능했을 것이다. 그렇다면, 그 현실을 인정한 상태에서 최선의 대안을 찾는 것이 더 바람직했을 수 있다.

물론, 블랙호크도 미군들에게 쫓기는 상황이 되어서는 다시 미시시피강 너머 아이오와로 돌아가고자 했으나, 이때는 이미 미국이 블랙호크 일행을 모두 처치하기로 마음먹은 뒤였기에 때가 늦었다. 결국 그를 따랐던 수많은 부족민들은 비참한 최후를 맞고 말았으니 안타깝다. 아마도 당시 블랙호크는 미국과 전쟁을 하려는 생각은 전혀 없었을 것이라고 생각해 본다. 그저 평화로운 방법으로 부족민들을 이끌고 시위를 하려 했던 것일 수도 있다. 하지만, 미국인들은 자신들의 고향으로 돌아온 이들을 침략자로 대했고, 이에 대한 저항은 학살을 불러왔다.

그렇다고 모든 인디언들의 항전이 무의미한 행동이었다고 생각하지는 않는다. 테쿰세(Tecumseh)가 품었던 인디언부족 연합국가의 건설이라는 꿈은, 당시 미국과 전쟁을 치르고 있던 영국의 적극적인 지원을 기대한다면 충분히 시도해 볼 만한, 그리고 그래야만 했던 비전이었다고 생각한다. 그리고 이제 우리가 방문하게 될 수(Sioux)족의 항쟁도 당연히 싸울 수밖에 없고 싸워야 했던 전쟁이었다.

오늘은 아이오와주에서 미네소타주를 가로질러 사우스다코타주의 오아코마(Oacoma)라는 곳까지 약 450마일(724㎞)을 이동한 날이다. 이렇게 장거리를 이동하는 경우에는 굳이 인디언 관련 장소가 아니라도 중간에 하나쯤 방문할 곳을 찾아 장시간 승차로 인한 피로를 풀려고 한다. 중간 방문지 선택은 '천군만마'의 몫인데, 수폴스(Sioux Falls)로 결정되었다.

수폴스는 사우스다코타주의 최대 도시(인구 17.6만 명)라고 하는데, 도시의 외관은 나즈막한 빌딩들이 모여 있는 아담하고 수수한 모습이다. 이곳에는 폭포공원(Falls Park)이 조성되어 있는데 붉은빛 바위들 위로 급류가 힘차게 흘러내리고 있는 풍경이 참 아름답다. 석영암(Sioux quartzite)이라고 불리는 이 바위는 강도가 매우 단단해서 거의 다이아몬드급이라고 한다. 동력원으로 활용 가능한 폭포와 건축자재로 사용 가능한 바위로 인해 수폴스는 산업의 중심지로 성장했었다고 한다.

공원의 폭포 옆으로 돌로 지어진 건물 유적이 있는데, 이 폭포를 동력원으로 사용했던 7층짜리 거대한 제분소 건물의 잔해이다. 1881년에

수폴즈 공원 전경

완공된 이 제분소는 당시 돈으로 50만 불이라는 거액이 투자되었다고 한다. 안내판에는 이 투자에 대한 재미있는 일화가 소개되어 있다. 당시 이 지역의 유력 사업가가 제분소 건설자금을 끌어들이기 위해 뉴욕의 은행가를 초대하는데, 미리 강 상류에 댐을 만들어 물을 가두었다가 은행가가 방문할 즈음에 물을 흘려 보냈다는 설이 있다고 한다. 어쨌거나, 투자를 끌어들이는 데 성공했고 제분소도 지어졌는데, 폭포의 실제 수량이 기대한 만큼 나오지 않았고, 이 거대한 제분소를 돌릴 만큼의 밀도 수급되지 않아 2년 만에 파산했다고 한다. 투자를 하기 전에 꼼꼼한 실사는 이래서 중요하다.

사우스다코타로 접어들면서 경치가 조금씩 달라지기 시작한다. 지난 며칠간 따분하게 이어지던 옥수수밭과 나무숲 풍경이 초원으로 대체되기 시작하고 방목되고 있는 소들이 보인다. 아내가 이제야 서부 분위기를 느낄 수 있다며, "경치가 왠지 편안해지는 게 고향에 온 느낌인데, 왜 이럴까?"라고 한다. "아마도 전생에 여기 살았었나 보지." "그럼 카우보이의 아내였겠네." "그건 여기 언제 살았었는가에 달렸지. 200년보다 더 오래전이면 수족 전사의 아내였을 거야." 나름 진지한(?) 대화가 이어졌다. 우리 아이들이 아직 어렸던 20년 전 여름에 사우스다코타를 여행했던 기억이 아련히 남아 있었는지도.

미주리 강변의 오아코마(Oacoma)에 있는 오늘 숙소 주변에는 몇 개의 낡은 서부풍 단층 건물만 덩그러니 있고, 오토바이를 몰고 온 거친 카우보이 스타일의 사람들도 가끔씩 보여 아내와 딸이 처음엔 약간 긴장한다. 하지만 저녁 식사를 하러 나가면서 보이는 노을 지는 풍광과 서

미주리 강변 숙소 주변의 저녁 풍경

미주리 강변의 석양 - 사우스다코타주

· 식당의 익살스런 인테리어

부 개척시대 건물의 묘한 조화가 어느새 마음을 누그러뜨리고, 몇 개 안 되는 식당 중 그래도 가장 나아 보이는 곳에서의 친절한 종업원의 서비스와 익살스런 식당의 인테리어는 맛이 겁나 없는 음식도 용서하게 한다.

내일은 숙소 인근 체임벌린(Chamberlain)이란 곳에 있는 라코타 뮤지엄을 방문해 보고, 월(Wall)이라는 곳을 거쳐 사우스다코타주 두 번째 도시인 래피드시티(Rapid City)에 묵을 예정이다. 월은 드러그스토어(Drug store: 약국)로 유명한데, 그 안내판이 무려 300마일 이전 지점부터 나타난다. 간판에는 아직도 커피 한 잔에 5센트(원화로 50원 상당)라는 문구가 나온다. 특이한 상술로 대박을 터뜨린 이곳 얘기는 내일 이어질 것이다.

이 지역의 인디언부족 명칭이 좀 혼동되어 아내에게 확인을 부탁했더니 친절하게 찾아 주었다. 내일 본론에 들어가기 전에 일단 간단히 정리를 좀 해 보면, 수족이라는 명칭은 미국 중북부 지역에 거주하던 여러 부족을 통칭하는 것인데, 대표적으로 동쪽으로 산티다코타(Santee Dakota)족과 양크턴다코타(Yankton Dakota)족, 그리고 서쪽으로는 테톤(Teton)족, 오글랄라(OglaLa)족, 브룰레이(Brule)족 등으로 이루어진 라코타(Lakota)족이 있었다. 우리는 오늘 다코타족이 살던 지역을 지나서 라코타족이 살던 지역으로 들어왔다.

# 대평원을 지배했던 수(Sioux)족의 절망

; 사우스다코타주 라코타 뮤지엄, 운디드니, 월 드러그 스토어

가슴이 먹먹해졌다. 여행 초기 뉴멕시코주의 주니마을을 방문했을 때 숙소에서 만났던 이브가 운디드니(Wounded Knee)를 다녀왔다며, 정말 슬펐다고 얘기해 준 적이 있었다(Day 4). 왜 그런 마음이었는지 이곳에 와 보니 이해가 된다. 오늘은 운디드니의 슬픈 역사를 찾아간 날이다.

오전에 방문한 라코타 뮤지엄(Akta Lakota Museum)은 규모는 크지 않았지만, 라코타 부족에 대해서 충분히 이해할 수 있을 정도로 체계적이고 알찬 내용을 갖추고 있었다. 라코타 부족민들은 원래 농사와 사냥을 하고 살았는데 1700년대에 말이 보급되면서(16세기에 스페인의 진출과 함께 아메리카 대륙에 도입된 말은, 푸에블로 항거 시(Day 10) 스페인인들이 쫓겨나면서 인디언들에게 퍼져 나가게 되었다), 버팔로 사냥에 주로 의존하는 수렵 생활을 하게 된다. 버팔로는 이들의 생활에 필요한 모든 것들을 제공해 주었는데, 전시되

라코타 뮤지엄 전경

라코타 뮤지엄 내부 전시물

어 있는 각종 물품들을 통해 고기, 털, 가죽, 뼈, 힘줄, 뿔 등이 어떻게 이용되었는지를 이해할 수 있다.

미국이 북서 지역을 정복한 후, 캘리포니아에서, 그리고 콜로라도와 몬태나에서 금이 발견된다. 일확천금을 꿈꾸는 수십만 명이 서부로 향하게 되고, 이들의 경로로 몇 개의 마차길이 만들어진다. 이 중에는 몬태나 지역을 통과하는 보즈먼 트레일(Bozeman Trail)이 있었는데, 이 길은 라코타족의 영역을 통과하고 있었다. 통행량이 늘어나면서 라코타족과 충돌이 발생하자 미국은 마차 통행을 보호할 목적으로 군대를 파견하여 라코타 지역에 요새를 건설한다. 하지만, 오랜 세월 사냥으로 다져진 라코타족은 강력했고, 피터만(Fetterman) 중령이 이끄는 부대가 라코타족에게 전멸당하는 사건이 발생한다. 이 사건 이후 미국은 라코타족과의 평화적인 해결책을 강구하게 되고, 그 결과 1868년 래러미 요새 조약(Fort Laramie Treaty)이 체결된다.

래러미조약은 수족(라코타, 다코타, 나코타족의 연합)과 미국 간의 국가 간 협약의 성격을 띠고 있으며, 현재의 사우스다코타, 네브래스카와 와이오밍에 이르는 광범위한 지역의 수족 영토를 인정하고, 해당 지역에서 미국의 요새를 철수하는 대신 수족은 일부 지역에서의 미국인들의 평화로운 이동을 보장하는 내용이었다. 라코타 박물관의 자료에 따르면, 당시 이 조약으로 인정된 수족 영토를 국가로 인정할 경우 스페인의 영토와 유사한 규모로 세계에서 52번째로 큰 나라에 해당한다고 한다. 하지만, 수족의 영토였던 블랙힐즈(Black Hills) 지역에서 금이 발견되면서 상황이 반전된다.

금을 쫓는 개척자들이 몰려들자, 이 지역에 배치되었던 미군들은 초기에는 래러미조약을 준수하기 위해 이들을 내쫓는다. 하지만 이내 미군의 관리는 소홀해지고, 이주민들이 끊임없이 몰려들어 정착촌을 만들게 되면서 수족을 자극한다. 조약 위반에 대해 항의하는 수족에게 미국은 도리어 블랙힐즈 지역을 팔 것을 제안하는데, 이 지역을 성지로 여기고 있던 수족은 결코 받아들일 수 없는 사항이었다.

이 제안을 거절하자, 결국 미국은 1876년부터 수족을 블랙힐즈에서 무력으로 쫓아내는 행동을 취하게 된다. 이 과정에서 리틀빅혼 전투(Little Bighorn Battle)가 벌어지고, 수족 연합군은 커스터(Custer) 장군이 이끄는 제7 기병대를 거의 전멸시킨다(우리는 해당 장소를 방문할 예정이다). 이 사건은 수족에 대한 미국의 대대적인 보복전을 초래하게 되고, 결국 수족

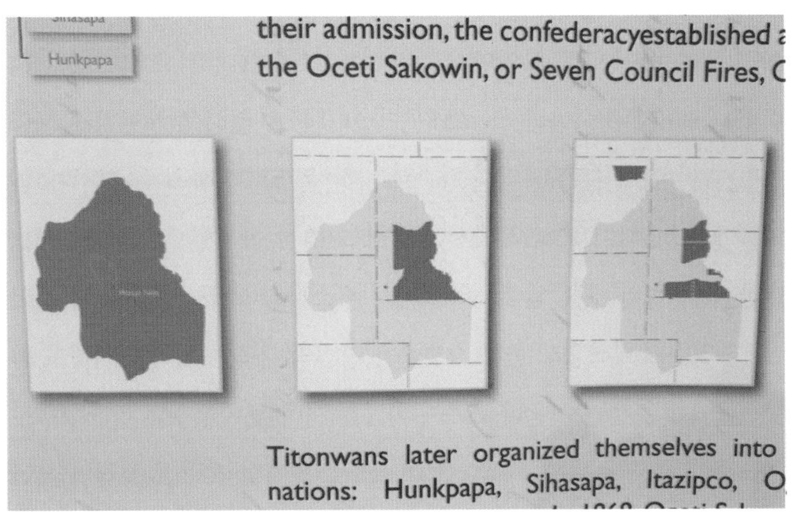


래러미조약으로 인정받았던 수족의 영토는 수차례의 강압적 조약으로 대폭 줄어들게 된다

은 미국에 항복한 뒤 기존의 영토를 대부분 빼앗기게 되는 조약에 서명을 하게 된다.

하지만 이러한 조약의 불법성 및 효력에 대한 수족의 지속적인 법정 투쟁 결과, 1980년에 미국 연방 대법원은 미국이 부당하게 수족의 땅을 빼앗았다며 원금 1,750만 불과 이자 1억 5백만 불을 배상하라는 결정을 내린다. 우리 돈으로 대략 1,500억 원에 해당하는 금액이다. 그러나 수족은 수령을 거부하고 블랙힐즈 영토를 돌려 달라는 투쟁을 진행 중이다. 현재 해당 배상금은 5억 불(6천억 원)로 증가된 상태인데, 아직도 수족은 이의 수령을 거부하고 있다고 한다.

관련 전시물을 읽고 있는데, 옆에서 누군가 '슬픈 이야기 아니냐'며 '더 슬픈 건 미국의 학교에서 이런 내용을 가르치지 않기에 대부분의 미국인들은 이런 역사를 알지도 못한다는 점'이라고 얘기한다. 그러면서 자신이 원주민이란다. 연세가 있는 여자분이었는데, 파란 눈동자로 인해 처음엔 백인인 줄로 알았다. 수족이냐고 물으니 자신은 멀리서 온 럼비(Lumbee) 부족이란다. 노스캐롤라이나의 그 럼비 부족인지 물으니 그렇단다. 럼비 부족을 위한 학교로 시작한 펨브룩(Pembroke) 칼리지(Day 18)를 알고 있다고 말하니 자신이 바로 거기서 공부했다고 한다. 책으로만 보던 럼비 부족 원주민을 이곳 사우스다코타에서 만나게 될 줄이야…. 원주민 부족들의 슬픈 사연들은 자신의 부족 얘기가 아니라도 원주민들에게는 우리보다 더 슬프게 다가갈 것이다.

그분의 푸른 눈동자를 보니 로어노크 식민지의 사라진 정착민들 이야기(Day 19)가 떠오른다. 당시 가설 중의 하나가 사라진 정착민들이 크로아톤(Croatoan) 부족에게로 가서 이들 속에 섞여 살았을 가능성이었고, 그 근거로 크로아톤 부족의 후손으로 알려진 럼비 부족민 중에 눈동자가 파란 사람들이 많다는 설명이 있었다. 혹시 그 경우에 해당할지도 모른다는 생각을 잠시 해 보았다.

알찬 내용의 라코타 뮤지엄은 무료 입장에다가 작은 기념품까지 제공하고 있다. 혹시 운영 주체가 어떻게 되는지 물어보니 부족민이 아닌 일반인들로 구성된 재단에서 운영하고 있다고 한다. 이제껏 가 본 인디언 박물관 중에 가장 알찬 내용이었다고 얘기를 해 주니 기뻐한다. 감사한 마음에 기부금 함에 성의를 보탰다. 뉴욕주를 여행하며 제대로 된 이로쿼이 박물관이 없어 안타까웠던 기억(Day 28, 29)이 난다.

다음 목적지는 가슴을 먹먹하게 했던 운디드니(Wounded Knee)이다. 수족은 영토의 대부분을 잃고 보호구역에 갇혀 사냥도 못하는 신세가 되고, 미국이 제공하는 보급품에 의존하며 살게 된다. 실의에 빠져 있던 이들에게 남쪽 인디언 부족들 사이에서 퍼져 나간 고스트댄스(Ghost Dance)라는 종교가 보급되고 이는 급속하게 수족 부족민들에게 전파된다.

이 종교는 워보카(Wovoka)라는 인디언이 창시한 것으로 알려져 있는데, 기본적으로 기독교 교리를 바탕으로 하고 있으나 워보카 자신이 재림한 예수라고 설교하면서, 자신이 가르친 춤을 추면 다시 인디언들이 예전처럼 자유롭게 살 수 있게 된다는 내용을 설파했다. 이런 내용은 절망감에 괴로워하던 인디언들에게 큰 인기를 끌게 되고 많은 이들이 함께 모여 고스트댄스를 추게 된다. 이로 인한 인디언들의 소요를 우려한 미국은 고스트댄스 금지령을 내리는데, 이 상황에서 고스트댄스가 수족에게도 보급된 것이다.

수족을 관리하던 미군은, 금지령에도 불구하고 고스트댄스의 보급을 저지하지 않았다는 이유로 미국에 협조적이지 않았던 수족 주요 추장들을 검거하기 시작하고, 이 와중에 수족의 정신적 지주로 인정받던 앉은소(Sitting Bull) 추장이 1890년 12월 15일 살해된다. 미군의 검거 대상자 중 한 명이었던 큰발(Big Foot) 추장은 다른 추장들과 후속 조치를 논의하기 위해 자신의 부족민을 이끌고 파인리지(Pine Ridge) 보호구역을 찾아가던 중 미군 부대와 조우한다. 이들은 부족을 포위한 후 운디드니 지역으로 이끌어 야영하게 한다. 이들을 포위한 부대가 바로 14년 전 리틀빅혼 전투에서 이들 부족에게 몰살당했던 제7 기병대였기에 부족민들 사이에서는 긴장감과 두려움이 흘렀다.

큰발(Big Foot) 추장 휘하의 수족 인디언들. 이들 대부분이 운디드니에서 학살당한다

다음 날 아침, 모든 무기를 반납하라는 미군의 요구에 부족민들이 무기를 반납하던 중, 한 명이 무기 반납을 거부하다가(일설에는 그가 귀머거리였다고 한다) 허공에 총알이 발사되는데, 이 총성을 계기로 부족민을 포위하고 있던 미군이 부족민들을 향해 무차별 발포를 시작한다. 당시 미군은 4정의 기관총까지 배치하여 남녀노소를 가리지 않고 학살하는데, 당시 학살된 인원은 정확하게 알려져 있지 않다. 다만, 당시 Big Foot 추장의 일행이 남자 100여 명에 여자와 아이들 250명가량으로 알려져 있고, 이들 대부분이 학살당한 것으로 추정된다. 당시 일부 부상당한 여자와 아이들이 인근 마을로 후송되는데, 환자들의 상태를 지켜본 의사들이 "이제껏 어느 전장에서도 아녀자들이 이렇게 잔혹하게 공격을 받은 모습을 본 적이 없다."고 끔찍해 했다고 한다.

운디드니에서 학살당한 원주민들을 구덩이에 몰아넣고 있는 장면

운디드니 학살지

학살이 벌어졌던 곳에는 붉은 표지판 양면에 운디드니 학살에 대한 설명이 쓰여 있다. 당시 부족민들을 겨냥해 기관총이 배치되고 발사되었던 언덕 위에는 학살된 이들의 묘지가 자그마하니 만들어져 있는데 초라하고 쓸쓸해 보인다. 1890년의 운디드니 학살은 미국 역사에서 미군이 인디언을 대상으로 자행한 마지막 공격으로 기록된다.

월(Wall)이라는 마을에 운디드니 뮤지엄이 있다고 해서 들르기로 한다. 같은 사우스다코타주인데도 이동 중에 시간대가 중부시간대(Central Time Zone)에서 산지시간대(Mountain Time Zone)로 바뀌어서 오늘은 한 시간을 벌어 25시간을 쓸 수 있다. 이렇게 예상 외로 생긴 시간을 이용해서 도중에 배드랜드국립공원(Bad Land National Park)을 들르는 시간을 냈다. 하루하루 알뜰하게 시간을 쓰고 있는 중이다.

초라한 외관과 달리 내용은 알차게 구성된 운디드니 뮤지엄 방문 후

운디드니에 조성된 묘지

배드랜드 국립공원

월 드러그 스토어(Wall Drug Store) 관광에 나섰다. 어제 얘기했듯이 이곳은 수백 마일 떨어진 곳에서부터 몇 십 마일 간격으로 고속도로변에 월 드러그 스토어 간판들을 세워서 지나가는 차량들로 하여금 호기심을 유도하는 곳이다. 20년 전쯤 이곳을 여행하면서 황야의 서부개척시대 모습으로 지어진 건물들을 보며 신기해했던 기억이 있는데, 이번에 가 보니 규모가 너무 커져 있어 예전의 그 정취가 느껴지지 않았다. 1931년에 젊은 약사가 이곳 월(Wall)이라는 마을에 약국을 열었는데, 마을도 작고 지나가는 차들도 들르지 않아 고민하던 중, '시원한 얼음물을 공짜로 드립니다'라는 광고판을 도로 중간중간에 세우면서, 여행자들이 찾는 유명한 명소가 되었다고 한다. 현재는 대규모의 기념품 상점과 식당

수백km 전부터 고속도로변에 등장하는 월 드러그 스토어 간판

월 드러그 스토어

등이 들어서 있는데, 가게에서는 지금도 그때와 마찬가지로 얼음물을 공짜로 제공하고 있고, 커피는 한 잔에 5센트를 받고 있다. 도넛도 값이 저렴한데 꽤 맛나다.

내일은 래피드시티(Rapid City) 인근에 있는 러시모어산(Mount Rushmore)과, 수족 인디언 영웅인 크레이지 호스(Crazy Horse) 기념관 방문 후 와이오밍주로 이동하여 셰리든(Sheridan)이란 곳에 묵을 예정이다. 셰리든은 수족이 미군을 상대로 대승을 거둔 리틀빅혼 전투지로 가는 경로상에 있다.

**버팔로와 인디언**

미국 중서부 대평원 지역에 분포하던 미국 들소인 버팔로는 평원 인디언들의 의식주를 책임지는 주 공급원이었다. 고기는 식량으로, 가죽은 의복과 천막으로, 창자는 활줄, 위장은 물통, 뼈는 풀의 원료로 사용되었다. 버팔로에 대한 최초의 유럽인 목격담은 1540년 코로나도 원정대의 기록에서 등장하는데, '그 기이한 생김새에 놀라지 않은 말이 없었고, 그 수가 바닷속의 물고기 외에는 비할 수 없을 정도로 많다'고 서술하고 있다. 미국인들도 서부 진출 과정에서 버팔로 떼를 만나게 되어 이들이 지나갈 때까지 기다려야 했는데, 모두 지나가는 데 며칠씩 걸리기도 했다는 기록이 있다.

하지만, 1800년대 중반 이후 미국인들의 서부 진출이 본격화되는 과정에서 버팔로 개체 수는 급격한 감소를 겪게 된다. 대륙 횡단 철도가 놓이면서 대평원을 횡단하던 열차들은 버팔로 무리를 만나면 열차를 세워 승객들이 맘껏 버팔로들을 사냥하도록 했고(심지어 철도회사들은 버팔로 사냥을 철도 여행의 즐거움으로 선전하기도 했음), 버팔로 가죽의 상업적 수요가 늘어나면서 사냥꾼들이 평원 지역으로 몰려들기 시작했다. 버팔로 개체 수의 급격한 감소는 버팔로에 전적으로 의존하던 인디언 부족들의 생존을 위협하게 되었고, 이들을 보호구역으로 몰아넣어 미국의 보급품에 의존하는 생활을 유도하기 위해 미군이 본격적으로 버팔로 멸종 작전을 전개한다. 한때 수천만 마리에 이르렀던 미국의 버팔로는 불과 20년 만에 멸종 위기에 처하게 되었고, 1903년에는 불과 34마리만 남아 있게 된다.

**알카트라즈 섬 점령사건**

1969년 11월 20일에 89명의 인디언 단체 회원들이 샌프란시스코만에 위치한 알카트라즈 섬에 상륙하여 점거하는 사건이 발생한다. 〈더 록(The Rock)〉이라는 영화로도 잘 알려진, 흉악범이나 중범죄자들을 수용했던 악명 높은 형무소가 있던 바로 그 섬이다. 미국 정부는 운영비가 너무 많이 들었던 해당 형무소를 1963년에 폐쇄한 후 이곳을 불용자산으로 분류하여 두고 있었다. 점거자들은, 미국 정부가 이용하던 땅이 사용처가 없게 될 경우 이를 인디언들에게 되돌려주도록 한 1868년 미국정부와 수족 간에 체결된 래러미조약에 근거하여 알카트라즈섬을 인디언에게 돌려주어야 한다고 주장하고, 이곳에 인디언 문화센터를 건립할 것을 주장했다.

이들의 점거는 미국뿐만 아니라 세계적인 관심을 불러일으켰으며, 제인 폰다, 앤서니 퀸, 말론 브란도와 같은 저명인사들이 지지 방문을 하기도 했다. 하지만, 식수와 식량의 조달이 여의치 못한 데다 미국 정부가 전기 공급까지 끊으면서 점거 생활이 곤경에 처하게 되고, 지도부의 내분까지 발생하면서 결국 1971년 6월 11일, 정부의 강제 진압으로 19개월간 지속된 점거가 종료된다.

하지만, 이 사건은 미국 사회 내에 인디언들의 권리 찾기 운동을 촉발하는 시발점이 되었고, 닉슨 행정부도 그동안 지속되어 왔던 인디언 말살(termination) 정책을 중단하고 인디언의 자결권(self-determination)을 인정하는 방향으로 전환하게 된다.

지금도 알카트라즈섬을 방문하면 인디언 점거 당시 물탱크탑에 적어 두었던 낙서 'Home of the Free Indian Land'를 볼 수 있다.

### 앉은소(Sitting Bull) 추장

라코타 부족 훙크파파지파의 추장으로 리틀빅혼에서 수족의 대추장 역할을 수행하며 미군을 상대로 대승을 거둔다. 인디언 이름은 '타탕카 이요탕카(혹은 이요타케)'라고 하는데 본뜻은 '먼지 속에서 뒹구는 수소'라고 한다. 1876년 리틀빅혼 전투 이후 미군의 대규모 공세에 쫓겨 그다음 해에 부족민을 이끌고 캐나다로 도피하는데, 미국의 외교적 압박으로 캐나다 정부가 이들 부족에게 아무런 지원도 제공하지 못하게 되자 결국 1881년에 미국으로 돌아와 미국 정부가 지정하는 보호구역으로 수용된다. 미국 측은 인디언 영토를 추가로 확보하려는 시도 등에 있어 그가 비협조적으로 나오자 요주의 인물로 관리하던 중에, 미국에서 금지한 고스트댄스를 그가 방치한다는 이유로 1890년 12월 15일 새벽 그를 체포하고자 했고, 그 과정에서 미군 측이 파견한 인디언 경찰에 의해 살해당한다. 그리고 3일 후인 12월 18일, 운디드니에서는 수백 명의 인디언들이 학살당한다.

# 블랙힐즈에 살아남은 전설, 크레이지 호스

; 마운트 러시모어와
크레이지 호스(Crazy Horse) 기념관

크레이지 호스는 수(Sioux)족 인디언들의 영웅이자 전설이다. 그리고 그는 블랙힐즈(Black Hills)에서 지금도 전설로 살아가고 있다.

숙소에서 엘리베이터를 탔는데, 한 아주머니가 반갑게 인사를 한다. 이런저런 대화를 주고받다가 자신이 원주민 인디언이라고 소개한다. 노스다코타에서 이곳에 사는 딸 집을 방문하는 길이라고. 어느 부족인가 물었더니, 세 부족의 피가 섞여 있는데 공식적으로는 아리카라(Arikara) 부족과 맨던(Mandan) 부족원으로 인정받고 있다고 한다. 자신의 남편은 라코타족으로, 한때 자신의 부족과 라코타족은 전쟁을 치른 사이인데 이렇게 둘이 부부로 살고 있으니 신기하단다.

이 아주머니도 외관상으로는 어느 민족일지 구별이 잘 되지 않는다. 미국과 같은 다민족 사회에서 사람들이 순수한 혈통을 유지하기란 쉽지 않을 것이다. 누가 인디언이고 어떤 특정 부족민인가를 규명하는 것도 간단한 문제가 아니어서, 각 부족별로 자신들의 부족민들을 호적과 같은 기록을 통해 관리하고 있다. 부족혈통이 어느 정도 되어야 자신들의 부족원으로 인정해 주는가는 부족별로 기준이 다른데, 통상적으로 4분의 1이면 인정하는 경우가 많지만 2분의 1 이상, 심지어는 32분의 1 이상을 기준으로 하는 부족도 있다고 한다.

사우스다코타주 서쪽에는 블랙힐즈(Black Hills)라고 불리는 산지가 위치해 있는데, 이 지역에 자라는 소나무잎이 짙은색이라 멀리서 보면 검게 보이기에 붙여진 이름이라고 한다. 이곳에는 수(Sioux)족 인디언들이 탄생한 곳으로 여겨지는 윈드 동굴(Wind Cave)을 비롯해 수족에게 중요한 일곱 장소가 포함되어 있기에, 이들에게 매우 성스러운 곳이다. 하지만 이곳에서 금광이 발견된 이후, 미국은 강압적이고 불법적인 방법으로 이곳을 수족으로부터 빼앗았고, 수족은 미국 연방대법원의 판결에 따른 배상금 수령을 거부하고 지금도 땅을 돌려 달라고 주장하고 있는 상황이다(Day 36).

이처럼 수족들에게 성스러운 블랙힐즈에, 미국은 자신들의 위대한 대통령 4인의 얼굴을 거대한 암벽에 새겨 넣었다. 그곳이 러시모어산(Mount Rushmore)이다. 우리의 숙소였던 래피드시티(Rapid city)에서 크레이지 호스 기념지로 가는 도중에 러시모어산이 있기에 먼저 들렀다. 20년 전에 한 번 방문한 적이 있었지만 기억이 가물가물한데, 막상 보니 그 크기가 생각보다 작다는 느낌이 든다. 인디언의 관점에서 바라보면, 이곳에 새겨진 4명의 대통령 중 초대 대통령이었던 조지워싱턴은 인디언

러시모어산의 미국 대통령 암벽 부조

들에 대한 무자비한 제거 작전을 지시(Day 29)했던 인물이다.

크레이지 호스 기념지는 러시모어로부터 차로 30분 정도의 거리에 위치해 있는데, 수족의 성지인 블랙힐즈가 백인들의 상징물로 기념되고 있는 것에 대한 안타까움에, 인디언들에게도 훌륭한 영웅이 존재했음을 알리기 위해 시작된 프로젝트이다. 수족의 추장 스탠딩 베어(Standing Bear)가 러시모어 조각에 참여한 바 있었던 폴란드계 미국인 조각가 코르착(Korczak)에게 러시모어를 능가하는 인디언 영웅의 조각을 부탁하게 된다. 코르착은 블랙힐즈를 둘러싼 인디언들의 슬픈 사연을 듣고 난 후 스탠딩 베어 추장에게 설득되어 그의 평생을 바치게 되는 크레이지 호스 프로젝트에 뛰어들게 된다.

1947년에 착수된 이 프로젝트는 크레이지 호스가 말을 타고 손을 앞으로 뻗는 모양의 조각을 만드는 것인데, 72년이 지난 지금 겨우 얼굴 부분만 완성되어 있다. 뻗은 팔을 완성하는 데에만 앞으로도 14년 정도 소요될 것으로 예상된다 하니 전체 조각의 완성은 아마도 내 생애에 보기는 힘들 듯싶다. 현재 15명의 인원이 산에서 주말을 제외하고 일 년 내내 작업을 진행 중이란다.

미국 정부에서 건설자금을 지원할 의향을 여러 차례 비췄지만, 코르착의 유족들이 중심이 된 재단에서는 블랙힐즈와 크레이지 호스가 갖고 있는 상징성을 감안할 때, 미국 정부의 지원보다는 스스로 해결하는 방법을 찾기로 했다고 한다. 방문객들의 입장료와 기부금만으로 운영되는

바위산을 깎아 만들고 있는 크레이지 호스 추장 조각

재정적 제약이 크레이지 호스 기념물 건설 기간을 기약 없이 만들고 있는 셈이다. 그런데 어떻게 보면, 크레이지 호스 조각의 완성보다도 이 과정이 더욱 사람들에게 강렬한 이야기를 전달해 주고 있다는 생각도 든다. 딸아이도 러시모어보다 크레이지 호스가 더 인상적이었다고 한다.

현재 조각의 모습은 20년 전과 크게 달라진 것은 없어 보인다. 다만, 방문객센터의 규모는 많이 확장된 듯하다. 크레이지 호스 기념지 관련한 영상 상영관, 인디언 박물관(크레이지 호스와 버팔로 관련 자료가 볼만하다), 조각가 관련 기념관 등이 들어서 있다. 조각을 진행하면서 발파 작업으로 떨어져 나온 돌덩어리들을 한쪽에 쌓아 두고 방문객들이 가져갈 수 있도록 해 두었는데, 어떤 아주머니는 한 바구니를 들고 간다. 대체 어디에 쓰려는 것일지 궁금하다.

크레이지 호스는 태어났을 때 머리가 곱슬이라 곱슬(Curly)이라고 불렸는데, 그가 전투에서 공을 세워 인정받으면서 그의 아버지는 자신의 이름을 아들에게 물려주었다. 그 이름은 '그의 말이 미쳤다(His horse is crazy)'였다. 하지만 미국인들은 전혀 다른 뜻인 '크레이지 호스(Crazy horse: 미친 말)'로 그를 불렀다. 그는 성인이 되어 치르는 비전 수행을 통해 자신은 위대한 정령으로부터 보호를 받을 것이고, 대신 부족을 위해 큰 공헌과 희생을 해야 하는 운명이라는 비전을 얻게 되고, 이후 그 비전에 걸맞게 활동한다.

그는 적의 총알이 자신을 결코 맞히지 못할 것이라는 신념을 가지고 전투에서는 항상 맨 앞에서 용맹하게 활약했다. 특히 그의 특기는 잡힐 듯하면서도 총알 사이를 빠져나가며 적군을 유인해서 함정에 빠뜨리는 것이었는데, 피터만(Fetterman) 대위의 부대가 그의 유인 전술로 인해 전멸을 당하게 된다(Day 36). 또한 제7기병대를 거의 몰살시킨 리틀빅혼(Little Bighorn) 전투에서도 큰 활약을 한다.

그는 미국의 거센 압박 속에서도 굴복이나 타협 없이 투쟁하였지만(그는 그 어떤 문서나 조약에도 서명한 적이 없다고 한다), 사냥감이 사라지고 부족민들이 굶어 죽을 위기에 처하자 어쩔 수 없이 안전을 보장하는 미국의 약속을 믿고 보호구역으로 들어온다. 하지만, 보호구역에서 평화롭게 살 수 있을 것이라는 원래의 약속과 달리 미군이 그를 감옥으로 끌고 가려 하자 저항하는 과정에서 경비병의 칼에 찔려 죽고 만다.

스탠딩 베어와 코르착이 블랙힐즈에 인디언 영웅을 조각하기로 결정하고 적합한 인물의 선정을 요청하자, 인디언 리더들은 불굴의 기개와 용맹함의 상징인 크레이지 호스를 그들의 영웅으로 선정했다. 한 가지 문제는 크레이지 호스가 단 한 번도 사진 촬영에 응한 적이 없기에 그의 얼굴이 어떻게 생겼는지 모른다는 점이었는데, 리틀빅혼 전투에 크레이지 호스와 함께 참전했던 생존자 4인의 증언을 통해 유사한 모습을 찾아냈다고 한다.

방문객 센터에서는 코르착이 이 프로젝트를 시작했던 초기 모습이 담긴 영상을 상영하는데, 혼자 이 외딴 곳에 와 텐트에서 생활하면서 산으로 가는 길을 만들고 발파 작업을 하는 모습을 보여 준다. 코르착은 10명의 자식을 두었는데, 이들이 성장하면서 곁에서 아버지를 도와 프로젝트를 진행하게 된다. 그는 정부의 지원 없이는 자신의 생애에 이 프로젝트는 결코 완성될 수 없다는 것을 알았지만, 그럼에도 1982년에

1948년부터 2018년까지 70년간의 조각물 진전 상황

라코타 부족민이 진행하는 부족 역사와 문화 소개

죽는 순간까지 묵묵히 작업을 진행했다. 전설을 조각하며 또 하나의 전설이 만들어지고 있다는 생각이 든다.

방문객 센터에서는 하루에 네 차례 원주민 공연이 진행된다. 라코타 부족 부부와 두 딸이 진행하는데, 이들 부부가 말을 참 잘한다. 라코타 부족의 역사와 블랙힐즈가 이들 부족에게 주는 의미를 전달하고 인디언 전통무용을 보여 준다. 인디언 역사에 대한 부분은 잘못 접근하면 미국인들을 가해자로 만들 수 있는데, 이 부부는 대다수 관객이 미국인임을 감안하여 미국인들에 대한 비난보다는 라코타 부족이 겪은 어려움에 초점을 맞춘다. 또한 제1·2차 세계대전에 암호병으로 참전하여 미국을 위해 희생한 애기로 마무리함으로써 미국 관객들의 박수를 유도해 낸다.

이들이 설명한 바에 따르면 자신들은 수족이라 불리는 것보다 '라코타'라고 불리는 것을 좋아한단다. 그 이유는 라코타는 인디언말로 '연결', '연대(alliance)'라는 뜻인 반면, 수는 자신들에게 적대적이었던 부족들이 부르던 말을 프랑스인들이 사용하게 된 것으로, 그 의미는 '뱀(snake) 혹은 적(enemy)'이라는 뜻이기 때문이라고 한다. 새로운 걸 하나 알게 되었다. 이들의 이야기와 공연이 주는 감동에 크레이지 호스 기념지 방문이 더욱 인상적으로 남았다.

방문객 센터에서 조각이 진행 중인 산까지의 거리는 약 1마일 정도인데 버스 투어에 참가하면 산 아래까지 이동해서 좀 더 가까운 거리에서 관찰할 수 있다. 가이드를 겸하고 있는 기사가 조각상 손가락 하나의 길이가 30피트(9미터)에 달하고, 전체 예정된 조각상의 규모는 23층 빌딩 높이로 세계 최대 규모의 석조조각 프로젝트라고 설명한다.

와이오밍주의 텅 빈 벌판

투어 후, 와이오밍주로 이동하는데 경치가 바뀌기 시작한다. 사우스 다코타만 해도 초원과 경작지가 섞여 있는 경치였는데, 이제는 대부분이 벌판이다. 강수량이 많지 않다는 뜻일 것이다. 한참을 달려도 마을이 보이지 않지만, 난 왠지 인적이 뜸한 황량한 경치를 보면 맘이 설렌다. 사람과 건물, 산과 나무 등으로 항상 빽빽히 둘러싸인 곳에서 살아왔기 때문일까? 텅 빈 공백은 내게 여유와 편안함, 그리고 맘껏 상상할 수 있는 여지를 주는 것 같다.

저녁쯤 숙소 가까이 도착해 슈퍼에 들렀는데 날씨가 꽤 쌀쌀하다. 섭씨 14도. 원래 이렇게 추운가 물으니, 그렇지 않단다. 여름엔 더운 곳인데 이번 여름은 이상하게 춥단다. 한국과 유럽으로 모든 열기가 몰려간 탓일까?

숙소가 있는 셰리든(Sheridan)이란 곳에서 저녁 식사를 했다. 차 타고 오는 길에 들판에 자유롭게 방목되고 있는 수많은 소들을 보면서 오늘 저녁 메뉴는 스테이크로 정했었다. 역시나 우리의 천군만마가 이 시골에서도 기막힌 식당을 찾아낸다. 셰리든은 와이오밍주에서 인구가 6번째로 많은 도시인데도 1만 8천 명이 채 안 된다. 와이오밍은 미국에서 인구밀도가 가장 낮은 주이고, 또한 공화당 지지율이 가장 높은 주라고 딸아이가 검색 결과를 알려 준다. 그렇게 보면 왠지 아주 외딴 시골 느낌일 것 같은데, 셰리든 시내는 매우 깨끗하고 정돈된 도시이다. 오가는 사람들도 전혀 시골 사람 분위기를 풍기지 않는다.

내일 행선지는 리틀빅혼 전투지이다. 그리고 옐로스톤 국립공원의 초입에 있는 몬태나주 가디너(Gardiner)라는 곳에서 숙박한다.

여행 팁

**크레이지 호스 기념지(Crazy Horse Memorial)**

방문객 센터(입장료 $20)에는 크레이지 호스와 수족, 그리고 조각가인 코르착에 대한 전시물이 마련되어 있고, 인디언들의 소중한 자원이었던 버팔로에 대한 섹션도 따로 준비되어 있다. 6월–9월 성수기 중에는 수족 인디언들의 문화 공연도 개최되고 있다. 방문객 센터에서도 멀리 조각상을 바라볼 수 있는데, 가까이 가서 보기 위해서는 셔틀버스에 탑승해야 한다($4, 왕복 25분).

방문객 센터에 레스토랑이 갖춰져 있고, 45분 거리에 있는 Rapid City에 다수의 숙박 및 편의시설 등이 있다. 인근의 주요 관광지로는 러시모어산(Mt. Rushmore)이 25분 거리에 있고 월 드러그 스토어(Wall Drug Store)는 1시간 30분, 배드랜드 국립공원(Badland National Park)이 1시간 40분 거리이다.

# 전투의 서막,
# 그들을 생각하면 목이 메인다

; 리틀빅혼 전투유적지
(Little Bighorn Battlefield)

가장 좋은 것은 맨 마지막에(Save the best for the last)!

여행의 묘미는 Serendipity에 있는 것 같다. 예상치 못했던 즐거운 만남들.

리틀빅혼 전투지는 이번 여행에서 인디언 관련한 장소로는 마지막 방문지였다. 아직 태평양을 만나는 시애틀까지는 먼 거리가 남아 있지만…. 리틀빅혼은 인디언 부족이 미군을 상대로 거둔 최대의 승전지이다. 전쟁에서 이길 수는 없었지만, 전투에서의 승리를 통해 인디언들의 기개를 미군에게 보여 줄 수 있었고, 그렇게 이들은 승리의 역사를 남길 수 있었다. 우리나라 독립군이 일본군을 상대로 대승을 거두었던 청산리나 봉오동 전투가 적절한 비유가 될지 모르겠다.

이번 여행 도중 뉴욕에서 만났던 지인이 리틀빅혼에 들르게 되면 사진이라도 몇 장 보내 달라고 부탁을 한 적이 있다. 그분도 학창 시절에 미국의 서부 개척과 인디언 이야기에 흠뻑 빠져 지냈고, 매일 인디언 그림을 그렸다고 한다. 서부 대평원 인디언과 미국 기병대 간 전투 이야기의 백미는, 결국 미국 서부 개척과 남북전쟁의 전설적인 영웅 커스터(Custer) 장군의 제7기병대가 거의 전멸했던 리틀빅혼 전투일 수밖에 없다.

리틀빅혼 방문은 솔직히 기대 반 걱정 반이었다. 이전에 뉴욕주의 뉴타운(Newtown), 오하이오주의 폴른팀버즈(Fallen Timbers), 인디애나주의 티페카누(Tippecanoe) 전투지 등을 방문했을 때, 몇 군데에 세워져 있는 안내판에 의존하면서 당시 전투 장면을 머릿속으로 상상해야 했는데, 구체적인 정보가 불충분하면 상상하기도 쉽지 않고 생생하지도 않다는 것

리틀빅혼을 향해 가는 설레는 길

을 경험했어서 이번 방문도 좀 걱정스럽긴 했다. 하지만 한편으로는, 리틀빅혼 전투가 워낙 유명한 사건이었고, 이곳은 미국 국립공원서비스가 직접 운영하고 있어서 좀 더 특별하지 않을까 싶기도 했다.

기대감을 안고 평소보다 좀 더 일찍 아침을 시작했다. 숙소에서 리틀빅혼까지는 한 시간 거리이다. 우선 방문객 센터에서 리틀빅혼 전투를 소개하는 영상물을 시청했다. 미국인들과 인디언들이 서로 조약을 어기고 충돌이 생겨서 결국 미군이 출동하고, 보호구역으로 돌아가라는 지시를 어긴 인디언부족에 대한 공격을 하게 되는데, 그 선봉인 커스터의 제7기병대는 지친 상태에서 무기도 좋지 않고 훈련도 충분치 않은 데다 인디언들에 비해 수적으로도 10대 1의 열세였다는 설명이 진행된다. 한 수 아래라고 생각되는 인디언들에게 정예 미군 기병대가 거의

리틀빅혼 전투기념지 입구

몰살된 사건에 대해 그렇게 될 수밖에 없었던 이유를 구구절절 늘어놓는 느낌이 든다.

제일 맘에 들지 않았던 부분은 이 전투의 원인이 쌍방 잘못에 있다는 식의 전개이다. 이 전쟁은 전적으로 미국의 탐욕으로 시작된 전쟁이었고 미국이 스스로 수(Sioux)족 인디언들과 맺었던 조약을 어긴 행위였다.

오늘의 Serendipity는 영상물 시청 이후에 진행된 레인저(ranger)와의 대화 시간부터 시작되었다. 연세가 좀 있어 보이는 레인저는 뙤약볕 아래에서 오랜 시간 동안 열정적으로 리틀빅혼 전투에 대해 설명을 한다. 리틀빅혼 전투지는 당시 전투에서 각 부대가 구체적으로 어떤 움직임을 보였고, 병사 개개인이 어디서 죽었는지가 상세히 기술되어 있는 유일한 전투기념지라고 한다. 실제로 이곳 공원 내 전투지 곳곳에는 하얀

각 병사의 사망 위치별로 세워져 있는 비석

비석들이 세워져 있는데, 각각의 비석이 각 병사들이 전사한 위치를 표시한다. 물론 이는 전적으로 미군들의 경우에 해당하고 인디언 전사들의 경우 별도의 기록은 존재하지 않는다. 당시 이 전투에서 미군은 263명이 전사했고, 인디언 전사자의 수는 100명을 넘지 않았을 것으로 추정된다.

어제도 잠시 언급했지만, 몬태나 지역에서 금광이 발견된 이후 많은 정착민들이 금을 찾아 나서는데, 그 경로는 보즈만 트레일(Bozeman Trail)이었다. 이 트레일은 수족의 땅을 지나고 있었는데, 백인들의 통로가 수족 인디언들의 사냥터와 겹치면서 충돌이 발생한다. 미국은 보즈만 트레일을 보호하기 위해 여러 곳에 요새를 세우지만, 수족의 공세에 요새를 지탱하는 것이 힘들어지고, 크레이지 호스(Crazy Horse)의

피터만 대위 부대의 전투 장면 그림

유인 전술에 말려든 피터만(Fetterman) 대위의 부대가 전멸당하는 사건이 벌어진다.

당시 미국은 남북전쟁으로 이미 재정이 어려운 상황이라 보즈만 트레일을 인디언들의 공격으로부터 지켜 낼 만큼의 군대를 동원하기 힘들었고, 더구나 샌드 크리크 학살사건(Day 11)이 알려지면서 워싱턴 정가에도 군사적인 옵션에 대해 회의적인 분위기가 형성되어 있었다. 이런 상황에서 수족의 영토를 공식적으로 인정해 주고, 대신 미국인의 안전한 통행을 보장받는 내용의 래러미조약(Fort Laramie Treaty)이 1868년에 체결된다(Day 36).

레인저는 여기에 당시 미국이 처한 상황을 한 가지 더 추가해서 설명한다. 당시 미국은 경기 불황으로 실업률이 25%에 이르렀고, 금본위제 금융시스템 체제하에서 경기부양책으로 달러를 더 찍어 내기 위해서는 금이 필요했다고 한다. 이런 배경에서 미국 정부는 수족의 영토로 약속했던 블랙힐즈 지역으로 대규모 탐사대를 보낸다. 수천 명의 탐사대를 이끈 대장이 바로 인디언전투 및 남북전쟁의 영웅 커스터였다.

그리고 이들이 금을 발견하는데, 당시 탐사대에 동행했던 기자들이 이를 대서특필하면서(풀뿌리만 들춰도 금이 나오는 곳, 블랙힐즈!) 당시 생활이 어려웠던 많은 정착민들이 금광으로 그렇게 몰려든 것이란다. 실업 문제를 해결하는 건 미국 정부로서 큰 과제였기에 조약을 무시하고 인디언 땅을 빼앗아서라도 이들에게 일자리와 살 곳을 만들어 줄 수밖에 없었다는 것이다.

미국은 래러미조약을 통해 수족 영토에 미국인들이 들어가는 것을 막기로 약속했음에도 불구하고, 도리어 수족에게 블랙힐즈 지역을 팔도록 종용하고, 수족이 이에 응하지 않자, 오히려 무단 침입자인 미국인들의 보호를 명분으로 수족에게 제한된 지역의 보호구역 내로 이동하라는 최후 통첩을 한다. 이 부분을 설명하면서 레인저가 잠시 말을 잇지 못한다. 혹시 그가 당시 상황을 설명하면서 감정이 북받친 것은 아닐까 궁금했었는데, 나중에 그에게 얘기를 들어 보니 정말 그랬단다. 좀 의외였다. 백인 미국인이 이 장면에서 수족 상황에 감정 이입하여 목이 메일 수도 있다니. 객관적 진실의 힘인 것 같다.

미국의 최후통첩에 대비책을 강구하기 위해 수족과 쉐이엔(Cheyenne)

당시 전투배경 및 상황에 대한 레인저의 열정적인 설명

족, 아라파호(Arapaho)족이 리틀빅혼 강변으로 모여들게 되고, 1876년 6월 크룩(Crook) 장군이 이끄는 대부대는 고분고분하지 않은 인디언들을 제거하기 위해 이들이 사냥을 하고 있던 곳으로 진군한다.

'미국 인디언을 찾아가는 오래고 먼 특별한 미국 여행'의 실질적인 마지막 방문지 리틀빅혼 전투유적지에 대한 이야기가 Serendipity로 인해 꽤 많은 편이다. 앞으로 며칠에 나누어 소개하고자 한다.

오늘의 Serendipity에 대해 잠깐 소개하자면, 설명을 진행했던 레인저 톰(Tom)과 다른 방문객들과 함께한 열정적인 대화들, 그리고 톰을 통해 소개받고 방문했던 크로(Crow) 부족의 축제 현장 등이다. 우리 가족이 파크레인저의 페이스북에 등장하게 되고, 미국인으로부터 식민 지배의 잘못 등에 대한 인정을 거부하는 일본을 비난하는 얘기를 듣게 되고, 계속 하루 차이로 어긋나던 이벤트가 마침내 딱 맞아 떨어지게 된 날이다. 참, 그리고 38일 만에 발생한 사고도 있었다.

내일은 옐로스톤 국립공원을 방문하는 날이다. 시애틀 도착 예정일은 사흘 후인 8월 21이다.

여행 팁

**리틀빅혼 전투지(Little Bighorn Battlefield)**

몬태나주에 위치한 리틀빅혼 전투지는 90번 고속도로 인근, 크로(Crow)족 보호구역 내에 있다. 비지터센터에서는 전투 소개 영화가 상영(25분)되고, 당시 전투 및 참여자들에 대한 전시물이 마련되어 있다. 4.5마일의 도로가 비지터센터로부터 주요 전투지를 연결해 주고 있는데, 주요 포인트마다 번호가 표기되어 있다. 비지터센터에서 나눠 주는 지도를 참조해서 전투 순서를 따라 도로의 끝 지점부터 돌아오면서 관람하는 것이 순서. 여름 시즌에는 파크레인저가 진행하는 대화의 시간이 진행된다. 입장료는 차량당 $25이며, 국립공원패스가 있으면 무료. 또한 크로족이 자체적으로 운영하는 1시간짜리 유료투어 프로그램도 여름 시즌에 진행되고 있다.

공원에는 아무런 편의시설이 없으며 고속도로변 주유소 옆에 간단한 샌드위치 가게가 있다. 인근 지역에서 숙소나 식당을 찾을 경우에는 서쪽으로는 빌링스(Billings, 몬태나주), 동쪽이나 남쪽으로는 셰리든(Sheridan, 와이오밍주)이 한 시간 거리에 있다.

옐로우스톤 국립공원이 4시간 거리에 위치해 있고, 사우스 다코타주의 러시모어산(Mount Rushmore)나 크레이지 호스 기념물(Crazy Hose Memorial)은 4시간 30분–5시간 거리이다.

# 리틀빅혼강의 대첩,
# 제7 기병대 참패하다

; 옐로스톤 국립공원,
리틀빅혼 전투 두 번째 이야기

이제부터는 계획 없이 편하게 관광하면서 보내자고 했는데, 오늘 하루가 그간 인디언 여행을 하며 지내온 여정보다 더 고되게 마무리되고 있다. 딸아이가 이번 여름 인턴 하던 때보다 더 힘들단다. 한번 여행을 시작하면 밤늦게야 하루 일정을 끝내는 것이 우리 가족의 전형적 여행 패턴이다. 오늘도 역시 밤 10시 넘어 호텔에 체크인한다. 옐로스톤 국립공원은 20년 전에 RV(Recreational Vehicle: 캠핑카)를 이용하여 여행 온 적이 있어서 몇 군데 유명한 장소들 위주로 둘러보면서 하루를 보내면 되겠다고 생각했는데, 예상보다 많은 시간이 소요되었다. 이곳은 자연 경치도 대단하지만, 도처에 있는 다양한 야생동물들을 자연 속에서 그대로 관찰할 수 있다는 것이 큰 매력이다.

들판을 평화롭게 거닐던 버팔로 무리와 산등성이에서 어슬렁거리던 곰의 모습이 기억 속에 인상적으로 남아 있어서, 안내센터에 야생동물들을 잘 볼 수 있는 장소를 물어보았다. 버팔로의 경우에는 라마밸리(Lamar Valley)나 헤이든밸리(Hayden Valley) 쪽에 많은데 오전(6-9시)이나 저녁(6-9시) 시간에 더 많이 출현한다고 한다. 이미 오전 10시가 넘었으니 운에 맡길 밖에. 딸아이는 자신이 좋아하는 트레일 하이킹에 관해 물었는데, 곰 퇴치용 스프레이를 꼭 지참하라는 말에 일단 유보한다.

버팔로 100마리, 곰, 그리고 엘크. 우리가 오늘 내로 찾기로 한 동물들인데, 결과적으로 모두 성공했다. 낮 시간임에도 동물들은 이곳 저곳에서 출현했다.

맘모스 스프링(Mammoth Springs), 옐로스톤 그랜드캐니언(Grand Canyon of the Yellowstone), 웨스트썸(West Thumb) 등을 둘러보고, 옐로스톤의 상징과도 같은 올드페이스풀(Old Faithful)에 도착하니 해가 지고 있다. 옐로스톤

옐로스톤의 버팔로 무리

옐로스톤에서 가장 유명한 용천수 올드페이스풀

은 정말 여러모로 어마어마한 공원이라는 생각이 든다. 형형색색의 온천샘, 분출하는 용천수, 높은 산, 깊은 계곡과 큰 폭포, 거대한 호수, 수많은 동물들. 다만 관광객 수에 비해 공원 내의 편의시설이 충분치 못한 것이 좀 아쉽다.

어제에 이어 리틀빅혼 전투지 얘기로 돌아가자. 몬태나 지역의 인디언들을 토벌하기 위한 크룩 장군의 부대는 세 개의 축으로 나뉘어 진출했다. 남쪽으로부터는 크룩 장군이 직접 본대를 이끌고 진격했고, 테리(Terry) 장군과 커스터는 동쪽에서, 깁슨(Gibson) 대령은 서쪽에서 리틀빅혼 인근에 있을 인디언 부족들을 찾아 나섰다. 이 작전이 성공하기 위해서는 세 축으로 진행하는 부대 간의 원활한 협조가 필수적인데, 당시 이들 부대는 서로 너무 멀리 떨어져 있어 상호 교신이 쉽지 않았다. 크

미군의 진격 경로

룩 장군의 부대는 1876년 6월 17일 로즈버드강(Rosebud Creek) 인근에서, 인디언들과 6시간 동안이나 이어진 격전 끝에 수십 명의 사상자를 내고 후퇴하고 만다. 이 전투에 인디언 측에서는 여성도 참여했는데, 그녀가 부상을 입은 오라버니를 직접 나서서 구출함으로써 인디언들에게 이 전투는 '여동생이 오라버니를 구한 전투'로 불리고 있다고 한다.

로즈버드 전투에서 양측 모두 많은 사상자가 발생했지만, 미군이 후퇴를 했다는 면에서 이는 인디언의 승리라고 볼 수 있다. 또한 로즈버드 전투는 리틀빅혼에서 인디언들의 승리를 가능하게 만든 주요한 요인으로 거론된다. 그 이유는 크룩 장군의 부대가 리틀빅혼에서 커스터의 부대와 제때에 합류할 수 없게 되었고, 그리고 더 많은 인디언들이 자신감을 가지고 이 전투를 이끈 크레이지 호스(Crazy Horse)를 따라 미국에 대한 항전에 가담하게 되었기 때문이다.

로즈버드 전투 8일 후인 6월 25일, 커스터가 이끄는 제7기병대가 수, 쉐이엔, 아라파호족 등이 대규모로 모여 지내고 있는 리틀빅혼으로 진출한다. 당시 커스터가 이끌고 있던 기병대 병력은 600여 명 규모였고, 여기에 아리카라(Arikara)족과 크로(Crow)족 인디언들이 정찰병으로 함께 했다. 이들 부족은 자신들과 적대 관계에 있던 수족에게 타격을 입히고, 또한 미국으로부터 지원받는 급여 및 전리품(주로 말과 총)을 얻기 위해 미군에 가담했다.

같은 인디언들끼리 단결하지 못하고 미군의 편을 들어 갈라져 서로 싸우는 모습이 한때 이해되지 않았는데, 가만 생각해 보면 당시에는 이들 부족들이 서로를 같은 편이라고 생각하기 힘들었을 수도 있겠다는 생각이 든다. 서로 간에 언어가 다르고, 문화가 다르고, 오랜 기간 적대적인 관계였다면, 이들을 하나의 민족으로 단순화하는 것은 다소 무리한 접근일 수도 있겠다 싶다. 오래전에 동양을 방문한 유럽인이 조선인과 일본인을 같은 동양인으로 단순화해 접근하는 것과 비슷한 상황이 아닐까?

정찰대가 대규모 인디언 마을을 확인하자 커스터는 부대를 셋으로 나눈다. 리노(Reno)의 부대는 가장 아래쪽에 있는 인디언 마을을 정면에서 공격하고, 벤틴(Benteen)의 부대는 측면으로 진출하며, 커스터의 본대는 능선을 따라 인디언 마을의 반대편 끝으로 이동해서 배후를 치는 작전이었다. 이러한 작전을 세웠을 때 커스터가 제대로 파악하지 못한 것은 당시 인디언 캠프의 규모였다. 미국의 최후 통첩에 맞서기 위해 리틀빅

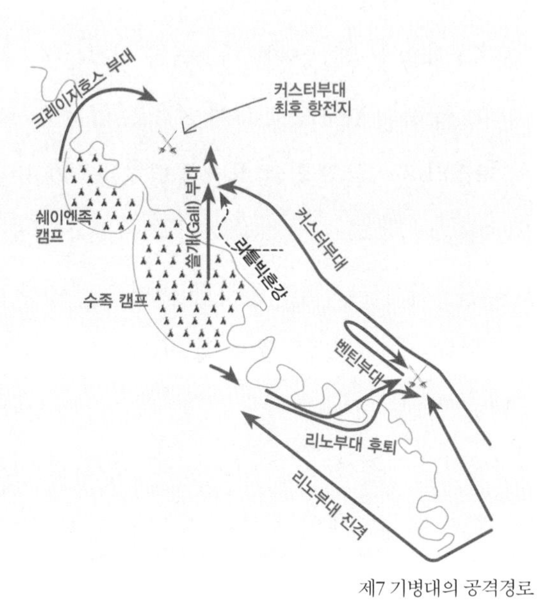

제7 기병대의 공격경로

혼에 캠핑하고 있던 인디언은 대략 7천 명 정도이고 이 중 전사들의 수는 1.5-2천 명 정도로 추정된다.

능선을 따라 이동하면서 커스터 부대와 함께했던 인디언 정찰병은, 자신이 이제껏 보았던 것 중에 가장 대규모의 캠프라며, 커스터의 병력으로, 더구나 셋으로 나뉜 상태에서 공격하는 것은 무모한 짓이라고 조언했다고 한다. 그럼에도 커스터는 정면 돌격을 감행하는데, 이는 이전에 인디언들과의 전쟁을 통해 얻은 그의 경험에 따른 것이었다.

하지만, 리틀빅혼에 모여 있던 인디언들은 이전에 그가 상대했던 인디언들과 달랐다. 이들은 며칠 전의 로즈버드 전투를 통해 미군을 상대로도 승리를 거둘 수 있다는 자신감에 차 있었고, 또한 총알을 두려워하지 않으며 전선을 휘젓는 크레이지 호스와 같은 전투 추장이 있었다. 당시 수적으로 열세였던 커스터가 병력을 셋으로 나눈 것이 리틀빅혼 전투에서 끔찍한 패전을 기록한 원인 중의 하나인가에 대한 논란은 지금까지도 계속되고 있다고 한다.

본대를 이끌고 능선을 따라 이동하던 커스터는 예상을 능가하는 인디언 캠프의 규모를 확인한 뒤, 전령을 보내 벤틴에게 탄약을 가지고 빨리 자신에게 오라는 메모를 보낸다. 하지만 벤틴은 인디언 캠프 정면을 공격했다가 인디언들의 반격으로 수세에 몰린 리노의 부대를 지원하고 있던 중이었다. 당시 리노와 벤틴은 커스터와 사이가 좋지 못했고, 특히 과거의 전투에서 커스터가 인디언들을 쫓기 바빠 곤경에 처한 동료들을 돕지 않았던 것에 대한 불만이 있었다고 한다. 결국 벤틴은 커스

인디언 캠프를 향한 리노부대의 정면 돌격

리노부대의 퇴각과 인디언 전사들의 추격

터 대신 리노를 지원하고, 커스터의 부대원 210명은 다수의 인디언들에게 겹겹이 포위당한 채 전멸하게 된다.

리노와 벤틴의 부대도 인디언들에게 포위된 상태에서 버티던 중에 그 다음 날 테리와 깁슨의 지원군이 도착하면서 목숨을 구하게 되는데, 이들 부대도 53명이 전사하는 피해를 입는다. 인디언들의 피해는 100명 미만이었던 것으로 알려지고 있다.

리틀빅혼 전투지는 리노와 벤틴 그리고 커스터의 부대가 전투를 치른 위치를 시간 순으로 따라가며 살펴볼 수 있도록 도로상에 안내판이 마련되어 있다. 이들 부대의 위치에서 내려다보는 리틀빅혼강의 경치는 무척 아름답다. 건조한 초원 구릉지대 밑으로 강이 구불구불 흘러가고 강을 따라 푸른 나무들이 우거져 있다. 당시에 이 강을 따라 1.5마일에

전투지 능선을 따라 마련되어 있는 당시 전투 상황 설명도

능선에서 내려다보이는 리틀빅혼강

커스터부대가 최후를 맞이한 마지막 항전 언덕(Last Stand Hill)

걸쳐 인디언 캠프가 세워져 있었다고 하니 엄청난 광경이었을 것이다. 커스터의 부대가 이동했던 능선 지형은 매우 굴곡진 곳이 많아서, 고지를 확보하고 있다 하더라도 지형지물을 이용해서 접근하는 상대방을 제압하기는 쉽지 않았을 것으로 보인다.

커스터의 부대는 인디언들의 공격에 쫓기며 능선 고지 위로 몰리면서 전멸당하는데, 이곳에는 '마지막 항전 언덕(Last Stand Hill)'이라는 이름이 붙어 있다. 당시 전사자들 대부분의 유해는 이곳에 세워져 있는 기념비 주위에 묻혀 있고, 커스터는 웨스트포인트에 있는 미국 육군사관학교에 묻혀 있다고 한다.

리틀빅혼 전투에서는 인디언들이 승리했지만, 결과적으로 대대적인 미군의 보복 공격을 불러오고, 결국 수족 등은 래러미조약으로 인정받았던 영토의 상당 부분을 빼앗기고 제한된 보호구역 안에 갇혀서 미국의 보급품에 의존해야 하는 신세가 되고 만다. 하지만, 결과와 상관없이 이 전투는 인디언 전사들의 용맹함과 뛰어남을 미국에 각인시키는 계기가 되었고, 커스터는 목숨을 바친 헌신적인 지휘관으로, 크레이지 호스는 승리를 거둔 위대한 지휘관으로 다 같이 기억된다. 한 가지 흥미로운 점은 블랙힐즈에 만들어지고 있는 크레이지 호스 기념동상에서 가장 가까운 마을의 이름이 커스터라는 점이다. 누구도 의도하지 않았던 결과겠지만, 이들 영웅 간의 인연은 참 질긴 것 같다.

리틀빅혼 전투 이야기로 어제 있었던 Serendipity를 소개하지 못했다. 이 부분은 내일 마저 하려 한다. 내일은 옐로스톤을 좀 더 둘러보고 시애틀을 향해 출발할 계획이다. 옐로스톤부터 시애틀까지는 800마일(1,300㎞) 거리이니 1박 2일의 여정이다.

# 가이드를 놀라게 한 우리 가족의 인디언 열정

; 옐로스톤 둘째 날, 네즈퍼스(Nez Perce)족, 크로(Crow)족

옐로스톤 둘째 날 일정은 그랜드 프리즈매틱 스프링(Grand Prismatic Spring)과 올드 페이스풀(Old Faithful)이다. 그랜드 프리즈매틱 스프링은 옐로스톤의 여러 온천샘 중 가장 아름다운 빛깔을 띠는 곳이다. 그런데 막상 가까이 가서 보니, 그 아름다움을 제대로 느끼기 힘들다. 멀리 보이는 반대편 언덕 위에 사람들이 모여 있어, 위에서 조망하는 곳인 듯 싶어 가 봤다. 짧지 않은 트레일을 걸어간 후 전망대에 도착하니, 그 아래 펼쳐지는 온천샘의 화려한 색상이 정말 아름답다. 올드 페이스풀에서는 Old Faithful Inn을 들렀는데, 어제 저녁의 Old Faithful Lodge보다 훨씬 만족스럽다. 1902년에 지어졌다는 이 건물은 고풍스럽고 웅장하며, 심지어 건물을 해설하는 가이드투어까지 마련되어 있었다.

그랜드 프리즈매틱 스프링

이곳에는 올드 페이스풀을 비롯한 인근 간헐온천(Geyser)들의 예상 분출 시간이 안내되어 있어, 그 시간에 맞추어 그랜드 가이저(Grand Geyser)와 올드 페이스풀을 순례하기로 했다. 하지만, 하나는 예상 시간보다 너무 늦게 분출하고, 하나는 너무 일찍 분출한다. 그래도 나름 규칙적인 주기로 분출한다고 해서 올드 페이스풀(Old Faithful: 오래도록 믿을 만한)이란 별명이 있는 놈마저 정확하지 않으니, 다른 간헐천들의 분출을 제대로 목격하려면 아주 많은 인내심이 필요할 듯하다.

올드 페이스풀에서 웨스트옐로스톤(West Yellowstone) 방향으로 가다 보면, 네즈퍼스(Nez Perce) 부족과 조셉 추장(Chief Joseph)의 이야기가 소개되는 장소가 나온다. 옐로스톤의 다른 명소들과 달리, 여기를 찾아오는 관광객은 보이지 않는다. 이곳에는 1877년 네즈퍼스 부족이 도피 중에 옐로스톤을 거쳐 갔다는 내용과, 당시 이곳을 여행 중이던 미국인 여행객들이 네즈퍼스 부족에게 붙잡혀서 곤욕을 치렀다는 내용이 소개되어 있다.

네즈퍼스 부족은 지금의 오리건주 동북부 지역에 거주하던 부족으로, 미국과의 조약에 의해 확정된 자신들의 보호구역에 거주하고 있었다. 그런데 이 보호구역에서 금이 발견되면서, 미국은 이들에게 인근에 있는 다른 부족의 보호구역으로 이주할 것을 명령한다. 하지만 그곳은 자신들과 적대적인 관계에 있던 부족들의 지역인지라, 네즈퍼스 부족은 이를 탐탁지 않게 생각하고 있던 중, 일부 전사들이 술에 취해 자신들을 괴롭히던 백인 4명을 살해하는 사건이 벌어진다.

네즈퍼스 부족은 사건을 일으킨 전사들을 미국에 넘겨주는 대신 부족민 모두가 미군의 보복 공격을 피해 머나먼 도피길을 떠나는데, 아이다

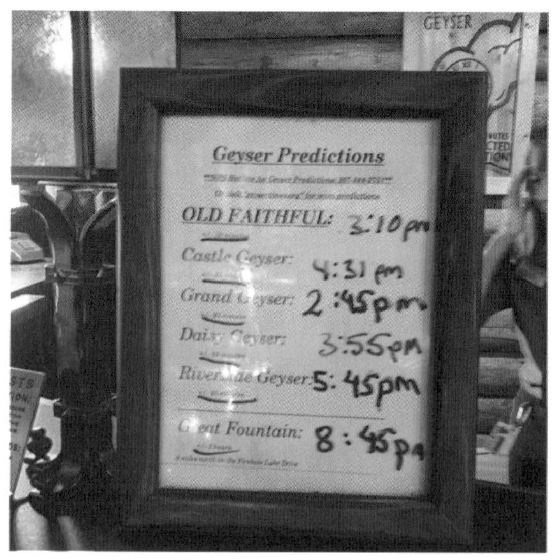


주요 간헐온천들의 예상 분출 시간표

호와 와이오밍, 몬태나를 거쳐 캐나다까지 1,170마일(1,900㎞)을 이동한다. 노인과 아녀자까지 포함된 부족 전체가 험한 산지를 오르내리는 이동이었기에 쉽지 않은 여정이었다. 미군 또한 끈질기게 이들을 따라붙고, 결국 자유의 땅 캐나다 국경을 불과 40마일 남겨 둔 지점에서 추장 조셉을 비롯한 대부분의 부족민이 미군에 잡히고 만다. 옐로스톤에서도 인디언 이야기를 만나게 될 줄은 몰랐다.

다시 이틀 전 리틀빅혼 전투지로 돌아가서 이야기를 마무리하자. 공원 내 안내센터에서는 리틀빅혼 전투에 대한 레인저(Ranger: 공원안내인)의 열정적인 설명이 이어진다. '당시 인디언들의 무장수준은 보잘것없었지만(총기를 가지고 있던 전사는 전체의 4분의 1 정도에 불과했고, 나머지는 활이나 곤봉 등으로 무장), 이들은 미군의 습격으로부터 가족을 지켜야겠다는 일념으로 승리를 이끌어 냈다', '미국은 조약을 통해 인디언 땅으로 확정된 지역에 무단으로 침입한 민간인들을 끌어내기는커녕, 이들을 보호해야 한다는 명분으로 인디언들을 일방적으로 내쫓는 만행을 저질렀다'와 같은 대목을 설명할 때에는 잠시 감정을 추스르는 모습이 보일 정도로 레인저가 인디언들의 고통에 감정을 이입하는 느낌이었다. 안내센터에서 다소 미국의 관점으로 리틀빅혼 전투를 소개하는 영상물의 논조와는 대비되었다.

설명이 끝난 후, 궁금한 점들을 물어보려 기다리는데, 내 앞의 방문객들이 질문 공세를 퍼부으며 레인저를 붙잡고 놔주지 않는다. 그러던 중, 커스터가 수적 열세에도 불구하고 정면 돌격을 했던 것은 1868년 와시타전투(Washita River battle)에서 그 방식이 통했던 경험 때문이라는 레인저의 설명이 이어진다. 그리고 '쉐이엔족의 대추장 검은주전자(Black Kettle)가 살해당한 그 전투'라고 한마디 하면서 나도 대화에 참여하게 되는데….

아내의 말로는 레인저와 다른 두 명의 방문객 그리고 내가 그 자리에서 대화를 나눈 시간이 40여 분은 족히 되었다고 한다. 이들 방문객들도 인디언 역사에 대해 꽤 많은 지식을 가지고 있는 것으로 보이는데(한 명은 인디언 혼혈이라고 했다), 차코캐니언(Chaco Canyon 'Day 8')이 얼마나 대단한 곳인지, 그리고 왜 그 진입로는 아직도 포장되어 있지 않은 것인지, 샌드크리크(Sand Creek 'Day 11')의 학살이 얼마나 어이없고 끔찍했던 것인지 등에 대해 열정적인 대화가 이어졌다. 내가 한국에서 왔고, 인디언 역사에 관심이 많아 미국을 동서로 횡단하며 관련 장소를 찾아다니고 있다고 얘기하자, 나와 우리 가족은 아주 특별한 사람이 되었다. 미국 사람들도 잘 모르는 장소들을 찾아다니고 있다는 것이 매우 신기했나 보다.

한 방문객이(그는 주한미군으로 동두천에 근무했었단다), 미국이 인디언들에게 자행한 잘못에 대한 반성과 인정이 아직도 충분치 않은 것 같다고 하더니, 일본도 그러면 안 된다고 얘기를 덧붙인다. 자신들이 한국에 잘못한 일들을 인정하지 않고 있는 것은 정말 문제라고. 내가 굳이 보탤 얘기가 많지 않았다. 그저, '정말 맞는 말이라고. 그래서 안타깝다고'. 아내에게 기다리는 시간이 지루하지 않았느냐고 물었더니, 우리를 지켜보는 게 재미있었단다. 우리에게 시간이 더 주어졌더라면, 밤을 새워서라도 대화를 할 수 있을 것 같았다. 통하는 사람들끼리의 대화는 신이 난다.

자신을 톰이라고 소개한 레인저가 갑자기 우리 사진을 하나 찍어도 되냐고 묻는다. 오늘 우리 같은 사람을 만난 것이 너무 특별하고 소중해서 자신의 페이스북에 올리고 싶다며 그래도 괜찮은지 조심스럽게 물

Not only had this family come here from Korea, they came because the father was deeply interested in 'native American' history! He asked questions that only someone who was pretty well versed would......"wasn't it legal for the Sioux and Cheyenne to be in the unceded territory when they were attacked by the Army? "Yes, it was."

I was just blown away.......to think someone would be that interested in something that happened a hundred and fifty years ago in another country!!!

And all of them, the mom, the daughter, him, they were all SO nice!

톰의 페이스북에 등장한 우리 가족

어본다. Why not? 톰은 원래 플로리다에서 목공 일을 했었는데, 역사에 관심이 많아 몇 주 전부터 이곳에서 레인저로 자원봉사를 하고 있는 중이란다. 자신이 열정을 가지고 있는 관심사를 공유할 수 있는 사람을 만나면 많이 기쁜 법이다. 더욱이, 지구 반대편에서 온 사람이 그러하면 그 기쁨은 더할 것이다.

때마침 점심시간이라 근처에 식사할 만한 곳을 물었더니, 마침 인근에서 크로(Crow) 부족 페스티벌이 열리고 있으니 그곳을 한번 가 보면 어떠냐고 한다. 거기서 인디언 타코를 맛볼 수도 있고, 무엇보다도 부족민들이 전통의상을 입고 댄스대회를 하니 이를 구경할 수도 있다며, 어떻게 찾아가는지 상세히 알려 준다.

톰과 헤어지기 전에 궁금했던 마지막 질문을 했다. "리틀빅혼 전투 유적지에 와 보니 크로부족민이 가이드투어 프로그램을 제공하고 있는데, 이는 현재의 유적지가 크로부족 보호구역에 걸쳐 있기 때문인 것으로 보인다. 리틀빅혼 전투 당시 크로족은 정찰병으로 미군에 고용되어 다른 인디언들과 싸웠는데, 이들은 이 전투를 어떻게 바라볼까? 자신들의 패전? 아니면 인디언의 승리?" 톰은 자신도 궁금하다며, 맞은편에서 인디언 가이드 투어 안내를 하고 있는 크로부족민에게 직접 물어보란다. 그건 글쎄….

마침 우리가 방문한 일요일이 크로족 축제의 마지막 날이었다. 그동

크로족 축제장 입구

안 하루 차이로 우리의 일정과 어긋나던 이벤트가 드디어 딱 맞아떨어지는 순간이 찾아온 것이다. 'Welcome to Crow Fair. Tipi Capital of the World'라고 쓰여진 현수막이 걸린 축제의 현장으로 들어서자, 처음 나타나는 광경은 엄청난 규모로 늘어서 있는 티피(Tipi: 초원 인디언들의 가옥)들이었다. 티피마다 주차되어 있는 자동차들을 말이라고 상상하면 리틀빅혼 전투 당시 늘어서 있던 인디언들의 캠프촌이 이런 모습이었을 것 같다. 말을 타고 다니는 사람들이 많이 보이는데, 어른 아이 할 것 없이 안장이나 다른 마구도 없이 맨몸으로 그냥 타고 다닌다.

푸드트럭에서 인디언 타코를 하나 사서 공연장에 가니 때맞춰 행사가 시작되고 있었다. 각 지파별로 한껏 의상을 차려입고 부족의 노래에 맞추어(북의 리듬과 다수의 보컬) 무대로 등장한다. 이번 여행 중에 POW WOW(여러 곳에 흩어져 살고 있는 인디언들이 한데 모이는 축제행사로 전통 댄스와 노래 경

티피천막들이 끝없이 펼쳐져 있는 축제장 전경

별도의 안장이나 마구 없이 말을 타고 다니는 아이들

전통의상을 차려입은 크로부족의 공연 행진

연, 친목행사 등이 벌어짐)를 볼 기회를 갖지 못해 아쉬웠었는데, 마지막 방문지에서 뜻하지도 않게 횡재를 한 셈이다. 딸아이도 이렇게 많은 인디언 원주민들을 한꺼번에 본 것이 처음이라며 흥분을 감추지 못한다.

마지막 방문지에서 일련의 Serendipity에 너무 흥분을 했던 탓일까? 그날 저녁 숙소에 체크인을 하던 중 현관 입구에 놓인 바위를 미처 발견하지 못하고 충돌하고 말았다. 충격으로 오른쪽 문 아래 패널이 떨어져 나갔는데, 부서진 패널을 들고 있자니 어이가 없어 다들 웃음을 터뜨렸다. 다행이다. 주행에는 지장이 없어서…. 사고에도 놀라거나 화나거나 슬퍼하지 않고 웃을 수 있어서…. 그런 가족과 여행을 할 수 있어서….

오늘 숙소인 몬태나주 미줄라(Missoula)에서 시애틀까지는 480마일(770㎞)이다. 거기서 아들을 만나면, 드디어 온 가족이 합체하게 된다.

옐로스톤에서의 접촉 사고로 떨어져 나간 측면 하단 패널

# 17,000㎞ 33개주 41일, 공감의 여정

; 시애틀 도착

라스베이거스 공항에서 출발한 지 41일 만인 2019년 8월 21일, 시애틀에 도착했다. 간밤에 묵었던 미줄라(Missoula)에 있는 알라모(Alamo) 렌터카 지점에 들러서 사고 난 차량을 교환할 수 있는지 문의하니, 교환 가능한 미니밴이 없는데 대신 SUV는 어떤지 친절하게도 제안해 준다. 덕분에 대륙을 횡단하며 온갖 날벌레들이 들러붙었던 밴 대신에 깨끗이 세차된 볼보 SUV를 타고 시애틀로 입성이다(Thank you Alamo!).

워싱턴주로 진입하여 캐스케이드(Cascade) 산맥을 넘으면서부터 비가 뿌린다. 시애틀이 가까워지고 있음을 알리는 신호이다.

'미국 인디언을 찾아가는 아주 오래고 먼 특별한 미국 여행'이 공식 마무리되는 날이다. '이런 여행을 한번 해 보면 어떨까'라는 막연한 생각을 품게 된 지 수년이 흘렀고, 그러다가 바빴던 인생에 잠시 짬이 생

다시 한 번 차량을 교체하다

뿌리기 시작하는 비가 시애틀에 가까워짐을 알려 준다

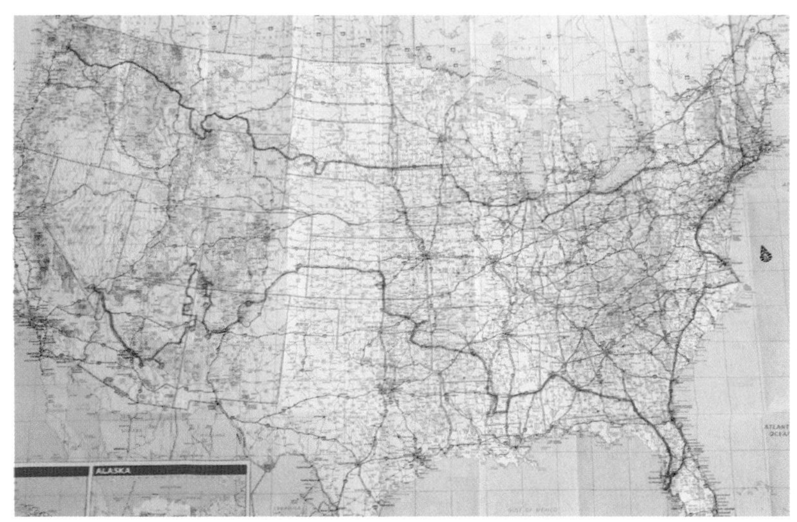


41일간 17,000㎞의 여정

겨, 구체적으로 구상을 해 보게 되었다. 그때까지만 해도 이 여행을 정말로 실행에 옮기게 될지는 몰랐는데, 신기하게도 그렇게 되었다. 그리고 막상 여행을 시작해서는 하루하루 일정을 소화하고, 글을 쓰고 다음 날 일정을 준비하느라 정신이 없어 여행에 대한 소회를 가져 볼 짬이 없었던 것 같다.

여행을 정리해 보자면, 41일간 총 10,500마일 (16,900㎞)을 주행했고, 33개주를 거쳤다. 짧지 않은 시간 동안 가족 모두 크게 아픈 일도 없고, 큰 사고도 없이 여행이 마무리된 것이 너무도 감사할 일인 것 같다.

여행 중 가장 힘들었던 건, 매일 블로그에 글을 올리는 작업이었다. 몇 페이지 안 되는 분량이지만, 날마다 글을 쓰는 건 정말 힘든 일이었다. 낮에 방문했던 장소들에 대해 다시 자료를 찾아보고, 박물관에 설명되어 있던 자료 사진들을 일일이 확인해 가며, 이를 간결하게 글로 옮겨 사진과 함께 블로그에 올리기까지 매일 밤 몇 시간씩 소요되었다. 그리고 다음 날의 일정을 재확인하고 숙소를 검색하고 예약하다 보면, 새벽 2시를 훌쩍 넘겨서 잠자리에 드는 것이 일상이었다.

도중에 몇 번이고, '오늘은 건너뛸까?'를 고민하기도 했지만, 글이 제 시간에 올라오지 않으면 무슨 일이라도 생긴 것은 아닌지 걱정하시는 한국의 식구들도 계셨고, 지난 여정 동안 매일같이 고생하며 글을 써 왔던 수고가 허사가 되는 것 같기도 해서 끈질기게 노트북을 붙잡고 있었던 것 같다(어쨌건, 여행하며 블로그에 글을 매일 올리는 프로젝트는 다시는 하지 않을 것 같다).

여행을 마치며 이 여행의 의미를 한번 생각해 본다. 살아가면서 무언가에 관심이 생기고 열정이 생길 수 있다는 것, 그리고 그 열정에 한번 제대로 심취해 볼 수 있다는 것, 그건 큰 행운이 아닐까 한다. 나에게 그것은 인디언과 관련한 이야기였고, 글로 접하고 이해하는 데에서 그치는 것이 아니라 이들이 살았던 곳, 살고 있는 곳을 직접 가 보면서, 이들의 이야기를 눈과 귀와 몸으로 느낄 수 있었던 기회를 가질 수 있었다. 물론 짧은 시간의 공부와 미국의 일부 지역을 방문하는 것만으로 수많은 부족들(미국 정부가 공인한 부족의 숫자만 500이 넘는다)이 가지고 있는 기나긴 역사와 사연들을 충분히 이해하기는 역부족이었을 것이다.

하지만 내게 이 여행은 마무리가 아니라 다음 단계로의 발판이라고 생각한다. 이제부터 나에게 인디언 관련 이야기들은 이번 여행에서 담아 온 경치와 그들이 살아가는 모습 속에서 좀 더 생생하게 살아 움직이게 되지 않을까 싶다.

여러 보호구역을 방문하고 또 그곳에서 부족 주민이 직접 운영하는 숙소에서 묵기도 하면서 보호구역의 삶이 어떤 느낌일지 약간이나마 체험해 볼 수 있었고, 코로나도와 데소토의 여정 경로를 일부 따라가 보면서 미국 대륙을 처음 접하는 유럽인들이 어떤 느낌을 가졌을지 상상도 해 보았다. 그리고 미국인들이 차지한 땅과 인디언들에게 할당된 보호구역의 자연환경의 차이를 체감하면서 당시 인디언들이 느꼈을 박탈감도 공감해 보았다. 인디언들의 유산과 역사가 객관적이고 긍정적으로 보존되고 소개되는 지역도 있었고, 그 명칭만이 형식적으로 유지되고 있는 지역도 있었다. 그 이유가 무엇일지에 대해서도 많은 생각을 해 보게 되었다.

미국 인디언들의 역사는 다른 대륙에서 건너온 힘센 자들에게 영토와 문화를 빼앗긴 약한 자들의 역사였고, 패배의 역사였다. 내가 인디언 역사에 관심을 갖게 된 계기도 이들의 너무도 슬픈 역사를 알게 되면서 감정이 이입되고, 또 이러한 사실을 우리가 너무도 모르고 있었다는 점에 놀랐기 때문이기도 하다. 여행을 하면서, 미국인들 중에도 자신들의 나라가 지금과 같은 강대국으로 발돋움하는 이면에는 원주민들에 대한 만행과 약탈이 있었음을 인정하고 알리고자 노력하는 많은 이들이 있다는 것을 알았다. 그리고 방문한 많은 장소에서 이런 내용이 공식적으로 언급되고 있었다. 불편한 진실이라도 있는 그대로를 인정할 수 있는 용기가 진정한 위대함이라는 생각을 해 본다.

여러 부족들은 많은 제약 속에서도 자신들의 문화와 정체성을 지키기 위한 부단한 노력을 기울이고 있었다. 모쪼록 이들의 노력이 결실을 거두어 미국 땅에서 인디언들의 역사가 도전과 성취의 역사로 기억될 수 있기를 기원해 본다. 이들의 상처와 노력을 공감하는 이방인들도 많이 있다는 것을 이들에게 알려 주고 싶고, 나의 여행과 글이 이에 조금이나마 일조할 수 있으면 좋겠다는 생각이다.

여행을 준비하면서, 또 여행이 진행되는 동안 여러 경로로 격려와 조언을 제공해 주었던 여러 지인들의 관심(렌터카 엔진 오일 교환하는 법, 오지에서 식당 찾기, 로밍 끊어진 곳에서 내비게이션 이용하기 등)이 나에게 큰 힘이 되었다. 그리고 여행 중간부터 자신의 소중한 방학 시간을 헌납하며 합류한 딸아이는 우리의 지루하고 긴 이동 시간에 다양한 소재의 얘기와 유머로 생동감을 불어넣어 주었다. 또한 숙소 및 식당 선정을 전적으로 맡아서 완벽하게 해결해 주었고, 여정상 문제점도 수시로 짚어 내서 불필요한 고생을 하지 않도록 해 주었다. 천군만마가 여행 전반부에도 함께했더라면 좀 덜 고생했을 거라는 생각이 든다(아내는 그렇다고 확신하는 분위기이다).

아들이 여름 학기를 듣느라 여행을 함께하지 못한 점이 못내 아쉽다. 물리학도이면서도 인문학적인 여러 주제에 대해 생각이 깊고, 독특한 관점으로 바라보는 면이 있는 아들이 함께했더라면, 여행 중에 우린 좀 더 폭넓은 주제로 많은 토론을 나누었을 것이고, 흥미로운 시각의 내용이 추가되었을 것이다. 어쨌거나 이 녀석은 시험 기간에 집중해야 한다며, 오늘 시애틀에서 가족 완전체 합체를 기대했던 우리의 기대를 무산시키기는 했다. 쩝.

여행의 처음부터 끝까지 함께한 아내가 없었다면 이번 여행이 지금처럼 마무리되지는 못했을 것이다. 여행 준비부터 그 실행에 대해 몇 번씩 망설일 때마다 계속 자신감을 심어 주었고, 여행 중에는 내가 인디언 주제에만 집중할 수 있도록 나머지 모든 것들을 챙겨 주었다. 매일같이 짐을 싸고 풀면서 이동하는 여행이 얼마나 힘들지 내가 충분히 가늠할 수도 없을 것이다. 매일 올리는 글에 대한 아이디어부터, 새벽까지 나의 글을 다듬어 주는 아내의 정성이 없었다면, 블로그에 올라간 글의 많은 부분은 좀 더 지루했거나 이해가 쉽지 않았을 것이다. 그리고 무엇보다도, 내가 하는 이 일이 그 자체로 충분히 보람 있는 것이라고 격려해 주고 지원해 주었다.

이제 계획했던 41일간의 여행 블로그를 마치려 하는데, 아내가 한마디 한다. 시애틀 추장에 대해서도 얘기해야 하지 않겠냐고. 사실 내가 이번 여행을 준비하면서 주로 참조했던 4권의 서적에서 시애틀 추장에 대한 별다른 언급은 없기에, 시애틀은 단지 이번 여행을 마치는 도시로서만 의미를 부여했었다. 그런데, 아내가 시애틀에 왔으니 시애틀 추장도 다뤄서 유종의 미를 거두는 게 좋을 것 같단다. 그러고는 인터넷상에서 유명한 '시애틀 추장의 편지'를 찾아 소개해 주는데, 무척이나 감동적이다. 해서 내일은 예정에 없던 'Day 42'가 추가될 것 같다. 아내의 힘이다.

# 우리를 쫓아내도
# 아름다운 자연은 지켜 주오

; 시애틀과 시애틀 추장

"아는 만큼 보인다!"

시애틀 지역은 미국 본토에서는 거의 마지막으로 개척된 곳이다. 1849년 샌프란시스코 금광 발견 이후 많은 이주민들이 캘리포니아 지역으로 몰려들었고, 이 중 일부는 태평양을 따라 북쪽으로 진출하면서 지금의 오리건주 지역에도 정착지가 건설되기 시작한다. 1851년 4월에 일리노이 지역에 있던 데니 가족(Denny Family) 일행은 태평양 지역의 새로운 정착지 건설을 목표로 역마차에 오른다. 이들은 오리건주 포틀랜드에 도착한 이후 배를 타고 1851년 11월 겨울 초입의 추운 날씨에 시애틀 지역 해안에 도착하는데, 정착하는 과정에서 그 지역에 거주하던 인디언 부족들의 많은 도움을 받는다. 이들 부족을 이끌던 추장의 이름이 시애틀이었고, 정착민들은 시애틀 추장의 도움에 감사하는 의미로 자신들이 새롭게 건설하는 도시에 그의 이름을 붙인다.

시애틀 시내에서 엘리어트만(Elliot Bay)을 건너 보이는 곳이 알카이해변(Alki beach)인데, 여기에는 당시 이곳에 첫발을 내디딘 정착민 가족들의 이름과, 이들의 정착에 도움을 준 친절한 추장 시애틀을 기리는 기념비가 세워져 있다. 한 가지 재미있는 점은 이 기념비의 아랫부분에 돌멩이가 하나 붙어 있는데, 1904년에 최초로 자동차로 대륙을 횡단하여 시애틀에 도착한 일행이 플리머스로부터 플리머스락(Plymouth Rock)을 가져와서 이곳에 붙였다고 한다. 'Day 26'에 플리머스에서 알게 되었던 플리머스락을 대륙의 정반대편에서 만나니 감회가 새롭다. 당시 동부에서는 독립정신의 고취로 사용되었지만, 이곳에서는 식민지 개척의 상징으로 쓰였으리라.

알카이 해변에 있는 시애틀 정착 기념비

기념비 하단의 플리머스락

시애틀 추장은 수쿼미쉬(Suquamish)족과 두와미쉬(Duwamish)족의 추장으로 초기 정착민들과의 우호적인 관계를 통해 자신의 이름을 도시명으로 남겼을 뿐 아니라, 미국 대통령에게 자연과 조화를 이루는 삶의 중요성에 대한 아름답고 멋진 편지를 쓴 저자로 알려져 있다.

많이 알려져 있는 그의 편지는 인디언의 땅을 사려는 미국인들에게 보내는 메시지 성격인데, '당신들은 어째서 땅을 사유화하려는가. 우리는 자연과 조화를 이루며 하나로 살아가야 하고 이 땅에 흐르는 냇물, 나무, 바위, 하늘, 짐승 모두 함께 공존해야 한다. 당신들은 강하기에 당신들이 원하는 대로 우리의 땅을 가져가겠지만, 그렇게 되더라도 이 공존의 정신을 잃어버리지 말아 달라. 우리와 당신의 후손들이 대대손손 이 아름다운 환경과 공존할 수 있도록 약속해 달라'와 같은 내용이 매우 유려하고 아름다운 문장으로 기술되어 있다. 이런 내용의 글을 쓸 수 있는 사람이라면 대단한 철학자이자 시인이 아닐 수 없기에 시애틀 추장이 궁금해졌다.

그런데 막상 자료를 찾아보니, 실제로 시애틀 추장이 미국의 대통령에게 이러한 편지를 썼다는 근거는 없다고 한다. 1855년에 당시 워싱턴 지역의 주지사를 맡고 있던 아이작 스티븐스(Isaac Stevens)가 시애틀 인근 지역의 땅을 인디언들로부터 확보하기 위해 해당 지역 추장들과 만나는 자리에서 시애틀 추장이 미국인들에게 일장 연설을 하게 되는데, 이로부터 32년이 지난 후에 헨리 스미스(Henry Smith)라는 인물이 당시 그의 연설을 받아 적었다는 내용을 언론에 공개하면서 시애틀 추장의 편지가 등장한다. 이후 해당 내용의 진실성에 대한 논란이 제기되었는데, 당시 헨리 스미스가 받아 적었다는 원본이 이후 시애틀 대화재로 소실되었다는 바람에 이 논란은 지금도 계속되고 있다고 한다.

당시 헨리 스미스가 공개한 내용은 현재의 버전처럼 환경의 중요성을 강조하는 아름다운 문장들이 아니라, 정들었던 땅을 떠나야 하는 인디언들의 슬픈 심정에 대한 것이 주였다고 한다. 이후 해당 내용은 여러 명의 작가들에 의해 추가·수정되기 시작하였고, 1972년에 〈Home〉이라고 하는 환경운동 관련 영화를 홍보하기 위한 포스터가 만들어지면서, '미국 대통령에게 보내는 시애틀 추장의 편지'라는 형식으로 다시 한 번 각색되어 대중들에게 알려지기 시작했다고 한다. 결국 시애틀 추장이 미국 대통령에게 보낸 편지는 존재하지 않았고, 시애틀 추장의 연설 내용도 이처럼 유려하지 않았다는 얘기다.

미국인들의 인디언 땅 침탈에 맞서 1856년에는 여러 부족의 연합군이 시애틀의 백인 거주지를 공격하는데, 이러한 공격 정보는 백인에 우호적이었던 시애틀 추장 등을 통해 사전에 미국인들에게 알려지고, 결국 기습작전은 실패로 끝나고 만다. 이 전투는 시애틀 지역에서 미국인과 인디언 간에 벌어진 거의 유일한 충돌이었고, 이후 인디언들은 모두 보호구역으로 수용된다. 이런 관점에서 보면, 시애틀 시내 곳곳에 있는 시애틀 추장의 기념비를 어떤 관점으로 봐야 할지 좀 고민이 되기도 한다.

신생의 시애틀 정착지는 인근에 울창한 침엽수림이 자리 잡고 있어, 샌프란시스코의 금광으로 인해 큰 수요가 발생한 목재의 주요 공급원으로 산업이 성장하기 시작했다. 이후 보잉사를 통한 항공산업, 마이크로소프트를 통한 IT산업, 스타벅스로 대표되는 커피산업, 아마존의 온

시애틀 파이오니어 스퀘어에 있는 시애틀 추장 흉상

라인산업에 이르기까지 시애틀은 새로운 산업을 선도하는 도시로 미국 내에서도 가장 빠르게 성장하고 있다. 이런 빠른 성장 배경에는 미국의 그 어느 도시보다 진보적이고 관용적인 문화가 자리 잡고 있지 않을까 생각해 본다.

그리고 그 시작은 새로운 모험을 두려워하지 않았던 데니 씨 일가와 열린 포용의 정신을 보여 주었던 시애틀 추장 간의 인연이 아니었을까 싶다. 시애틀 추장을 어떤 관점으로 보느냐에 따라 그에 대한 평가는 다양할 수 있을 것이다. 어쨌건, 그는 냉정한 현실주의자였고, 훌륭한 연설가였던 것은 분명한 것 같다.

이제 '미국 인디언을 찾아가는 아주 오래고 먼 특별한 미국 여행' 이야기를 진짜로 마칠 시간이다. 42일간 보고 듣고 느낀 것들을 충분히 전달하기엔 매일매일의 일정이 너무 촉박했고, 글의 분량에도 한계가 있었다. 그리고 원래 계획했다가 일정상 들르지 못했던 장소들에 대한 아쉬움도 있다. 그래도 우리의 긴 여정이 이 글로써 함께한 모든 이들에게 즐거움과 새로움을 전달하는 시간이 되었기를 바라본다.

## 참고문헌 및 자료


- Tony Horwitz, 『A Voyage Long and Strange』, 2008
- Ian Barnes, 『The Historical Atlas of Native Americans』, 2009
- Gian Mercurio and Maximilian L. Peschel, 『Chaco Culture A Complete Guide』, 2017
- 『Dine College Annual Report』, 2018
- Dee Brown, 최준석 옮김, 『나를 운디드니에 묻어 주오(Burry My Heart at Wounded Knee)』, 1970/2016
- Eric Vuilard, 이재룡 옮김, 『대지의 슬픔』, 2014/2020
- 김철, 『인디언의 길』, 2015
- 여치헌, 『인디언 마을 공화국』, 2012
- 위키피디아
- US National Park Service 브로슈어 및 방문객 센터 전시물
  - Casa Grande Ruins National Monument, Arizona
  - Chaco Culture National Historic Park, New Mexico
  - Canyon de Chelly National Monument, Arizona
  - Mesa Verde National Park, Colorado
  - Bent's Old Fort National Historic Site, Colorado
  - Sand Creek Massacre National Historic Site, Colorado
  - Washita Battlefield National Historic Site, Oklahoma
  - De Soto National Memorial, Florida
  - Castillo de San Marcos National Monument, Florida
  - Fort Raleigh National Historic Site, North Carolina
  - Colonial National Historic Park, Virginia
  - Little Bighorn Battlefield National Historic Site, Montana
  - Fort Laramie National Historic Site, Wyoming

• 그 밖의 박물관 및 유적지 전시 자료

- Heard Museum, Pheonix, Arizona
- San Carlos Apache Culture Center Museum, San Carlos, Arizona
- Zuni Visitors Center, Zuni, New Mexico
- A:shiwi A:wan Museum and Heritage Center, Zuni, New Mexico
- Taos Pueblo, Taos, New Mexico
- Coronado Quivira Museum, Lyons, Kansas
- Cherokee Heritage Center, Tahlequah, Oklahoma
- Choctaw Nation Museum, Tvshka Homma, Oklahoma
- Poverty Point State Historic Site, Pioneer, Louisiana
- The Grand Village of the Natchez Indians, Natchez Mississippi
- Moundville Archaeological Park, Moundville, Alabama
- Smithsonian National Museum of the American Indians, Washington DC
- Mashantucket Peqout Museum, Mashantucket, Connecticut
- Fort William Henry Museum, Lake George, New York
- Onohsagwe:de Cultural Museum(Seneca Museum), Salamanca, New York
- Fallen Timbers Battlefield National Historic Site, Toledo, Ohio
- Tippecanoe Battlefield Museum, Battle Ground, Indiana
- Black Hawk State Historic Site, Rock Island, Illinois
- Akta Lakota Musuem and Cultural Center, Chamberlain, South Dakota
- Crazy Horse Memorial, Crazy Horse, South Dakota

• 그림 자료

- 214p : British Museum Image Service
- 257p : Corbis
- 261p : National Archive of Canada
- 301p : George Romney
- 344p : Tippecanoe Battlefield Museum
- 392p : Library of Congress